高等教育教学改革融合创新型教材

KUAIJIXUE YUANLI

会计学原理

唐丽华　主　编
陈元艺　张　雁　副主编

东北财经大学出版社
Dongbei University of Finance & Economics Press
大连

图书在版编目（CIP）数据

会计学原理 / 唐丽华主编. —大连：东北财经大学出版社，2023.2
（高等教育教学改革融合创新型教材）
ISBN 978-7-5654-4730-3

Ⅰ. 会… Ⅱ. 唐… Ⅲ. 会计学-高等职业教育-教材 Ⅳ. F230

中国版本图书馆CIP数据核字（2022）第242407号

东北财经大学出版社出版
（大连市黑石礁尖山街217号 邮政编码 116025）
网 址：http://www.dufep.cn
读者信箱：dufep@dufe.edu.cn
大连永盛印业有限公司印刷 东北财经大学出版社发行

幅面尺寸：185mm×260mm 字数：477千字 印张：21 插页：1
2023年2月第1版 2023年2月第1次印刷

责任编辑：张旭凤 赵宏洋 责任校对：曲以欢
封面设计：冀贵收 版式设计：原 皓

定价：48.00元

教学支持 售后服务 联系电话：（0411）84710309

如有印装质量问题，请联系营销部：（0411）84710711

前言

习近平总书记指出："要从党和国家事业发展全局的高度，坚守为党育人、为国育才，把立德树人融入思想道德教育、文化知识教育、社会实践教育各环节。"高等学校人才培养是育人和育才相统一的过程。建设高水平人才培养体系，必须将思想政治工作体系贯通其中，必须抓好课程思政建设，避免出现专业教育和思政教育"两张皮"问题。具体到会计领域，将课程思政融入教育教学过程，培养遵纪守法、正直诚信、具有强烈民族自豪感和爱国主义情怀、坚守社会主义核心价值观的合格会计人才，是每一本教材和每一位教材编著者孜孜以求的目标。

《中华人民共和国会计法》《会计基础工作规范》《企业会计准则》等会计相关法规制度与准则规范历经多次修订与不断完善，这就要求"会计学原理"这门课程及其教材需要不断创新与提高。

正是在这样的编写背景下，本教材在强化会计基本概念、基础理论和基础知识的同时，将课程思政、新规新知融入每章内容，结合信息化技术，将会计理论知识的学习与实践技能的培养紧密结合，致力于落实立德树人根本任务，努力实现为党育人、为国育才。

本教材的特点如下：

1.课程思政有机融入每章内容，思政元素丰富

首先，教材每章的"思政目标"下包含"价值引领""专业融合""能力培养"。其次，教材每章的"开篇案例"都涵盖思政要素，如"坚定文化自信 牢记使命担当""人生的会计等式""借贷记账法中的哲学辩证思维"等。再次，教材每章都设计了"思政小课堂"内容。另外，部分章节内的"小知识视频"等内容也融入思政要素。

2.积极应用信息技术，数字化资源多元呈现

首先，每章的开篇案例均设有二维码，读者通过扫码即可观看精心制作的开篇案例视频内容。其次，每章的"应知应会""小思考"等对应的答案设在二维码中，读者通过扫码即可查看。再次，部分章节如"第四章 企业主要经济业务核算"大量经济业务的单据等凭证资料设在二维码中，读者通过扫码即可查看。另外，部分章节内的"小知识视频"等内容也设置了二维码，读者通过扫码即可观看相应视频内容。

3.理论与实践紧密结合，加强综合能力与素质培养

首先，教材章节开篇案例中多个案例来自新闻报道等真实案例，有利于增强读者对实际应用的了解。其次，教材中的凭证、账簿等相关资料密切结合真实资料制作，力求

与实务高度契合。再次，教材“第十一章 综合业务实训”设有丰富的实训所需的素材，进一步促进使用者通过实训提升实践能力。

4.密切结合时代发展，学习资料与时俱进

首先，教材以口罩生产企业——中华同心公司2021年相关业务为主要案例，密切结合时代背景，并通过相关内容的嵌入如公司相关人员的姓名设为“王守法”“李同心”等实现“润物细无声”式的课程思政。其次，教材以最新相关法律规定及准则规范等为依据进行编写。再次，教材部分章节设有“拓展学习资料”，内容包括相关规定、案例及学术研究论文等，以推动专业学习与时俱进。

5.创新性设计体例，增强趣味性，提升学习效果

首先，教材设有“开篇案例”“思政小课堂”“小知识视频”等，有故事、有实例、有视频，增强了可读性与趣味性。其次，每章课后设有“应知应会”“挑战一下”等，加强了对章节相关内容的巩固，同时二维码的设计也有助于调动学生兴趣，提升学习效果。再次，每章“小思考”的设计便于学生对相应知识点的理解与掌握。另外，章内知识内容涉及相关准则规定的，设有“知识链接”。

本教材由唐丽华担任主编，陈元艺、张雁担任副主编。具体分工为：第一、二、三章由唐丽华负责编写；第四、五章由张雁负责编写；第六、七、八章由陈元艺负责编写；第九章由何冠文负责编写；第十章由毛劼负责编写，第十一章由唐丽华、陈磊共同编写。

由于时间仓促，水平有限，教材中难免会有疏漏和不足之处，敬请读者批评指正。

编　者

2022年9月

目录

4 第四章 企业主要经济业务核算/73

5 第五章 账户分类/139

6 第六章 会计凭证/161

7 第七章 会计账簿/185

第一章 总论

思政目标

价值引领：

◆坚定会计文化自信。

◆弘扬“廉洁自律”的传统美德，强化“遵纪守法”的法治观念。

◆坚持“爱岗敬业”“诚实守信”的职业道德，厚植“爱国主义”情怀。

◆加强“文化自信”“制度自信”，增强民族自豪感和国家认同感。

◆树立勇于担当的责任感和使命感，践行“诚信”社会主义核心价值观。

◆增强受托责任观，培养经世济民、报效祖国的情怀。

专业融合：

◆通过“实质重于形式”的学习，培养学生“透过现象看本质”的辩证思维和分析能力。

◆结合会计信息的“真实可靠性”质量特征，理解“客观实际”的重要性，让“求真求实”深植人心。

◆通过权责发生制的学习，使学生领悟权责对应，树立强烈的责任感和使命担当。

◆领悟企业会计的作用，增强对我国企业会计准则的自信与认同。

◆通过“会计主体”概念的学习，使学生清楚“公与私”的界限，恪守诚信原则。

能力培养：

◆培养“明辨是非”的判断力和“求真求实”的思辨力。

◆培养时政分析能力，将个人规划与中国梦有机结合。

◆培养学生的自信心，建立对中国文化的认同，树立传承会计文化的信心和自豪感。

◆培养学生勇于承担责任、勇于担当的优良品质，使其具有高度的受托责任感和有效解决问题的能力。

学习目标

1. 基础目标：掌握会计的含义、会计的基本职能、会计目标及会计信息使用者的有关内容。

2. 高阶目标：融合会计前沿、准则修订知识内容进行学习与分析。

3. 挑战目标：运用会计准则规定进行相关内容分析，在实践中能有效应用。

本章重点

会计假设、会计信息质量特征、会计计量属性。

开篇案例

坚定文化自信　牢记使命担当

坚定文化自信　牢记使命担当

许多人都会对世界上最早的文字感到好奇，但你知道吗？历史上第一个留下名字的人是一名记账员，第一个文本是账单。具体记载是这样的："29 086（单位）大麦，37个月，库辛。"这份文件用现代语言解读就是："在37个月之内，共收到29 086单位的大麦，由库辛审核。"这是一块公元前3 400年至公元前3 000年的泥板，来自苏美尔古城乌鲁克遗址的神庙。人类历史上的第一份文字记录，它被刻在一块方形水泥板上，这份文字记录记载的不是哲学巧思，不是诗歌传奇，不是法律条文，更不是世界历史，而是人类最早的财务信息。5 000多年前，在一个没有纸和笔的年代，记录一样东西非常困难，只有非常重要的事项才能有幸被记录下来，会计的重要性可见一斑。

"会计"二字是一个在中国会计发展史上具有深远意义与影响的专业名词。早在西周时期，它被用来表示中国人最初对会计基本概念的认识。《周礼·天官》中记载："会计，以参互考日成，以月要考月成，以岁会考岁成。"到战国时代，《孟子·万章下》中又记录有孔子对会计的评说："会计当而已矣。"至汉代《说文》又称："会，合也"，"计，会也，算也"。其后便有"会，计也""计，会也"交替出现。清代数学家焦循在注释《孟子·万章下》中"会计当而已矣"之说时，结合《周礼》一书关于"岁会、月要、日成"之制，以及其他诸家有关会计之说，对自西周以来关于会计的概念做出了更加明确的解释："会，大计也。然则零星算之为计，总合算之为会。"

中国古代会计在很多方面都曾经领先世界。比如，秦律全面系统地把会计规范纳入律文条款，开创了中国法典式会计制度之先河，使中国成为世界上最早建立法典式会计制度的国家。唐、宋两代是我国古代会计全面发展的时期。这个阶段，我国产生了《元和国社薄》《太和国计薄》《会计录》等具有代表性的会计著作，官厅会计有了比较健全的组织机构，如宋代的"会计司"。最具代表性的是"四柱结算法"，所谓"四柱"即旧管、新收、开除、实在，相当于现代会计中的"期初余额""本期收入""本期支出""期末余额"。四柱之间的结算关系可用会计等式表示为"旧管+新收=开除+实在"。四柱结算法当时得到普遍运用，官吏们报销钱粮或办理移交都要编写"四柱清册"。此外，宋代的《营造法式》把中古时期的工程营造会计专门化推进到一个新的阶段，不夸张地说，它是工程营造会计史上的一座里程碑，在当时世界上处于领先地位。随后元、明、清对工程营建会计又有发扬光大，其创造的经典范例就是规模宏大的北京故宫优质建筑体系，以及对这个建筑体系的会计核算与管理。

我国古代会计成就辉煌，记账方法一度在世界上处于领先地位，让我们有了坚定会计文化自信的底气。但是，从15世纪中叶起，我国在政治、经济、文化及科技等方面均落后于西方国家，会计创新也一直由西方国家占主导地位，最终我国的传统中式会计被西方会计所取代，全球会计中心也始终在英、美等发达国家。改革开放以来，我国取得了举世瞩目的经济成就，目前已成为世界第二大经济体。随着我国经济地位的不断提升，会计国际话语权与影响力也不断增强，但仍需包括同学们在内的全体会计人共同努力，推动我国由“会计大国”迈向“会计强国”。

思考：

为什么说经济越发达，会计越重要？

第一节 会计的产生与发展

会计（Accountancy，Accounting）是一项应用技术，同时又是一门古老的学问。会计是伴随人类的生产实践活动逐渐产生和发展起来的。人类的衣、食、住、行都需要消耗一定的物质资料，而要取得这些物质资料，就要生产。在生产实践中，人类在创造财富的同时，也耗费大量的物化劳动和活劳动。人类在生产活动中自然就会关心劳动成果与劳动耗费之间的联系，认识到应使劳动成果大于劳动耗费，并力图做到以一定的劳动耗费获得尽可能多的劳动成果，或者为了获得一定的劳动成果力图耗费尽可能少的劳动，以提高生产活动的经济效益。在对劳动成果和劳动耗费进行比较的过程中，产生了原始的计量、计算、记录行为。这种原始的计量、计算、记录行为中蕴含着会计思想、会计行为的萌芽。会计在其产生初期并不是一项独立的工作，只是人们在生产时间之外附带地把收支、支付等记载下来。当生产力发展到一定水平，特别是当商品经济有了一定的发展以后，仅仅靠劳动过程中附带的计量、计算和记录，已无法满足生产发展的需要。因此，为适应对劳动成果和劳动耗费进行管理的需要，会计逐渐从生产职能中分离出来，成为特殊的、专门委托的当事人的独立职能。

二、会计的发展

会计从其产生起一直发展到今天，经历了一个由简单到复杂、由低级到高级的过程，这一过程大致可以分为古代会计、近代会计、现代会计三个发展时期。

（一）古代会计

从时间上看，古代会计经历了漫长的过程，大约从旧石器时代的中、晚期到封建社会末期。

原始社会末期，生产力有了一定的发展，生产活动也呈现多样化，随着捕获食物的日益增多，出现了剩余产品，逐渐积累了稳固的社会物质条件。人们为了计算生产成果和满足生活需要，逐步产生了计数和计算。为了能够对劳动产品进行清点、计数、记录、分配，产生了“绘图记事”“结绳记事”“刻契计数”。可以说，这个阶段是会计的萌芽阶段。据考证，在原始的小规模印度公社中已经有了记账员，负责登记农业项目，记录与此有关的一切事项，这便是早期的古代会计。

进入奴隶社会，整个社会生产力水平再次提高，从而促使计算工作有了进一步发展。到了封建社会，生产力进一步发展，农业和手工业达到了较高的水平，从而进一步促进了会计的发展。商代是“官厅会计”的创始时期，到了西周时期，“会计”一词和较为完备的会计机构开始出现。“会计”一词的出现是我国会计理论产生与发展的表现，而完备的会计机构的出现是我国会计发展史上的一个突出进步。西汉与东汉时期，由于造纸术的发明，出现了名为“计簿”或“簿记”的账册，如“草流”和“钱谷账”，标志账簿的产生。我国在唐宋时期创立了“四柱结算法”，在明清时期设计了“龙门账”，是古代会计的杰出成就，也是我国人民对世界会计发展的重大贡献。

（二）近代会计

从时间上看，近代会计是指从15世纪末到20世纪初，这一阶段以企业会计为主，在会计实务中以货币为主要计量单位，实物、劳动量这些计量单位逐步退到次要地位。在这一阶段中，企业普遍开始采用复式记账法，会计具有了独立的职能，逐渐成为一个专门的职业，并形成了其自有的一套会计核算方法。

13—15世纪，在意大利的一些沿海城市，出现了以“借”“贷”为记账符号的记账方法，称为借贷记账法。它经过大约300年的演变，发展成为最先进的复式记账法。1494年，意大利数学家卢卡·帕乔利出版了《算术、几何、比与比例概要》一书，系统地介绍了借贷记账法，并给予理论上的阐述，由此开始了近代会计的历史。卢卡·帕乔利也被后人尊称为“近代会计之父”。从此，借贷记账法在世界各国传播，成为各国普遍使用、最为先进的复式记账法。

我国使用复式记账法是从1905年开始的，当时，中国第一位注册会计师谢霖从日本引进并运用复式记账原理设计了大清银行的一整套会计制度。

（三）现代会计

从时间上看，现代会计是指从20世纪初至今，这一阶段有了较为完善的会计理论，标志着会计成了一门真正的科学，成了经济管理的重要组成部分。其间，会计方法、技术和内容的发展有两大重要标志：一是20世纪20年代后，随着经济的发展，会计又进一步分成财务会计和管理会计两大分支。财务会计又称对外报告会计，主要对已经发生的经济业务进行事后的记录和总结，对过去的生产经营活动进行核算和监督。管理会计又称对内（报告）会计，以强化企业内部经营管理、实现最佳经济效益为最终目的，以现代企业经营活动及其价值表现为对象，通过对财务等信息的深加工和再利用，实现对经济过程的预测、决策、规划、控制、责任考核评价等职能。二是现代电子技术与会计融合带来的“会计电算化”。1946年在美国诞生了第一台电子计算机，1953年便在会计中得到初步运用，其后迅速发展，至20世纪70年代，发达国家已经出现电子计算机软件数据库的应用，并建立了电子计算机的全面管理系统。

近代以来，我国会计经历了四次大的变革。第一次变革是19世纪末20世纪初，借贷复式记账法传入我国，传统中式会计得到了改良；第二次变革是中华人民共和国成立后全面引入苏联会计模式，建立了适应计划经济体制的会计制度；第三次变革是改革开放后的20世纪90年代初，我国开始引进西方会计理论与方法，对计划经济体制会计模式进行改革和探索；第四次变革是我国于2006年起陆续发布了包括1项基本准则和42项具体会计准则在内的企业会计准则体系，标志着我国会计进入与国际会计准则趋同的历史发展新时期。

第二节 会计的概念及特点

一、会计的概念

"会计"一词出现于清代，焦循在《孟子正义》一书中将其解释为"零星算之为计，总合算之为会。"会计在其漫长、曲折的发展过程中，其内涵与外延不断丰富。最初仅指计算、记录，其后逐渐融入了管理、考核等内容。综合多种观点，人们对现代会计含义的理解，包含两个方面：一方面，会计是一种以货币为主要计量单位，以提高经济效益为主要目标，运用专门方法对企业、机关、事业单位和其他组织的经济活动进行全面、综合、连续、系统的核算和监督，多角度提供会计信息的信息系统；另一方面，随着社会经济的日益发展，会计已逐步成为开展预测、决策、控制和分析的一种经济管理活动。

二、会计的特点

（一）会计以货币作为主要计量单位

会计要核算监督特定单位经济活动内容，需要运用多种计量单位。计量单位是指用来度量事物数量的尺度标准，通常包括实物、劳务和货币三种计量单位。其中，实物单位是用来度量实物数量的单位，如千克、件、吨、台等；劳务单位有小时（工时）、日（劳动日）等。会计之所以要将货币作为主要计量单位，是因为它可以对不同形态的资产进行汇总与分割，具有其他计量单位无法比拟的统一价值尺度的优势，可以满足会计核算中综合反映经济业务的需要。需要说明的是，会计有时还需要辅以其他计量单位来进一步补充说明货币单位的具体内容，如用实物单位反映原材料和库存商品的数量，用劳务单位作为计算薪酬的基础等。因此，会计核算以货币为主要计量单位，辅以其他计量单位，以满足会计管理多样化的需要。

（二）会计具有专门方法

会计在其产生和发展的过程中，逐步形成了一系列既相互联系又相互独立的专门方法，如设置会计科目与账户、复式记账、填制与审核会计凭证、登记账簿、成本计算、财产清查、编制会计报表等。

（三）会计核算具有连续性、系统性、全面性和综合性

连续性是指按业务发生的时间顺序，逐笔逐日记录，不能中断。系统性是指会计在反映经济业务时，要按经济业务性质不同分门别类地进行登记反映。全面性是指会计在反映经济业务时，要全面反映，分文不漏。综合性是指会计将大量零星分散的数据加以分类汇总，用金额反映使之成为有用的信息。

三、会计的分类

会计的种类有很多，按不同的标准可以将会计划分为不同的种类。

（一）按会计信息的使用者分类

1.财务会计

财务会计是当代企业会计的重要组成部分。它是以通用的会计原则为指导，采用专门的簿记系统，对企业的生产经营过程进行核算和监督，旨在为所有者、债权人及其他利益相关者提供会计信息的对外报告会计。财务会计的目标是向会计信息的外部使用者，如投资人、债权人、社会公众和政府部门等提供会计信息，使其了解企业的财务状况和经营成果，最终有助于这些外部使用者进行相关的决策。

2.管理会计

管理会计是企业为了加强内部经营管理，提高企业经济效益，在企业经营管理过程中直接发挥作用的对内报告会计。管理会计的目标是通过使用管理会计工具、方法，参与企业规划、决策、控制、评价活动并为之提供有用的信息，推动企业实现战略规划。管理会计与财务会计不同，它不要求运用复式记账方法，也不遵循公认的会计原则，是通过对财务会计信息的深加工和再利用，实现对经营过程的预测、决策、规划、控制和考核评价的。

（二）按会计所服务的领域分类

1.企业会计

企业会计是指服务于企业单位的会计。企业会计主要反映企业的财务状况和经营者的经营业绩，它有特定的会计对象和专门的会计方法。财务会计和管理会计都属于企业会计的范畴。

2.非营利组织会计

非营利组织会计是指服务于非营利组织的会计。非营利组织是指民间非营利组织，包括社会团体、基金会、民办非企业单位等，但不包括公立非营利组织。公立非营利组织一般是依靠国有资产运营的国有事业单位。

3.政府会计

政府会计是指将会计学的基本原理应用于政府公共部门的一门专业会计，主要用来反映政府公共部门的财务状况和财务活动成果，以及政府公共管理部门的成本费用。

第三节　会计的职能

会计的职能，是指会计在经济活动及其管理过程中所具有的功能。会计作为经济活动“过程的控制和观念总结”，具有会计核算和会计监督两项基本职能，还具有预测经济前景、参与经济决策、评价经营业绩等拓展职能。

一、会计核算

会计核算，是指会计以货币为主要计量单位，对特定主体的经济活动进行确认、计量、记录和报告。会计核算贯穿于经济活动的全过程，是会计最基本的职能。其特点表现在以下三个方面。

1.会计核算主要从价值量上反映各经济主体的经济活动状况

会计核算即会计人员对各单位的一切经济业务，以货币计量为主进行记录、计算，以保证会计记录和反映的完整性。

2.会计核算具有连续性、系统性和完整性

各单位必须对客观发生的所有涉及资金运动或资金增减变化的事项，采用系统的核算方法体系，按时间顺序，无一遗漏地进行记录。

3.会计核算应对各单位经济活动的全过程进行反映

随着商品经济的发展，市场竞争日趋激烈，会计在对已经发生的经济活动进行事中、事后的记录、核算，反映经济活动的现实状况及历史状况的同时，已经发展到要对经济活动进行事前分析并预测其经济前景。

会计核算的内容主要包括：①款项和有价证券的收付；②财物的收发、增减和使用；③债权、债务的发生和结算；④资本、基金的增减；⑤收入、支出、费用、成本的计算；⑥财务成果的计算和处理；⑦需要办理会计手续、进行会计核算的其他事项。

二、会计监督

会计监督，是指会计机构、会计人员对其特定主体经济活动和相关会计核算的真实性、完整性、合法性和合理性进行审查，使之达到预期经济活动和会计核算目标的功能。会计监督主要具有以下特点。

1.会计监督主要是通过价值量指标来进行的

由于企业需要进行核算的经济活动都伴随着价值运动，表现为价值量的增减和价值形态的转化，因此会计通过价值量指标可以全面、及时、有效地控制各个单位的经济活动。

2.会计监督包括事前、事中和事后的全过程监督

事前监督是指在经济活动开始前进行的监督，即审查未来的经济活动是否符合有关法令、政策的规定，是否符合商品经济规律的要求，在经济上是否可行；事中监督是对正在发生的经济活动及取得的核算资料进行审查，并以此纠正经济活动进程中的偏差及失误；事后监督是对已经发生的经济活动以及相应的核算资料进行审查、分析。

3.会计监督的依据有合法性依据和合理性依据两种

合法性依据是国家的各项法令及法规，合理性依据是经济活动的客观规律及企业自

身在经营管理方面的要求。

会计监督的主要内容有：①对原始凭证进行审核和监督；②对伪造、变造、故意销毁会计账簿或者账外设账的行为，应当制止和纠正；③对实物、款项进行监督，督促建立并严格执行财产清查制度；④对指使、强令编造、篡改财务报告行为，应当制止和纠正；⑤对财务收支进行监督；⑥对违反单位内部会计管理制度的经济活动，应当制止；⑦对单位制定的预算、财务计划、经济计划、业务计划的执行情况进行监督等。

三、会计核算与会计监督的关系及其职能的扩展

（一）会计核算与会计监督的关系

会计核算与会计监督是相辅相成、辩证统一的。会计核算是会计监督的基础，没有核算提供的各种系统性会计资料，监督就失去了依据；会计监督是会计核算质量的保障，只有核算没有监督，就难以保证核算提供信息的质量。

（二）会计职能的扩展

随着经济社会的发展，会计职能不断得到充实，我国会计界一般认为，除了会计核算与会计监督两大基本职能之外，会计还有预测经济前景、参与经济决策、评价经营业绩等扩展职能。

1.预测经济前景

预测经济前景是指根据财务报告等提供的信息，定量或者定性地判断和推测经济活动的发展变化规律，以指导和调节经济活动，提高经济效益。

2.参与经济决策

参与经济决策是指根据财务报告等提供的信息，运用定量分析和定性分析方法，对备选方案进行经济可行性分析，为企业经营管理等提供与决策相关的信息。

3.评价经营业绩

评价经营业绩是指利用财务报告等提供的会计资料，采用适当的方法，对企业一定经营期间的资产运营、经济效益等经营成果，对照相应的评价标准，进行定量及定性对比分析，做出真实、客观、公正的综合评判。

第四节　会计基本假设与会计基础

一、会计基本假设

会计基本假设，也称会计的基本前提，是指会计工作赖以进行的基本前提条件，是对会计工作的客观环境所做的基本假定，是企业会计确认、计量、记录和报告的前提。会计假设对于履行会计职能、实现会计目标要求等具有重要的作用和意义。会计基本假

设包括会计主体、持续经营、会计分期和货币计量。

知识链接1-1

我国《企业会计准则——基本准则》第五条、第六条、第七条、第八条规定了4项会计基本假设即会计主体、持续经营、会计分期和货币计量。

(一) 会计主体

会计主体，是指会计工作服务的特定对象，是企业会计确认、计量、记录和报告的空间范围。会计核算应当集中反映某一特定企业的经济活动，并将其与其他经济实体区别开来。在会计主体假设下，企业应当对其本身发生的交易或事项进行会计确认、计量、记录和报告，反映企业本身所从事的各项生产经营活动和其他相关活动。如果企业所有者的经济交易或事项是企业所有者主体所发生的，则不应纳入企业会计核算的范围。如果企业所有者向企业投入资本或企业向投资者分配利润，则属于企业会计主体的核算范围。

知识链接1-2

我国《企业会计准则——基本准则》第五条规定：企业应当对其本身发生的交易或事项进行会计确认、计量和报告。

对会计主体的界定要遵循经济实质重于法律形式的原则。会计主体不同于法律主体（法人），法律主体的法人是指具有民事权利能力和民事行为能力，依法独立享有民事权利和承担民事义务的组织。会计主体与法人主体之间的关系有三种情况：①既是会计主体又是法人主体，如有限责任公司、股份有限公司，以及具有法人条件的事业单位、社会团体等；②是会计主体但不是法人主体，如个人合伙企业、个体工商户、分支机构、企业内独立核算的一个部门等；③由多个法人主体形成的会计主体，如企业集团内的母子公司在法律上各自为独立的法人主体，但整个集团在经济实质上则为一个具有共同利益的经济实体，会计上应将母子公司的经济活动以合并报表的方式加以表达，形成一个报告主体（会计主体），从而使会计主体跨越法律主体的界限。会计主体概念的一个重要特征就是：会计主体是一个独立的经济实体，即会计主体独立于其所有者和其他的会计主体。会计所确认、计量、记录和报告的一切要素都是针对一个会计主体而言的，而不是针对其所有者或其他主体（单位）。例如，李华决定开办一家修鞋店，他将其全部积蓄3 000元中的2 500元投入修鞋店，从会计的角度来看，修鞋店就是一个会计主体。修鞋店2 500元的现金就是其所拥有的资产，而这2 500元现金是所有者李华对修鞋店的投入资本，所有者投入这2 500元的目的是通过有效经营赚取收入。显然，李华拥有对这2 500元的要求权，会计上称为“权益”，也可看作修鞋店对所有者李华的“债务”。

如果李华随后又决定不开办此修鞋店，则修鞋店必须将这2 500元“偿还”给李华。而从所有者李华的角度来看，开办修鞋店后，李华的资金就只有500元了，但拥有修鞋店2 500元的权益。再比如，牛先生开了一家小商店，牛先生日常需要用的粮油等商品，直接从自己的商店里拿，也从来不记账，因为他认为拿的是自己的东西，也没有与他人发生经济往来。但是税务局的检查人员在检查中提出牛先生有逃避缴纳税款的嫌疑，牛先生虽然觉得很委屈，但税务局检查人员的说法是有道理的，日常活动中我们一定要严格区分会计主体和非会计主体的活动。

小思考1-1 会计主体假设

已知：甲企业从乙企业购入材料一批，货款未付。

提问：该经济业务发生后，甲乙双方应如何设定会计主体进行会计核算？

（二）持续经营

持续经营，是指在可以预见的将来，企业将会按当前的规模和状态继续经营下去，不会停业。

知识链接1-3

我国《企业会计准则——基本准则》第六条规定：企业会计确认、计量和报告应当以持续经营为前提。

任何一个会计主体都存在破产、清算的风险。既然不能确切地知道会计主体何时会破产，那就假设它可以无限期地持续经营下去，只有这样，才能对资产按取得时的实际成本计价；才能按期收回应收款，并按照自己的承诺偿还所负担的债务；才能对多期受益的费用支出进行分摊等。会计确认、计量和报告应当以持续经营为前提。

小思考1-2 持续经营假设

已知：甲企业自成立以来经营发展状况良好，该企业采用平均年限法对其使用的一台价值1 200 000元、使用年限为10年的机器设备每月计提折旧10 000元。

提问：甲企业对使用的机器设备计提折旧是以什么会计假设为前提的？如何理解？

（三）会计分期

会计分期，是指将一个企业持续经营的生产经营活动划分为一个个连续的、长短相同的期间。会计分期的目的是据以分期结算盈亏，按期编报财务报告，从而及时向财务报告使用者提供有关企业财务状况、经营成果和现金流量的信息。

知识链接1-4

我国《企业会计准则——基本准则》第七条规定：企业应当划分会计期间，分期结算账目和编制财务会计报告。

会计期间通常分为会计年度和中期。中期是指短于一个完整的会计年度的报告期间，如月度、季度、半年度等。会计年度可以与公历年度相同，也可以按照各国会计核算的不同要求确定会计年度的起始和终止。我国采用历年制，即从公历1月1日到12月31日为一个会计年度。

（四）货币计量

货币计量，是指会计主体在会计确认、计量、记录和报告时主要以货币作为计量单位，来反映会计主体的生产经营活动过程及结果。货币是商品的一般等价物，是衡量一般商品价值的共同尺度，具有价值尺度、流通手段、贮藏手段和支付手段等特点。选择货币作为共同尺度进行计量，具有全面、综合反映企业的生产经营情况及其结果的作用。其他计量单位，如重量、长度、容积单位等，只能从一个侧面反映企业的生产经营情况，难以对不同性质、不同种类、不同质量的交易或事项按照统一的计量单位进行会计确认、计量、记录和报告，难以汇总和比较。采用货币计量单位进行会计核算和会计监督不排斥采用其他计量单位，其他计量单位可以对货币计量单位进行必要的补充和说明。例如，原材料的实物量度（吨、千克等）可以补充说明原材料的储存、耗费等经管责任的落实状况。

知识链接1-5

我国《企业会计准则——基本准则》第八条规定：企业会计应当以货币计量。

会计核算的四项基本假设，具有相互依存、相互补充的关系。会计主体确立了会计核算的空间范围，持续经营与会计分期确立了会计核算的时间长度，而货币计量则为会计核算提供了必要的手段。没有会计主体，就不会有持续经营；没有持续经营，就不会有会计分期；没有货币计量，就不会有现代会计。

小思考1-3

提示

小思考1-3 持续经营假设能否改变会计核算方法

持续经营假设是假设企业可以“长命百岁”，如果有证据表明企业进入破产清算，是否改变会计核算方法？

二、会计基础

知识链接1-6

我国《企业会计准则——基本准则》第九条规定：企业应当以权责发生制为基础进行会计确认、计量和报告。

会计基础，是指会计确认、计量、记录和报告的基础，具体包括权责发生制和收付实现制。

（一）权责发生制

权责发生制又称应收应付制，其确认收入、费用归属期的标准是交易或事项是否影响各个会计期间的经营成果和受益情况。权责发生制要求凡是企业当期已经实现的收入和已经发生或应当承担的费用，无论款项是否收付，都应当作为当期的收入和费用记入利润表；凡是不属于当期的收入和费用，即使款项已在当期收付，也不应当作为当期的收入和费用。简单来说，权责发生制在确认收入、费用的发生时不以款项的实际收支作为判断标准，而是以经济业务活动涉及事项是否符合收入、费用的确认条件为标准。

小思考1-4

1. 东艺公司于2021年1月1日预交未来两年的办公楼租用费30万元。这项支出是应该全额在支付当期被确认为费用还是应该在受益期间逐期分摊确认费用？

2. 甲公司2021年10月销售一批商品给乙公司，货物已经发出，货款共计100万元，收到50万元货款存入银行，2022年2月收到余款50万元。这项销售活动形成的收入应该在何时被确认？

小思考1-4

提示

权责发生制使企业能够正确地反映各个会计期间实现的收入和为实现收入所负担的费用，而收入和费用又会引起资产、负债的变化。因此，企业能否准确地运用权责发生制会直接影响企业资产、负债、收入和费用的确认，进而会影响企业的财务状况、经营成果等相关信息。

（二）收付实现制

收付实现制，也称现金制或现收现付制。它以实际收到或付出款项作为确认收入或费用的依据。在收付实现制的基础上，企业对凡在本期实际支付的款项，不论其是否应该在本期收入中获得补偿，均作为本期费用处理；对凡在本期实际收到的款项，不论其是否属于本期，均应作为本期的收入处理。

在我国，政府会计由预算会计和财务会计构成。其中，预算会计采用收付实现制，国务院另有规定的，依照其规定；财务会计采用权责发生制。

（三）权责发生制和收付实现制下会计处理结果的差异

权责发生制和收付实现制是相对应的两种会计核算基础。相较于收付实现制，权责发生制下会计处理较为复杂。在交易或者事项的发生时间与相关款项收付时间不一致时，两种会计基础下确认的利润会出现差额。例如，在商品销售收入已经实现而销售款项尚未收到时，按照权责发生制确认的当期收入和利润高于按照收付实现制确认的当期收入和利润，从而影响当期损益，因此，权责发生制为企业管理层进行会计政策选择和盈余管理留有一定的判断空间。

第五节　会计信息质量特征与计量属性

现代企业会计信息的使用者范围广泛，对会计信息的需求越来越多，为此，财务会计应当以满足这些信息使用者的信息需求为目标进行会计的确认、计量、记录和报告。然而，由于各种不同的会计信息使用者的信息需求侧重点是不同的，要想建立满足各方信息需求的专用报表是不现实的。一般而言，只能提供满足各个会计信息使用者通用目的的财务会计报告信息，即提供一个企业特定时点财务状况和特定时期经营成果与现金流入流出情况的会计信息。我国会计目标兼顾了决策有用观与受托责任观，既满足了市场经济中投资者和信贷者进行投资决策和信贷决策的财务会计信息需求，又满足了公司管理层传递其受托责任履行情况的财务会计信息需求。这样的会计目标定位主要是由我国的经济环境决定的，我国资本市场还不是特别完善，大众持股比例较低。因此，会计目标完全采用决策有用观是不可行的。然而，财务会计信息应是对其使用者有用的信息，不管是从为企业管理层解除受托责任的角度还是从为投资者和信贷者等提供决策有用信息的角度来看，这均是不可否认的事实。那么，什么样的信息才是有用的信息呢？换句话说，什么样的财务会计信息才能达到帮助会计信息使用者做出有差别的决策这个财务会计的目标呢？这个问题的答案涉及对会计信息质量特征的界定。在世界各国的财务会计理论研究中，大多数认为财务会计信息质量特征是连接会计目标与财务报告的桥梁。也就是说，要想使财务会计报告最终确认和披露的会计信息能够满足会计目标的要求，就需要会计信息具有一定的质量特征。

会计信息质量，是指会计信息符合会计法律、会计准则等规定要求的程度，是满足企业利益相关者需要的能力和程度。会计信息质量要求是对企业财务报告所提供会计信息质量的基本要求，是使财务报告所提供会计信息对投资者等信息使用者决策有用应具备的基本特征，主要包括可靠性、相关性、可理解性、可比性、实质重于形式、重要性、谨慎性和及时性等。

一、可靠性

可靠性要求企业应当以实际发生的交易或者事项为依据进行确认、计量、记录和报告，如实反映符合确认和计量要求的各项会计要素及其他相关信息，保证会计信息真实可靠、内容完整，可以参考《企业会计准则——基本准则》第十二条的规定。这一原则是对会计工作的基本要求。

可靠性包括两个方面内容：一是会计必须根据审核无误的原始凭证，采用专门方法进行记账、算账、报账，保证所提供的会计信息内容完整、真实可靠。二是要求会计人员在进行会计处理时应保持客观，企业会计信息应当是中立的、无偏的，不得为了达到某种事先设定的结果或效果，通过选择或列示有关会计信息以影响决策和判断。

二、相关性

相关性要求企业提供的会计信息应当与财务会计报告使用者的经济决策需要相关，有助于财务会计报告使用者对企业过去、现在或者未来的情况做出评价或者预测，可以参考《企业会计准则——基本准则》第十三条的规定。

会计信息的相关性是会计信息质量的重要标志和基本特征之一。相关的会计信息应当能够有助于使用者评价企业过去的决策，证实或者修正过去的有关预测，因而具有反馈价值。相关的会计信息还应当具有预测价值，有助于财务报告使用者依据会计信息预测企业未来的财务状况、经营成果和现金流量。

根据相关性要求，企业在收集、记录、处理和提供会计信息过程中要充分考虑各方面会计信息使用者决策的需要，满足各方面具有共性的信息要求。对于特定用途的信息，不一定都通过财务报告来提供，也可以采取其他形式加以提供。

三、可理解性

可理解性要求企业提供的会计信息应当清晰明了，便于投资者等财务报告使用者理解和使用，可以参考《企业会计准则——基本准则》第十四条的规定。

企业编制财务报告、提供会计信息的目的在于使用，要让使用者有效使用会计信息，应当让其了解会计信息的内涵，弄懂会计信息的内容，这就要求财务报告提供的会计信息应当清晰明了，易于理解。只有这样，才能提高会计信息的有用性，实现财务报告的目标，满足向投资者等财务报告使用者提供决策有用信息的要求。会计信息应当使用明确、贴切的语言和简明扼要、通俗易懂的文字，数据记录和文字说明应能一目了然地反映出交易或事项的来龙去脉，对于性质和功能不同的项目应当分项列示，对于性质和功能相同的项目应当合并列示。对于交易或事项本身较为复杂或者会计处理较为复杂的信息，以及与使用者的经济决策相关的信息，企业应当在财务会计报告中予以充分披露。财务报告中，不得含有含糊其辞、夸大或者缩小等性质的词句，不得有误导性陈述。例如，对于财务会计报表中计提减值准备的资产项目，在财务会计报表的正表中采用净额列示的，应在附注中说明相应已计提减值准备的金额；财务会计报表中汇总合计列报的项目，如资产负债表中货币资金、存货等项目，应在附注中逐项列示说明明细核算信息。

四、可比性

可比性要求企业提供的会计信息应当相互可比，可以参考《企业会计准则——基本准则》第十五条的规定。主要包括两层含义：

（一）同一企业不同时期可比

同一企业不同时期发生的相同或者相似的交易或者事项，应当采用一致的会计政策，不得随意变更。但是，如果按照规定或者在会计政策变更后能够提供更可靠、更相关的会计信息，企业可以变更会计政策。有关会计政策变更的情况，应当在附注中予以说明。会计政策是指企业在会计确认、计量、记录和报告中所采用的原则、基础和处理方法。

同一企业不同时期会计信息的可比性，有助于比较考核企业管理层受托责任的履行情况；有助于会计信息使用者了解企业财务状况、经营成果和现金流量的变化趋势，比较企业不同时期的会计信息，全面、客观地评价过去、预测未来，做出决策。

（二）不同企业相同会计期间可比

不同企业同一会计期间发生的相同或者相似的交易或事项，应当采用同一会计政策，确保会计信息口径一致、相互可比，以使不同企业按照一致的确认、计量、记录和报告要求提供有关会计信息。

保持不同企业相同时期会计信息的可比性，有助于会计信息使用者了解不同企业的财务状况、经营成果和现金流量及其差异，比较分析不同企业相同时期的会计信息产生差异的原因，全面、客观地评价不同企业的优劣，做出相应决策。

五、实质重于形式

实质重于形式要求企业应当按照交易或者事项的经济实质进行会计确认、计量、记录和报告，不仅仅以交易或事项的法律形式为依据，可以参考《企业会计准则——基本准则》第十六条的规定。

这里所讲的“形式”是指法律形式，“实质”是指经济实质。在实际工作中，交易或事项的法律形式并不总能完全反映其经济实质内容。多数情况下，企业发生交易或事项的经济实质与法律形式是一致的。但在有些情况下，会出现不一致。例如，企业租入的资产（短期租赁和低值资产租赁除外），虽然从法律形式来讲企业并不拥有其所有权，但是由于租赁合同规定的租赁期相当长，往往接近该资产的使用寿命，租赁期结束时承租企业有优先购买该资产的选择权，在租赁期内承租企业拥有资产使用权并从中受益。从其经济实质来看，承租企业能够控制租入资产所创造的未来经济利益，在会计确认、计量、记录和报告中就应当将租入的资产视为企业的资产，在资产负债表中记入使用权资产。

六、重要性

重要性要求企业提供的会计信息应当反映与企业财务状况、经营成果和现金流量有关的所有重要交易或事项，可以参考《企业会计准则——基本准则》第十七条的规定。

在实务中，如果某项会计信息的省略或者错报会影响投资者等财务报告使用者据此做出决策，该信息就具有重要性。重要性的应用需要依赖职业判断，企业应当根据其所处环境和实际情况，从项目的功能、性质和金额大小多方面加以判断。例如，企业发生的某些支出金额较小，从支出的受益期来看，可能需要在若干会计期间进行分摊，但根据重要性要求，可以一次性计入当期损益，如低值易耗品可以采用一次摊销法或分次摊销法摊销，尚未摊销的部分作为周转材料合并列入资产负债表存货项目，而不作为单独项目列报。又如，企业发生的研发支出中属于研究阶段的支出，尽管多数情况下其金额较大，但是，从其功能看尚未形成预期会给企业带来经济利益的资源，在发生期作为期间费用计入当期损益核算并列报。

七、谨慎性

谨慎性要求企业对交易或事项进行会计确认、计量、记录和报告应当保持应有的谨慎，不应高估资产或者收益、低估负债或者费用，可以参考《企业会计准则——基本准则》第十八条的规定。

在市场经济环境下，企业的生产经营活动面临着许多风险和不确定性，如应收款项的可收回性、固定资产的预期使用寿命、无形资产的预期使用寿命等。会计信息质量的谨慎性要求企业在面临不确定性因素的情况下做出职业判断时，应当保持应有的谨慎，充分估计到各种风险和损失，既不高估资产或者收益，也不低估负债或者费用。如果企业高估资产或收益、低估费用会导致高估利润，可能导致会计信息使用者高估企业盈利能力而盲目乐观，做出不切合实际的决策，存在误导性列报和陈述的风险；如果企业低估负债，可能导致会计信息使用者高估企业的偿债能力，做出不准确或不恰当的决策。例如，要求企业对可能发生的资产减值损失计提资产减值准备，要求企业对售出商品很可能发生的保修义务确认预计负债，要求企业对很可能承担的环保责任确认预计负债等，体现了会计信息质量的谨慎性要求。

八、及时性

及时性要求企业对于已经发生的交易或事项，应当及时进行确认、计量、记录和报告，不得提前或延后，可以参考《企业会计准则——基本准则》第十九条的规定。

在会计确认、计量、记录和报告过程中贯彻及时性要求，一是要求及时收集会计信息，即在交易或者事项发生后，及时收集整理各种原始单据或者凭证；二是要求及时处理会计信息，即按照会计准则的规定，及时对交易或事项进行确认和计量，并编制财务报告；三是要求及时传递会计信息，即按照国家规定的有关时限，及时地将编制的财务报告传递给财务报告使用者，便于其及时使用和决策。

例如，某企业将自行研制的软硬件为一体的商品进行销售，销售合约约定商品销售后还将提供免费维护和免费升级服务。如果企业不考虑商品销售后提供免费维护和升级服务将全部销售一次性确认为当期销售收入，就属于提前确认、计量、记录和报告销售收入；反之，如果企业在提供后续服务合约到期日再确认全部销售收入，则属于延后确认、计量、记录和报告销售收入。正确的会计处理应当按合理的比例在销售当期和后期维护及升级合约持续期间分配确认各期销售收入。

小思考 1-5

小思考 1-5

提示

下列各项企业的会计处理中，符合谨慎性质量要求的有（　　）。

A. 在存货的可变现净值低于成本时，计提存货跌价准备

B. 在应收款实际发生坏账损失时，确认坏账损失

C. 对售出商品很可能发生的保修义务确认预计负债

D. 企业将属于研究阶段的研发支出确认为研发费用

第六节　会计的方法

会计的方法是用来反映和监督会计对象，实现会计目标的手段。会计的方法是人们在会计实践中总结创立的，并随着社会生产力的发展、会计管理活动的复杂化而逐步完善和提高。会计对象是资金运动，资金运动是一个动态过程，由各个具体的经济活动来体现。由于会计对象多种多样、错综复杂，从而决定了预测、反映、监督、检查和分析会计对象的手段不是单一的，而是由一个方法体系构成的。随着会计职能的扩展和管理要求的提高，这个方法体系也将不断发展和完善。会计的方法体系包括会计核算方法、会计监督方法、会计分析方法、会计预测方法和会计决策方法等。由于会计核算是会计的基础环节，会计监督、会计分析、会计预测和会计决策等都是在会计核算的基础上利用其提供的资料进行的，因而会计核算方法也就成为学习会计学必须首先认真掌握的会计方法。

会计核算方法，是企业对会计对象进行连续、系统、全面的核算和监督所应用的方法。企业对在日常经营活动中发生的每一项经济业务，都要按规定使用会计科目，通过复式记账，填制和审核凭证，并登记有关账簿，计算相关成本，最后通过财产清查加以核对，在账实相符的基础上，根据账簿记录，定期编制财务会计报告，并对报告提供的会计信息进行分析利用。这个过程就体现了会计核算的基本方法，具体表现为以下几种方法。

一、设置会计科目和账户

设置会计科目和账户（Account Title and Account）是对会计对象具体内容进行分类

反映和监督的方法。会计对象包含的内容纷繁复杂，设置会计科目和账户就是根据会计对象具体内容的不同特点和经济管理的不同要求，选择一定的标准进行分类，并事先规定分类核算项目，在账簿中开设相应的账户，以取得所需要的核算指标。企业在进行会计核算前，首先要结合企业经营业务的特点及实际需要设置好会计科目及账户，进而建立账簿。这是企业进行会计核算的基础。

二、复式记账

复式记账（Double - Entry Bookkeeping System）是指对发生的任何一项经济业务，都必须用相等的金额在两个或两个以上的账户中相互联系地进行登记，以反映会计对象具体内容增减变化的一种记账方式。复式记账一方面能够全面地、系统地反映经济业务引起资金运动增减变化的来龙去脉；另一方面能够使企业通过账户之间的一种平衡关系，检查会计记录的正确性。

三、填制和审核会计凭证

填制和审核会计凭证（Accounting Documents）是企业为了正确反映经济业务的执行和完成情况，发挥会计工作的监督作用，保证登记账簿记录正确、完整而采用的一种方法。会计凭证是记录经济业务和明确经济责任的书面证明，是登记账簿的依据，分为原始凭证和记账凭证。企业对发生的每一笔经济业务涉及的原始凭证都应该认真进行审核。对于审核无误的原始凭证，企业只有运用复式记账法将经济业务反映在记账凭证上后，才能使其作为登记账簿的依据。

四、登记会计账簿

会计账簿（Books of Accounts）是由具有一定格式的账页组成的，以经过审核的会计凭证为依据，全面、系统、连续地记录各项经济业务的簿记。登记账簿就是企业根据填制和审核无误的记账凭证，按经济业务发生的时间顺序，在账簿上进行全面连续、系统记录的方法。通过登记账簿，企业将会计凭证记录的经济业务做进一步的分类和汇总，使信息能更好地适应经营管理的需要。账簿中记录的各种数据资料是企业编制财务报表的重要依据。

五、成本计算

成本计算（Costing）是将经营过程中发生的全部费用，按照一定对象进行归集、计算，借以明确各核算对象的总成本和单位成本的专门方法。通过成本计算，我们可以考核各企业的物化劳动和活劳动的耗费程度，进而为成本控制、价格决策等经营管理活动和经营成果的确定提供有用资料。

六、财产清查

财产清查（Property Check）是指企业定期或不定期地对财产物资、货币资金、往来结算款项进行清查盘点，以查明其实存数额和账面数额是否相符的一种专门方法。在财产清查时，企业若发现账实不符，应及时调整账簿记录使账实相符，并查明账实不符的原因，明确经济责任，进而进行后续账务处理。企业通过财产清查，可以保证账实相符，确保财务会计报告的数据真实可靠。同时，财产清查也是企业加强财产物资管理，充分挖掘财产物资潜力，明确经济责任，强化会计监督的重要手段。

七、编制财务会计报告

财务会计报告（Financial Accounting Reports）是根据账簿记录的数据资料，概括、综合地反映各单位在一定时期经济活动情况及其结果的一种书面报告。财务会计报告由会计报表、会计报表附注和财务情况说明书组成。企业编制财务会计报告是对日常核算的总结，是在账簿记录基础上对会计核算资料的进一步加工整理，也是进行会计分析、会计检查、会计预测和会计决算的重要依据。

在进行会计工作时，对以上七种会计核算方法要全面、正确、相互联系地加以应用。对于日常发生的各项经济业务，首先要填制和审核会计凭证，按照设置的账户进行分类，并采用复式记账的方法在有关账簿中进行登记，企业还要对生产经营过程中所发生的费用进行成本计算。会计期间届满，要进行结账和对账，要定期、不定期地进行财产清查，在保证账实相符的基础上，定期编制财务会计报告。在每一个会计期间都要循序渐进、周而复始地运用这些会计核算方法，形成会计工作循环。每一个会计工作循环主要有三个环节：填制和审核会计凭证、登记会计账簿、编制财务会计报告，简称为“凭证-账簿-报告”。

思政小课堂

补充与提示

孔子在少年时代，因为门第衰落、家世贫贱，曾经做过鲁国季氏的家臣，是季氏手下管理仓库、财务收入及家畜放牧的一个小官。后来孔子为官也一直与管理国家财政经济有关，所以孔子对理财和会计工作有实际体会，《孟子》记载，“孔子尝为委吏矣，曰：‘会计当而已矣’。”孔子根据他主管仓库会计的实际体会，把会计工作的要点归结于“当”字之上，“当”的概念是多方面的，孔子这里所讲的“当”，其意义主要有三点：一是在讲会计工作中对于经济收支事项要遵循财制，处理得当，二是讲会计事项的计算和记录要正确；三是从统治者角度来讲，要善于选择合格、适当的会计人才。孔子的这番经验之谈，对今天的会计工作也是有借鉴意义的。

思考：“当”的概念对现代会计建设有何意义？

分析提示：分析时要结合这一思想在当时历史背景下的意义及当代社会赋予其的新内涵。

本章小结

本章循序渐进地阐述会计的基本概念，内容主要包括会计的含义与职能、目标与方法、产生与发展、会计核算基本前提、会计处理基础、会计信息质量特征以及会计要素的确认计量。通过本章的学习，学生应该全面了解会计的含义，确立会计的观念，掌握会计的职能、目标以及会计核算方法，了解会计产生和发展的历程，理解会计的四项基本假设，掌握权责发生制和收付实现制两种会计处理基础，明确会计信息的八项质量特征，了解会计确认的条件和会计计量的方法。

应知应会

一、单项选择题

应知应会
客观题答案

1.会计的管理活动论认为会计是（　　）。

A.一种经济活动

B.一个经济信息系统

C.一项管理经济的工具

D.以提供经济信息，提高经济效益为目的的一种管理活动

2.会计的基本职能是（　　）。

A.控制与监督　　B.反映与监督

C.反映与核算　　D.反映与分析

3.下列不属于会计核算方法的是（　　）。

A.成本计算与复式记账　　B.设置账户与填制和审核会计凭证

C.错账更正与评估预测　　D.登记账簿与编制会计报表

4.会计方法体系中，其基本环节是（　　）。

A.会计核算方法　　B.会计分析方法

C.会计监督方法　　D.会计决策方法

5.近代会计史上的两个里程碑是（　　）。

A.帕乔利关于复式簿记著作的出版和会计职业的出现

B.生产中出现了剩余产品和会计萌芽阶段的产生

C.会计学基础理论的创立和会计理论与方法的逐渐分化

D.首次出现“会计”二字构词连用和设置“司会”官职

6.外部信息使用者了解单位会计信息最主要的途径是（　　）。

A.财务报告　　B.账簿　　C.财产清查　　D.会计凭证

7.会计的反映职能不具有（　　）。

A.连续性　　B.主观性　　C.系统性　　D.全面性

8.会计在反映各单位经济活动时主要使用（　　）。

A.货币量度和劳动量度　　B.劳动量度和实物量度

C.实物量度和其他量度　　D.货币量度和实物量度

9.会计目标主要有两种学术观点（　　）。

A.决策有用观与受托责任观　　B.管理活动观与信息系统观

C.信息系统观与管理活动观　　D.管理活动观与决策有用观

10.应用会计学包括（　　）。

A.财务会计、管理会计和实证会计　　B.管理会计、实证会计和审计

C.实证会计、审计和财务会计　　D.管理会计、财务会计和审计

二、多项选择题

1.下列各项目中，属于会计基本职能的有（　　）。

A.会计预测职能　　B.会计决策职能

C.会计反映职能　　D.会计监督职能

E.会计分析职能

2.会计反映职能的一般特征有（　　）。

A.具有客观性　　B.以货币为主要计量单位

C.具有连续性、系统性、全面性　　D.体现在记账、算账、报账三个环节上

E.包括事前反映、事中反映、事后反映

3.会计核算的方法包括（　　）。

A.设置账户与复式记账　　B.填制和审核会计凭证

C.试算平衡　　D.登记账簿和编制会计报表

E.成本计算和财产清查

4.会计监督职能的显著特征有（　　）。

A.谨慎性与及时性　　B.强制性与严肃性

C.连续性与具体性　　D.完整性与连续性

E.及时性与具体性

5.财务会计学包括（　　）。

A.实证会计　　B.企业会计

C.成本会计　　D.非营利组织会计

E.国际会计

6.（　　）不属于会计的基本计量单位。

A.货币单位　　B.实物单位　　C.劳动单位　　D.时间单位

7.下列属于保证会计信息质量要求的有（　　）。

A.可靠性　　B.可比性　　C.可理解性　　D.谨慎性

8.会计的具体任务包括（　　）。

A.反映和监督法规、准则、制度的执行情况，维护财经纪律

B.提供会计信息，加强经济管理　　C.计算产品成本，评价财务成果

D.预测经济前景，参与经营决策　　E.反映和监督经营活动和财务收支

9.以下关于会计基本职能的关系，说法正确的有（　　）。

A.反映职能是监督职能的基础

B.监督职能是反映职能的保证

C.没有反映职能提供的可靠信息，监督职能就没有客观依据

D.没有监督职能进行控制，就不可能提供真实可靠的会计信息

E.两大职能是紧密结合、辩证统一的

10.关于会计目标，有代表性的学术观点包括（　　）。

A.决策有用观　　B.受托责任观

C.管理活动论　　D.信息系统论

E.簿记技术论

三、判断题

1.会计在产生的初期，只是作为生产职能的附带部分，之后随着剩余产品规模的缩小，会计逐渐从生产职能中分离出来，成为独立的职能。（　　）

2.在会计学中，一般将帕乔利关于复式簿记著作的出版和会计职能的出现视为近代会计史上的两个里程碑。（　　）

3.会计是对经济活动进行连续、系统、全面的反映和监督的一个经济管理工具。（　　）

4.会计可反映过去已经发生的经济活动，也可反映未来将要发生的经济活动。（　　）

5.会计目标与会计目的是一回事。（　　）

6.会计目标的决策有用观要求两权分离必须通过资本市场进行。（　　）

7.没有会计监督，会计反应便失去了存在的意义。（　　）

8.会计反应具有连续性，而会计监督只具有强制性。（　　）

9.会计目标指明了会计实践活动的目的和方向，同时也明确了会计在经济管理活动中的使命，成为会计发展的导向。（　　）

10.会计的核算对象只限于那些能够用货币计量的经济活动。（　　）

四、复习思考题

1.简述会计的概念及特点。

2.会计的基本职能是什么？会计基本职能之间有何关系？

3.简述会计的基本假设和会计信息质量特征。

4.会计信息使用者包括哪些？不同会计信息使用者关注会计信息的侧重点有何区别。

挑战一下

扫码答题 1

第二章 会计要素与会计等式

思政目标

价值引领：

◆通过资产永远等于权益，培养学生的平衡哲学。平衡是一种智慧，它可以使人更好地与这个世界相处，达到人生的平衡。

◆将人生财富放于会计等式以衡量对社会的贡献的大小。

专业融合：

◆正确识别会计要素项目，理解会计等式，引导学生经营好人生等式。

◆通过学习会计处理的基础——权责发生制，领悟权责对应，树立强烈的责任感和使命担当，践行“诚信”社会主义核心价值观。

能力培养：

◆培养学生“明辨是非”的判断力和客观公正的优秀品质。

◆培养学生“全面视角”和“大局思维”的综合分析能力。

◆培养学生将平衡哲学运用于日常生活和工作中，不计较一时的得与失，增强获得内心平衡和幸福感的能力。

学习目标

1. 基础目标：掌握资产、负债、所有者权益、收入、费用和利润的概念及分类。

2. 高阶目标：理解复式记账原理的本质。

3. 挑战目标：根据企业会计准则具体规定，能准确运用借贷记账法处理经济业务。

本章重点

会计假设、会计计量属性。

开篇案例

人生的会计等式

人生的会计等式

"资产=负债+所有者权益"是会计核算的理论基础，同样也是经营人生的"原理"。人生会计等式也可以用"资产=负债+所有者权益"表示。每个人的生活都是一个会计等式。一项资产的获得总是通过另一项资产的减少或者负债的增加来实现，换句话说，想要得到某些东西，一定也会付出另一些东西，以达到平衡。人们总是习惯于以拥有的资产，特别是物质资产的多少来判断人生的成功与否，殊不知资产与负债总是如影随形。

资产是指一个人实现人生价值的各种资源，这些资产的来源也可以分为两个方面：一是来自人生的资本，即所有者权益，是指一个人生存发展的各种条件。二是来自作为承担人生各项责任的负债，即一个人所应承担的各种责任。比如父母是我们一出生就获得的原始资产，获得这项资产的同时，我们的负债也相应增加，这项长期负债叫作赡养。

一个人所拥有的各种资源，包括能力资源、经济资源、生理资源和心理资源等，都是经营好人生、实现人生价值的资产。负债的履行会导致经济利益流出，人生会计等式中的负债是指一个人要承担的三种责任：社会责任、家庭责任和职业责任。一个人自觉履行这三种责任是一个伦理道德的问题，即社会公德、家庭道德、职业道德。因此，一个人的责任意识就是一个人的道德意识，高度的责任感必然表现为高尚的道德情操，亵渎人生责任就是道德的缺失。一个人的道德越高尚、责任感越强，他的负债能力就越强。所有者权益，主要来自客观和主观两个方面：客观方面主要是遗传和环境，不以人的意志为转移；主观方面主要是学习和实践，这取决于自身努力。因此，人生的所有者权益绝对不是命中注定的，是可以靠自己的主观努力来创造的。

经营好人生会计等式，一方面要不断加强学习实践，创造自身生存发展的各种条件，增强自身的资本积累；另一方面要崇尚道德，做一个负责任、可信赖、信用良好的人，提升自己的负债能力。唯有如此，一个人拥有或能够调配的资源才能不断增加，才能实现更大的人生价值。

思考：

请根据你的理解，填制一张你的人生资产负债表。

第一节　会计对象

会计对象即会计核算和监督的内容。因为会计是以货币作为主要计量单位的，所以凡是能够以货币表现的经济活动，都是会计要核算和监督的内容。换句话说，引起资金运动的经济业务活动就是会计对象。会计主体性质不同，资金运动的表现形式也会有所不同，资金运动包括各特定主体的资金筹集、资金运用和资金分配等过程。

一、资金筹集

企业要进行生产经营活动首先要有相应的资金，因此企业首先要通过一定的渠道筹集资金。企业建立初期的资金主要来源于外部，其筹资方式有两种：一是以股权方式筹资，其又可以分为吸收直接投资和发行股票两种方式；二是以负债方式筹资，常见的是从银行及其他金融机构借款或者发行债券。另外，当企业正常运营之后，形成的未分配利润也是企业资金的一种内部积累方式。

二、资金运用

企业将筹集的资金投入生产经营活动中以获取收益。不同行业的企业运用资金的形式和活动也有所不同。工业企业的交易或事项主要是制造产品、销售产品，因此，在其运营过程中，资金从货币资金形态开始，依次通过供应、生产和销售阶段，形态不断发生改变，最后又回到货币资金形态。这期间具体包括以下几个过程：①供应过程，企业购入各种原材料、支付货款及相关采购费用，购置生产所需的机器设备、购建厂房等固定资产，此时货币资金转换为储备资金。②生产过程，企业对原材料进行加工生产，引起原材料的耗费、固定资产的折旧、人员工资的支付和生产费用的发生，这个阶段一部分储备资金和货币资金转换为生产资金，产品完工后生产资金转换为成品资金。③销售过程，产品销售出去，形成销售收入，企业收到销货款后，其成品资金又转换为货币资金。经过前述一系列对资金的运用活动，企业实现了资金的增值。商品流通企业主要是组织商品流通，主要业务可以分为购进和销售两类。在商品购进阶段，企业用货币资金购入商品，此时货币资金转换为商品资金；在销售阶段，企业取得销售收入，其商品资金又转换为货币资金。此外，企业在经营过程中还会涉及人力、物力和财力的消耗，这些都表现为商品流通过程中的费用。

三、资金分配

企业通过上述经营活动形成一定的经营成果，对实现的利润应按国家有关法律法规和公司章程等规定的程序和内容进行分配，主要包括弥补以前年度亏损、提取盈余公积、有限责任公司向投资者分配利润、股份有限公司向股东分派股利。若企业发生亏损，则应按照规定的方法加以弥补。同事物运动有相对静止和显著运动两种形态一样，企业资金运动也有静态和动态之分。

第一，会计对象的静态表现是指一个企业在一定时点上的资产和权益的总额情况，对应内容反映在资产负债表中。任何一个企业要进行经济活动，首先需要具备一定的物质条件，如货币资金、材料、设备、场所等。这些物质存在形式不同，但是它们具有一些共同点：为企业拥有或者控制，能够用货币计量反映，在未来能给企业创造经济利益。具有以上特点的物质资源在会计上称为资产。要取得或形成这些生产经营所需的资产就需要资金。企业筹集资金的对象主要有两类：一类是债权人，向企业提供资金后要求企业按期偿还本金，并按相关规定支付利息；另一类是所有者（业主），所有者对企业的投资常见形式有货币、设备、材料等各类资产，所有者通常要求参与企业经营管理，并按投资比例获取收益。第一类筹资方式形成的是需要企业偿还的债务，是债权人权益，会计上称为负债。第二类筹资方式形成的是不需要企业偿还、在经营期间可以长期使用的资金，会计上称为所有者权益（业主权益）。负债和所有者权益统称为权益。

第二，会计对象的动态表现就是企业所拥有资金的循环和周转过程。企业以营利为目的，而要获取利润，就需要运用举债以及吸收所有者投资获取的资金形成资产，进而创造经济利益。在这个过程中，资金在生产经营各个阶段就会不断转变形态，具体表现为收入、费用和利润，对应的具体项目反映在利润表中。企业获取利润首先要有经济利益的流入。会计上将能用货币反映的经济利益的流入称为收入。形成收入的常见经济活动有销售商品、提供劳务等。在形成收入的同时，企业需要发生一定的支出，而支出会导致经济利益的流出，如销售人员的工资，销售商品的成本，提供劳务的人力、财力、物力成本等。会计上将这些能用货币反映的经济利益的流出称为费用。企业经营活动引起的经济利益的流入扣除经济利益的流出即是企业通过经营活动形成的利润。

第二节　会计要素

一、会计要素及其确认条件

会计要素（Accounting Elements）是根据交易或者事项的经济特征所确定的财务会计对象和基本分类。它不仅有利于对不同经济类别进行确认、计量、记录和报告，而且可以为建立会计科目和实际会计报表提供依据。会计要素按照其性质分为资产、负债、所有者权益、收入、费用和利润，其中，资产、负债和所有者权益要素侧重于反映企业的财务状况，收入、费用和利润要来侧重反映企业的经营成果。

知识链接2-1

我国《企业会计准则——基本准则》第十条规定：企业应当按照交易或事项的经济特征确定会计要素。

（一）资产

1.资产的定义

资产（Assets），是指企业过去的交易或者事项形成的，由企业拥有或者控制的，预期会给企业带来经济利益的资源。根据资产的定义，资产具有以下三方面特征：

（1）资产应为企业拥有或者控制的资源。资产作为一项资源，应当由企业拥有或者控制，具体是指企业享有某项资源的所有权，或者虽然不享有某项资源的所有权，但该资源能被企业所控制。例如，企业从银行借入的资金，其所有权属于银行，但企业拥有这笔资金的控制权，可以在一段时间内支配使用这笔资金，因而这笔资金属于企业的资产，但必须向银行支付利息。

知识链接2-2

我国《企业会计准则——基本准则》第二十条规定：由企业拥有或者控制是指企业享有某项资源的所有权，或者虽然不享有某项资源的所有权，但该资源能被企业所控制。

（2）资产预期会给企业带来经济利益，是指资产直接或者间接导致现金和现金等价物流入企业的潜力。这种潜力可以来自企业日常的生产经营活动，也可以是非日常活动带来的经济利益；经济利益可以是现金或者现金等价物或可以转化为现金或者现金等价物的其他形式，也可以是减少现金或者现金等价物流出的形式。例如，企业的机器设备、原材料可以用于生产产品，对外出售后收回货款，货款即为企业所获得的经济利益。如果一项资源预期不能给企业带来经济利益，就不能确认为企业的资产；前期已经确认为资产的资源，如果不能再为企业带来经济利益，也不能再确认为企业的资产。例如，企业报废的厂房和设备等，已经不再具有资产的这一特征，也就不能再作为企业的资产进行确认。预期能为企业带来经济利益是资产的本质特征。

知识链接2-3

我国《企业会计准则——基本准则》第二十条规定：预期会给企业带来经济利益是指直接或者间接导致现金或现金等价物流入企业的潜力。一旦不能为企业带来经济利益，则不能确认为资产。

（3）资产是由企业过去的交易或者事项形成的。资产应当由企业过去的交易或者事项形成，过去的交易或者事项包括购买、生产、建造行为等。只有过去的交易或者事项才能形成资产，企业预期在未来发生的交易或者事项不形成资产。例如，企业计划在下一季度购置一台机器设备，由于截至目前该项购买行为尚未发生，就不符合资产的定义，不能将这台设备确认为企业的资产。

知识链接2-4

我国《企业会计准则——基本准则》第二十条规定：企业过去的交易或事项，包括购买、生产、建造行为或者其他交易或者事项。

2.资产的确认条件

将一项资源确认为资产，需要符合资产的定义，还应同时满足以下两个条件：

（1）与该资源有关的经济利益很可能流入企业。从资产的定义可以看出，能为企业带来经济利益是资产的本质特征，但在现实生活中，由于经济环境瞬息万变，与资源有关的经济利益能否流入企业或者能够流入多少实际上有不确定性。因此，资产的确认还应与经济利益流入企业的不确定性程度的判断结合起来。

（2）该资源的成本或者价值能够可靠地计量。只有当有关资源的成本或者价值能够可靠地计量时，资产才能予以确认。在实务中，企业取得的许多资产都需要付出成本。例如，企业购买或者生产的商品、企业购置的厂房或者设备等，对于这些资产，只有实际发生的成本或者生产成本能够可靠计量，才符合资产确认的可计量性条件。

3.资产的分类和内容

企业的资产按流动性可分为流动资产和非流动资产两大类。

（1）流动资产。

流动资产（Current Assets）是指预期能够在一年内或者超过一年的一个营业周期内变现或耗用的资产，包括库存现金、银行存款、交易性金融资产、应收及预付款项、存货等。

营业周期（Operating Cycle）通常是指企业从购买用于加工的原材料开始，到产品销售完毕、现金或现金等价物流入为止所经历的期间。营业周期通常短于一年，即一年内有若干个营业周期。正常营业周期不能确定的，应当以一年（12个月）作为正常营业周期。在实务中也存在营业周期超过一年的情况，这主要针对一些根据订单或项目从事单一品种、小批量甚至单件生产经营的企业，如轮船制造企业生产一艘大型货轮、房地产开发企业开发一个楼盘等，这些产品的生产周期往往超过一年，此时将其在一个生产周期内能够变现或者耗用的资产划分为企业的流动资产。

①库存现金（Cash On Hand）是指企业持有的现款，也称现金。库存现金主要用于支付企业日常发生的小额、零星的费用或开支。

②银行存款（Cash In Bank）是指企业存入某一银行账户的款项。该银行称为企业的开户银行，企业的银行存款主要来自投资者投入的资本、负债借入的款项和销售商品的货款等。

③交易性金融资产（Trading Securities ）是指企业为了在近期内出售持有的金融资产，如企业以赚取差价为目的从二级市场购买的股票、债券、基金等。

④应收及预付款项是指企业在日常生产经营过程中发生的各项债权，包括应收票据、应收账款、其他应收款和预付账款等。

⑤存货（Inventory）是指企业在日常生产经营过程中持有以备出售的产成品或商品、处于生产过程中的在产品以及在生产过程或提供劳务过程中耗用的各种材料或物料等，主要包括各类材料、商品、在产品、半成品、产成品等。

（2）非流动资产。

非流动资产（Non-Current Assets，Long-Term Assets）是指企业不能在一年或超过一年的一个营业周期内变现或者耗用的资产，主要包括债权投资、长期股权投资、投资性房地产、固定资产、无形资产和其他资产。

①债权投资（Debt Investment）是指按摊余成本计量的金融资产。

②长期股权投资（Long-Term Investment On Stocks）是指投资方对被投资单位实施控制、有重大影响的权益性投资，以及对其合营企业的权益性投资。

③投资性房地产（Investment Real Estate）是指企业为赚取租金或资本增值，或两者兼有而持有的房地产，自用房地产和作为存货的房地产不属于投资性房地产。

④固定资产（Fixed Assets）是指企业为生产商品、提供劳务或经营管理而持有的，使用寿命超过一个会计年度的房屋、建筑物、机器、机械、运输工具以及其他与生产经营有关的设备、器具、工具等有形资产。

⑤无形资产（Intangible Assets）是指企业拥有或者控制的没有实物形态的可辨认的非货币性资产。无形资产包括专利权、非专利技术、商标权、著作权和土地使用权等。

⑥其他资产是指除上述资产以外的各项资产，包括企业已经支出，但摊销期限在一年以上（不含一年）的长期待摊费用（Long-Term Deferred Expenses），如固定资产大修理支出等。

小思考2-1

小思考2-1

提示

某食品企业8月份与销售方签订购买一台设备的合同，但该台设备实际上是在10月份购买的，该企业还采用融资租赁方式租入机器设备一台，企业库存的一批滞销产品已经过了保质期。请问上述设备和库存产品是否属于企业的资产？为什么？

（二）负债

1.负债的定义

负债（Liabilities），是指企业过去的交易或者事项形成的，预期会导致经济利益流出企业的现时义务。根据负债的定义，负债具有以下三方面特征：

（1）负债是企业承担的现时义务。负债必须是企业承担的现时义务，这里的现时义务是指企业在现行条件下已承担的义务。未来发生的交易或者事项形成的义务不属于现时义务，不应当确认为负债。

知识链接 2-5

我国《企业会计准则——基本准则》第二十三条规定：现时义务是指企业在现行条件下已承担的义务，未发生的交易或事项形成的义务不属于现时义务，不应当确认为负债。

（2）负债预期会导致经济利益流出企业。预期会导致经济利益流出企业是负债的本质特征，只有在履行义务时会导致经济利益流出企业才符合负债的定义。在履行现时义务清偿负债时，导致经济利益流出企业的形式多种多样，例如，用现金偿还或以实物资产形式偿还，以提供劳务形式偿还，部分转移资产、部分提供劳务形式偿还，将负债转为资本等。

（3）负债是由企业过去的交易或者事项形成的。负债应当由企业过去的交易或者事项所形成。换句话说，只有过去的交易或者事项才形成负债，企业将在未来发生的承诺、签订的合同等交易或者事项，不形成负债。

2.负债的确认条件

将一项现时义务确认为负债，需要符合负债的定义，还需要同时满足以下两个条件：

（1）与该义务有关的经济利益很可能流出企业。从负债的定义可以看出，预期会导致经济利益流出企业是负债的本质特征。在实务中，企业履行义务导致流出的经济利益带有不确定性，尤其是与推定义务相关的经济利益通常需要依赖大量的估计。因此，负债的确认应当与经济利益流出企业的不确定性程度的判断结合起来。

（2）未来流出的经济利益的金额能够可靠地计量。负债的确认在考虑经济利益流出企业的同时，对于未来流出的经济利益的金额应当能够可靠计量。

小思考2-2

小思考2-2

提示

A公司2022年底有关情况如下：（1）2022年1月1日向银行借入一年期借款200万元，将要到期尚未归还；（2）2022年5月从甲公司购入商品一批，56万元货款尚未支付；（3）2022年10月乙公司向法院起诉A公司要求赔偿200万元，法院尚未审理宣判；（4）2022年10月公司财务做出2022年向银行借款500万元的借款计划；（5）2022年11月应向职工支付100万元工资，因资金紧张到年底尚未发放。

提问：哪些属于A公司年底的负债，哪些不属于？为什么？

3.负债的分类和内容

负债按其流动性可以分为流动负债和非流动负债两类。负债按流动性分类，有利于了解企业流动资产和流动负债的相对比例，大致反映企业的短期偿债能力。

（1）流动负债。

流动负债（Current Liabilities，Short-Term Liabilities）是指企业将在一年内（含一年）或者超过一年的一个营业周期内偿还的债务，包括短期借款、应付及预收款项等。

①短期借款（Short-Term Borrowing）是指企业从银行或其他金融机构借入的期限在一年以内的各种借款，企业借入短期借款的目的主要是满足临时性资金需要。

②应付及预收款项是指企业在日常生产经营过程中产生的各项债务，主要包括应付款项（应付票据、应付账款、应付职工薪酬、应交税费、应付股利、其他应付款等）和预收账款等。

（2）非流动负债。

非流动负债又称长期负债（Long-Term Liabilities）是指偿还期在一年或者超过一年的一个营业周期以上的债务，包括长期借款、应付债券和长期应付款等。

①长期借款（Long-Term Borrowing）是指企业从银行或其他金融机构借入的期限在一年以上的各项借款，企业借入长期借款，主要是为长期工程项目筹集所需资金。

②应付债券（Bonds Payable）是指企业为筹集长期资金而发行的长期债券。

③长期应付款（Long-Term Accounts Payable）是指除长期借款和应付债券以外的其他长期应付款项，包括应付引进设备款、融资租入固定资产应付款等。

（三）所有者权益

1.所有者权益的定义

权益在会计上有广义和狭义两种解释。广义的权益，是指对企业全部资产的所有权，它包括债权人权益和业主投资形成的所有者权益。狭义的权益，是指对资产超过债权人权益的净值的所有权，即对企业净资产的所有权。由于债权人权益称为负债，因而与负债并用的权益，通常是狭义权益的概念，亦称所有者权益。所有者权益，是指企业的所有者在企业资产中享有的经济利益，其金额为资产减去负债后的余额（企业净资产），即所有者对企业净资产的要求权。因此，所有者权益又被称为剩余权益。所有者权益，包括投资人对企业的投入资本以及由盈余公积和未分配利润所构成的留存收益两部分。所有者权益的大小由资产与负债两要素的大小共同决定。

知识链接2-6

我国《企业会计准则第30号——财务报表列报》第二十七条规定：资产负债表中的所有者权益类至少应当单独列示反映下列信息的项目：实收资本或股本、资本公积、盈余公积、未分配利润。

所有者权益具有以下特点：

（1）所有者权益是投资者参与企业决策以及获得利润分配的依据。

（2）所有者权益是投资者享有的剩余权益，这种权益表现在企业清算时，只有在清偿所有的负债后，所有者才能获得补偿。

所有者权益的来源包括所有者投入的资本、其他综合收益、留存收益等，通常由股本（或实收资本）、资本公积（含股本溢价或资本溢价、其他资本公积）、其他综合收益、盈余公积和未分配利润等构成。

所有者投入的资本，是指所有者投入企业的资本部分，它既包括构成企业注册资本或者股本的金额，也包括投入资本超过注册资本或股本部分的金额，即资本溢价或股本溢价，这部分投入资本作为资本公积（资本溢价）反映。

其他综合收益，是指企业根据会计准则规定未在当期损益中确认的各项利得和损失。留存收益，是指企业从历年实现的利润中提取或形成的留存于企业的内部积累，包括盈余公积和未分配利润。

知识链接 2-7

我国《企业会计准则——基本准则》第二十七条规定：所有者权益的来源包括所有者投入的资本、直接计入所有者权益的利得和损失、留存收益等。

2.所有者权益的确认条件

所有者权益体现的是所有者在企业中的剩余权益，因此，所有者权益的确认和计量主要依赖于资产和负债的确认和计量。例如，企业接受投资者投入的资产，在该资产符合资产确认条件时，就相应地符合所有者权益的确认条件；当该资产的价值能够可靠计量时，所有者权益的金额也就可以确定。

3.所有者权益的内容

所有者权益的来源包括所有者投入的资本、直接计入所有者权益的利得和损失、留存收益等，通常由实收资本（股本）、资本公积、其他综合收益、盈余公积和未分配利润构成。

（1）实收资本（股本）。

实收资本（Paid-in Capital）是指投资者按照有限责任公司章程或合同、协议的约定，实际投入企业的注册资本金。股本（Equity）是按照股票面值计价的投入资本，我国上市公司发行的股票面值为每股一元人民币。实际上，股票的面值是多少并不重要，重要的是依此来计算投资者在企业所拥有的资本份额。占比高的可能成为企业的控股股东，进入公司董事会，拥有主导公司经营发展的权利。一般有限责任公司用实收资本，股份有限公司用股本。

（2）资本公积。

资本公积（Capital Reserves）是指投资者共有的资本，包括资本（股本）溢价和其他来源形成的资本公积。资本（股本）溢价是指投资者向企业投入的资金超过其在实收资本（股本）中所享有份额的部分。

（3）其他综合收益。

其他综合收益（Other Comprehensive Income）即直接计入所有者权益的利得和损失，是指不应计入当期损益、会导致所有者权益发生增减变动的、与所有者投入资本或者向所有者分配利润无关的利得或损失。例如，自用房地产转换为采用公允价值计量的投资性房地产时，转换当日的公允价值大于原账面价值的，其差额计入其他综合收益；现金流量套期中套期工具公允价值变动额计入其他综合收益。

（4）盈余公积。

盈余公积（Surplus Reserves）是指企业按照《中华人民共和国公司法》（简称《公司法》）的规定及董事会的决议从当期税后利润中提取并留存在企业的收益，可用于弥补企业亏损。按照《公司法》要求提取的盈余公积称为法定盈余公积（Legal Surplus Reserves），按董事会决议提取的盈余公积称为任意盈余公积（Free Surplus Reserves）。

（5）未分配利润。

未分配利润（Undistributed Profit）是指企业尚未指定用途，留待以后再向股东分配的利润。

盈余公积和未分配利润统称留存收益，都是企业赚取的尚未分配的收益。但盈余公积是已经指定了用途的收益，比如可以用于弥补企业亏损、转增企业资本等。未分配利润是暂时还没有指定用途的收益，留待以后进行分配。

以上五项内容可以通过下面的例子加以说明。某公司在证券交易所发行1亿股股票，每股面值1元，发行价为每股14.4元。该公司通过发行股票筹集的资金为14.4亿元，即所有者投资的资本为14.4亿元，会计在记录所有者投入时将其分成两个部分：其中1亿元（1亿股×1元/股）面值计入股本，13.4亿元股本溢价计入资本公积。公司上市半年后，由于经营战略调整，原本自用的办公用房改为投资性房地产，该办公用房的账面价值为1 500万元，按该地段同类房产的市场价值计算，该办公用房的公允价值为2 500万元，会计调整该房产计量模式时，计入其他综合收益1 000万元（2 500–1 500）。公司上市一年后赚取税后利润5 000万元，按《公司法》规定计提法定盈余公积500万元，剩余的4 500万元是当期形成的未分配利润。此时，该公司的所有者权益合计为15亿元，其中股本1亿元，资本公积13.4亿元，其他综合收益1 000万元，盈余公积500万元，未分配利润4 500万元。

从上例可以看出，企业的所有者权益虽然分为五项，但事实上由两部分组成：一是投资者投入的资本；二是企业通过生产经营形成的所有者权益增加（或减少），其中盈余公积、未分配利润是企业生产经营过程中赚取并留存在企业的利润，其他综合收益是已经引起所有者权益变动但还未在利润表中确认的损益。

知识链接2-8

我国《企业会计准则——基本准则》第二十八条规定：所有者权益金额取决于资产和负债的计量。第二十九条规定：所有者权益项目应当列入资产负债表。

（四）收入

1.收入的定义

收入，是指企业在日常活动中形成的、会导致所有者权益增加的、与所有者投入资本无关的经济利益的总流入。根据收入的定义，收入具有以下三方面特征：

（1）收入是企业在日常活动中形成的。日常活动，是指企业为完成其经营目标所从事的经常性活动，以及与之相关的活动。例如，工业企业制造并销售产品，就属于企业的日常活动。

（2）收入是与所有者投入资本无关的经济利益的总流入。收入会导致经济利益的流入，从而导致资产的增加。例如，企业销售商品，收到现金或者有权在未来收到现金才表明该交易符合收入的定义。但是在实务中，经济利益的流入有时是所有者投入资本的增加导致的，所有者投入资本的增加不应当确认为收入，应当将其直接确认为所有者权益。

（3）收入会导致所有者权益的增加。与收入相关的经济利益的流入会导致所有者权益的增加，不会导致所有者权益增加的经济利益的流入不符合收入的定义，不应确认为收入。例如，企业向银行借入款项，虽然也导致经济利益流入企业，但该流入并不导致所有者权益的增加，反而使企业承担了一项现时义务。因此，企业对于借入款项所导致的经济利益的增加，不应将其确认为收入，应当确认为一项负债。

知识链接2-9

我国《企业会计准则——基本准则》第三十一条规定：收入只有在经济利益很可能流入，从而导致企业资产增加或者负债减少，而且经济利益的流入额能够可靠计量时才能予以确认。我国《企业会计准则——基本准则》第三十二条规定：符合收入定义和收入确认条件的项目应当列入利润表。

2.收入的确认条件

企业收入的来源渠道多种多样，不同收入来源的特征虽然有所不同，但其收入确认条件却是相同的。当企业与客户之间的合同同时满足下列条件时，企业应当在客户取得相关商品控制权时确认收入：

（1）合同各方已批准该合同并承诺将履行各自义务。

（2）该合同明确了合同各方与所转让商品或提供劳务相关的权利和义务。

（3）该合同有明确的与所转让商品或提供劳务相关的支付条款。

（4）该合同具有商业实质，即履行该合同将改变企业未来现金流量的风险、时间分布或金额。

（5）企业因向客户转让商品或提供劳务而有权取得的对价很可能收回。

（五）费用

1. 费用的定义

费用，是指企业在日常活动中发生的、会导致所有者权益减少的、与向所有者分配利润无关的经济利益的总流出。根据费用的定义，费用具有以下三方面特征：

（1）费用是企业在日常活动中形成的。费用定义中日常活动的界定与收入定义中日常活动的界定相一致。日常活动产生的费用通常包括营业成本（主营业务成本和其他业务成本）、税金及附加、销售费用、管理费用、财务费用等。将费用界定为日常活动形成的，目的是将其与损失相区分，企业非日常活动形成的经济利益的流出不能确认为费用，而应当计入损失。

（2）费用是与向所有者分配利润无关的经济利益的总流出。费用的发生会导致经济利益的流出，从而导致资产的减少或者负债的增加，其表现形式包括现金或者现金等价物的流出，存货、固定资产和无形资产等的流出或者消耗等。企业向所有者分配利润也会导致经济利益的流出，而该经济利益的流出属于所有者权益的抵减项目，不应确认为费用，应当将其排除在费用的定义之外。

（3）费用会导致所有者权益的减少。与费用相关的经济利益的流出会导致所有者权益的减少，不会导致所有者权益减少的经济利益的流出不符合费用的定义，不应确认为费用。

知识链接 2-10

我国《企业会计准则——基本准则》第三十四条规定：费用只有在经济利益很可能流出，从而导致企业资产减少或者负债增加，而且经济利益的流出额能够可靠计量时才能予以确认。我国《企业会计准则——基本准则》第三十五条规定：企业为生产产品、提供劳务等发生的可归属于产品成本、劳务成本等的费用应当在确认产品销售收入、劳务收入等时，将已销售产品、已提供劳务的成本等计入当期损益。

2. 费用的确认条件

费用的确认除了应当符合定义外，还至少应当符合以下条件：

（1）与费用相关的经济利益很可能流出企业。

（2）经济利益流出企业的结果会导致资产的减少或者负债的增加。

（3）经济利益的流出额能够可靠计量。

（六）利润

1. 利润的定义

利润，是指企业在一定会计期间的经营成果。通常情况下，如果企业实现了利润，表明企业的所有者权益将增加；反之，如果企业发生亏损（即利润为负数），表明企业的所有者权益将减少。

利润包括收入减去费用后的净额、直接计入当期利润的利得和损失等。其中，收入减去费用后的净额应当计入当期损益，反映的是企业日常活动的业绩。直接计入当期利润的利得和损失，是指不应计入当期损益，会导致所有者权益发生增减变动的、与所有者投入资本或者向所有者分配利润无关的利得或者损失。其中，利得，是指由企业非日常活动所形成的、会导致所有者权益增加的、与所有者投入资本无关的经济利益的流入；损失，是指由企业非日常活动所形成的，会导致所有者权益减少的、与向所有者分配利润无关的经济利益的流出。

知识链接2-11

我国《企业会计准则——基本准则》第三十九条规定：利润金额取决于收入和费用、直接计入当期利润的利得和损失金额的计量。我国《企业会计准则——基本准则》第四十条规定：利润项目应当列入利润表。

2.利润的确认条件

利润反映的是收入减去费用、利得减去损失后的净额。因此，利润的确认主要依赖于收入和费用，以及利得和损失的确认，其金额的确定也主要取决于收入、费用、利得和损失金额的计量。

第三节 会计等式

会计等式（Accounting Equation）也称为会计平衡公式、会计方程式，是描述各会计要素之间基本关系的恒等式。会计对象可以概括为资金运动，具体表现为，每发生一笔经济业务都是资金运动的一个具体过程，每一个资金运动过程都必然涉及相应的会计要素，从而使全部资金运动涉及的会计要素之间存在一定的相互联系。会计要素之间的这种内在联系，可以通过数学表达式予以描述，这种表达会计要素之间基本关系的数学表达式就叫会计等式。

一、会计等式的种类

（一）静态会计等式

企业要从事生产经营活动，必须拥有一定数量的资产，这是企业生产经营活动的基础。一方面，这些资产以各种不同的形态分布于企业生产经营活动的各个阶段，如房屋建筑物、机器设备、原材料、库存商品、银行存款等。另一方面，企业拥有的资产最初来源于两个方面：一是由企业所有者投入；二是企业向债权人借入。所有者和债权人将其拥有的资产提供给企业使用，就相应地对企业的资产享有一种要求权，这种对资产的要求权在会计上称为“权益”。资产表明企业拥有多少经济资源，权益表明经济资源的来源渠道，即谁提供了这些经济资源，所以资产与权益实际上反映了同一经济资源的两个不同方面：一个是“来”，一个是“去”。因此，资产和权益两者在数量上必然相等，在任一时点都必然保持恒等关系。这一恒等关系用公式表示出来就是：

资产=权益

由于企业的资产来源于企业的债权人和所有者，因此权益由债权人权益和所有者权益两部分构成。债权人权益在会计上称为负债，所有者权益是企业投资者对企业的资产减去负债后净资产的所有权。因此，会计恒等式可进一步表示为：

资产=负债+所有者权益

这一会计等式是最基本的会计等式（第一会计等式），也称为静态会计等式和财务状况等式，是用以反映企业某一特定时点资产、负债和所有者权益三者之间平衡关系的会计等式，它是设置会计账户、复式记账以及编制资产负债表的理论基础，在会计核算体系中有着举足轻重的作用。

（二）动态会计等式

企业存在的目的是从生产经营活动中获取收入，实现盈利。企业在取得收入的同时，必然要产生相应的费用。将收入与费用进行比较，才能确定一定时期的利润总额，反映企业的经营成果。因此，收入、费用、利润三个会计要素之间的关系可用公式表示为：

收入-费用=利润

这一会计等式是第二会计等式，也称为动态会计等式、增量会计等式。该等式说明利润是企业实现的收入与其费用进行配比后的结果，收入大于费用的差额为利润，收入小于费用的差额则为亏损。动态会计等式反映了企业某一时期收入、费用和利润的恒等关系，表现了企业利润的实现过程，是编制利润表的依据。

（三）综合会计等式

企业的生产经营成果必然影响所有者权益。企业获得利润将使所有者权益增加，资产也会随之增加；企业发生亏损将使所有者权益减少，资产也会随之减少。因此，企业通过生产经营活动产生收入、费用和利润后，基本会计等式就会演变为：

资产=负债+所有者权益+利润

=负债+所有者权益+（收入-费用）

或：

资产+费用=负债+所有者权益+收入

这一会计等式是扩展的会计等式，也称为综合会计等式，是由静态会计等式和动态会计等式综合而成的全面反映企业财务状况和经营成果的等式。该等式反映的是企业资金两个不同侧面的扩展：左边的费用是资产被消耗后的一种形态，可以看作资产的一种特殊存在形态；右边的收入可以看作一种新的资金来源渠道，即企业通过生产经营活动而获得的资金。

二、经济业务的发生对会计等式的影响

（一）经济业务的含义

经济业务（Transaction）是指发生于企业经营过程中，进入会计信息系统，引起会计要素增减变化的交易、事项或情况。“交易”是指发生在两个（或几个）实体之间的价值转移，又称为外部事项，如购买固定资产、支付款项、取得借款、向另一主体进行投资和捐赠等；“事项”是指某一实体所遇到的结果，通常指发生在主体内部各部门之间的资源转移，又称为内部事项，如生产车间领用原材料、设备的消耗等；“情况”是指一般不会发生、一般不能预料的情景，如债务人破产导致债权人难以收回应收账款、物价等的变化对资产或负债产生的影响。我国会计工作中，习惯将“事项”“交易”“情况”统称为“经济业务”，是指这些发生在各主体之间、主体内部以及外部环境，将导致会计要素数量发生变化的经济活动。

（二）经济业务类型

进入会计信息系统的每一经济业务都会引起会计要素的变化，从而影响到会计等式。企业发生的经济业务错综复杂，但从企业资产和权益的增减变动来看，归纳起来，无论企业的经济业务多么复杂和千变万化，根据其对会计等式的影响可分为4种基本类型：

（1）引起等式两边的会计要素同时增加的经济业务。例如，企业所有者向企业投入资本，它会使会计等式两边的总额同时增加，形成一种新的数量平衡关系，会计等式的恒等关系保持不变。

（2）引起等式两边的会计要素同时减少的经济业务。例如，企业以银行存款偿还债务，它会使会计等式两边的总额同时减少，形成一种新的数量平衡关系，会计等式的恒等关系保持不变。

（3）引起等式左边的会计要素发生增减变动的经济业务。例如，企业以银行存款购买原材料，它会使会计等式左边一个项目增加，另一个项目减少，但增减的金额相等，等式两边的总额保持原有平衡状态，会计等式的恒等关系保持不变。

（4）引起等式右边的会计要素发生增减变动的经济业务。例如，债权人将对企业的债权转为对企业的投资，它会使会计等式右边一个项目增加，另一个项目减少，但增减的数额相等，等式两边的总额保持原有平衡状态，会计等式的恒等关系保持不变。

（三）经济业务对会计等式的影响

企业发生的引起资产、负债、所有者权益变化的任何一笔经济业务，必然引起基本会计等式的一边或两边有关项目相互联系地发生等量变化。当涉及会计等式一边时，有

关项目的金额发生相反方向的等额变动；当涉及会计等式两边时，有关项目的金额将发生相同方向的等额变动，但始终不会影响会计等式的平衡关系。前述4种类型的经济业务对基本会计等式的影响又可分为9种具体情况，下面举例说明不同经济业务类型对基本会计等式的影响。

【例2-1】假定真善美有限责任公司（简称真善美公司）2022年1月1日注册成立，公司注册成立后发生的部分经济业务如下：

（1）收到甲、乙、丙三个投资者投入的资金共计2 000 000元。

这笔经济业务的发生，使得真善美公司资产项目“银行存款”增加2 000 000元，所有者权益项目“实收资本”增加2 000 000元，会计等式两边同时等额增加，会计等式的平衡关系不变。

（2）向银行申请取得长期借款450 000元。

这笔经济业务的发生，使得真善美公司资产项目“银行存款”增加450 000元，负债项目“长期借款”增加450 000元，会计等式两边同时等额增加，会计等式的平衡关系不变。

（3）以银行存款偿还短期借款100 000元。

这笔经济业务的发生，使得真善美公司资产项目“银行存款”减少100 000元，负债项目“短期借款”减少100 000元，会计等式两边同时等额减少，会计等式的平衡关系不变。

（4）以银行存款退还甲投资者投资款50 000元。

这笔经济业务的发生，使得真善美公司资产项目“银行存款”减少50 000元，所有者权益项目“实收资本”减少50 000元，会计等式两边同时等额减少，会计等式的平衡关系不变。

（5）购入原材料一批，价值6 000元，款项已支付，材料已入库。

这笔经济业务的发生，使得真善美公司资产项目“原材料”增加6 000元，另一资产项目“银行存款”减少6 000元，会计等式左边资产要素内部有增有减，且金额相等，其平衡关系保持不变。

（6）从银行取得短期借款60 000元，直接用于支付以前的货款。

这笔经济业务的发生，使得真善美公司负债项目“短期借款”增加60 000元，另一负债项目“应付账款”减少60 000元，会计等式右边负债要素内部有增有减，且金额相等，会计等式的平衡关系保持不变。

（7）经研究决定进行利润分配，应付投资者股利60 000元。

这笔经济业务的发生，使得真善美公司负债项目“应付股利”增加60 000元，所有者权益项目“利润分配——未分配利润”减少60 000元，会计等式右边一个项目增加，一个项目减少，且金额相等，会计等式的平衡关系保持不变。

（8）某债权人将其原借给真善美公司的长期借款500 000元转为对真善美公司的投资。

这笔经济业务的发生，使得真善美公司负债项目“长期借款”减少500 000元，所有者权益项目“实收资本”增加500 000元，会计等式右边一个项目减少，一个项目增加，且金额相等，会计等式的平衡关系保持不变。

（9）将盈余公积30 000元转增为公司的资本金。

这笔经济业务的发生，使得真善美公司所有者权益项目“实收资本”增加30 000元，另一所有者权益项目“盈余公积”减少30 000元，会计等式右边所有者权益项目内部有增有减，且金额相等，会计等式的平衡关系保持不变。

上述9笔经济业务代表了4种类型经济业务的9种具体情况，通过举例分析，可以得出会计等式恒等的结论。

小思考2-3 如何理解会计等式？

A公司投资开办南海服务部，2022年1月1日的资产、负债、所有者权益各项目期初余额为：A公司投入15 000元，现金176元，银行存款8 800元，应收甲商店货款2 000元，库存商品4 500元，向银行借入的短期借款5 000元，应付乙单位货款900元，各种办公用品624元，各种家具、用具共计4 800元。

A公司3月发生下列经济业务。

（1）代服务部归还到期借款5 000元，作为增加投资。

（2）取得营业收入8 500元，存入银行。

（3）用银行存款偿还应付乙单位货款900元。

（4）赊购保险箱一个价值1 000元。

（5）用现金购入办公用品140元。

（6）收到甲商店前欠账款1 500元，存入银行。

要求：

1.列出期初会计等式。

2.分析经济业务的发生对会计等式的影响，并加计金额，列出期末会计等式。

思政小课堂

补充与提示

朱镕基同志在第16届世界会计师大会闭幕式上演讲时指出，“在现代市场经济中，会计师的职业准则和职业道德极为重要，诚信是市场经济的基石，也是会计执业机构和会计人员安身立命之本，所有会计人员必须做到诚信为本，操守为重，坚持准则，不做假账，恪守独立、客观、公正的原则，不屈从和迎合任何压力与不合理要求，不以职务之便谋取一己私利，不提供虚假会计信息。”

思考：请同学们扫描二维码阅读完整内容，分小组讨论会计造假事件对会计事业发展带来的不利影响。

分析提示：要结合《会计基础工作规范》《财经法规与会计职业道德》进行分析。

本章小结

本章以会计对象为切入点，系统阐述会计要素和会计等式内容，主要包括会计对象、会计要素、会计等式，以及各类会计事项对等式的影响。通过本章的学习，学生应该掌握会计要素的含义、特征、分类及具体内容，明确会计等式的基本原理、经济业务的种类及其对会计等式产生的影响。

应知应会

应知应会
客观题答案

一、单项选择题

1.企业的原材料属于会计要素中的（　　）。

A.资产　　B.负债

C.所有者权益　　D.权益

2.企业所拥有的资产从财产权利归属来看，一部分属于投资者，另一部分属于（　　）。

A.企业职工　　B.债权人

C.债务人　　D.企业法人

3.一个企业的资产总额与权益总额（　　）。

A.必然相等　　B.有时相等

C.不会相等　　D.只有在期末时相等

4.一个企业的资产总额与所有者权益总额（　　）。

A.必然相等　　B.有时相等

C.不会相等　　D.只有在期末时相等

5.一项资产增加、一项负债增加的经济业务发生后，会使资产与权益总额（　　）。

A.发生同增的变动　　B.发生同减的变动

C.不变　　D.发生不等额的变动

6.某企业刚刚建立时，权益总额为80万元，现发生一笔以银行存款10万元偿还银行借款的经济业务，此时，该企业的资产总额为（　　）。

A.80万元　　B.90万元

C.100万元　　D.70万元

7.企业收入的发生往往会引起（　　）。

A.负债增加　　B.资产减少

C.资产增加　　D.所有者权益减少

8.企业生产的产品属于（　　）。

A.长期资产　　B.流动资产

C.固定资产　　D.长期待摊费用

9.对会计对象的具体划分称为（　　）。

A.会计科目　　B.会计原则

C.会计要素　　D.会计方法

10.构成企业所有者权益主体的是（　　）。

A.盈余公积金　　B.资本公积金

C.实收资本　　D.未分配利润

11.经济业务发生仅涉及资产这一会计要素时，只引起该要素中某些项目发生（　　）。

A.同增变动　　B.同减变动

C.一增一减变动　　D.不变动

12.引起资产和权益同时减少的业务是（　　）。

A.用银行存款偿还应付账款　　B.向银行借款直接偿还应付账款

C.购买材料货款暂未支付　　D.工资计入产品成本但暂未支付

13.以下各项属于固定资产的是（　　）。

A.为生产产品所使用的机床

B.正在生产之中的机床

C.已生产完工验收入库的机床

D.已购入但尚未安装完毕的机床

二、多项选择题

1.下列等式中，正确的会计等式有（　　）。

A.资产=权益

B.资产=负债+所有者权益

C.利润=收入-费用

D.资产=负债+所有者权益+（收入-费用）

E.资产+负债-费用=所有者权益+收入

2.会引起会计等式左右两边会计要素变动的经济业务有（　　）。

A.收到某单位前欠货款20 000元存入银行

B.以银行存款偿还银行借款

C.收到某单位投来机器一台，价值80万元

D.以银行存款偿还前欠货款10万元

E.购买材料8 000元以银行存款支付货款

3.只引起会计等式左边会计要素变动的经济业务有（　　）。

A.购买材料800元，货款暂欠

B.银行提取现金500元

C.购买机器一台，以存款支付10万元货款

D.接受国家投资200万元

E.收到某外商捐赠货物一批，价值80万元

4.企业的资产按流动性分为（注意顺序）（　　）。

A.长期待摊费用　　B.固定资产

C.流动资产　　D.长期投资

E.无形资产

5.所有者权益与负债有着本质的不同，即（　　）。

A.两者性质不同　　B.两者偿还期不同

C.两者享受的权利不同　　D.两者风险程度不同

E.两者对企业清算资产的求偿权顺序不同

6.企业的收入具体表现为一定期间（　　）。

A.现金的流入　　B.银行存款的流入

C.企业其他资产的增加　　D.企业负债的增加

E.企业负债的减少

7.企业的费用具体表现为一定期间（　　）。

A.现金的流出　　B.其他资产的减少

C.负债的增加　　D.银行存款的流出

E.负债的减少

8.下列经济业务中，只会引起会计等式右边的会计要素发生增减变动的业务有（　　）。

A.以银行存款偿还前欠货款

B.某企业将本企业所欠货款转作投入资本

C.将资本公积转增资本

D.向银行借款，存入银行

E.投资者追加对本企业的投资

9.以下项目中，属于流动资产的有（　　）。

A.存放在银行的存款　　B.存放在仓库的材料

C.厂房和机器　　D.企业的办公楼

E.企业的办公用品

三、判断题

1.会计要素中既有反映财务状况的要素，也有反映经营成果的要素。（　　）

2.所有者权益是指企业投资人对企业资产的所有权。（　　）

3.与所有者权益相比，负债一般有规定的偿还期，而所有者权益没有。（　　）

4.与企业投资者相比，债权人无权参与企业的生产经营、管理和收益分配，而投资者则相反。（　　）

5.收入表现为资产增加或负债减少或两者兼有。（　　）

6.资产、负债与所有者权益的平衡关系是反映企业资金运动的静态，如考虑收入、费用等动态要素，则资产与权益总额的平衡关系必然被破坏。（　　）

7.企业的利润包括主营业务收入、其他业务收入和营业外收入净额。（　　）

8.资产=负债+所有者权益，是静态的会计等式，而动态的会计等式则是资产=负债+所有者权益+（收入−费用）。（　　）

9.企业接受捐赠物资一批，计价10万元，该项经济业务会引起收入增加，权益增加。（　　）

10.企业以存款购买设备，该项业务会引起等式左右两边会计要素发生一增一减的变化。（　　）

11.企业收到某单位还来欠款1万元，该项经济业务会引起会计等式左右两边会计要素同时增加。（　　）

12.不管是什么企业发生任何经济业务，会计等式的左右两边金额永不变，故永相等。（　　）

四、计算题

应知应会
主观题答案

目的：练习与掌握会计要素之间的相互关系。

资料：假设A企业12月31日的资产、负债和所有者权益的情况见表2-2。

表2-2　　A企业财务状况　　单位：元

资产	金额	负债和所有者权益	金额
库存现金	1 000	短期借款	10 000
银行存款	27 000	应付账款	32 000
应收账款	35 000	应交税费	9 000
原材料	52 000	长期借款	B
长期股权投资	A	实收资本	240 000
固定资产	200 000	资本公积	23 000
合计	375 000	合计	C

要求：

（1）计算表中的A、B、C；

（2）计算该企业的流动资产总额；

（3）计算该企业的流动负债总额；

（4）计算该企业的净资产总额。

五、业务题

目的：练习与掌握经济业务的类型及对会计等式的影响。

资料：某公司2022年5月31日的资产负债表显示资产总计375 000元，负债总计112 000元，该公司2022年6月发生如下经济业务：

（1）用银行存款购入全新机器一台，价值30 000元；

（2）投资人投入原材料，价值10 000元；

（3）用银行存款偿还所欠供应单位账款5 000元；

（4）收到供应单位所欠账款8 000元，收存银行；

（5）将一笔长期负债50 000元转为对企业的投资；

（6）按规定将20 000元资本公积金转为实收资本。

要求：

（1）根据6月份发生经济业务，说明经济业务对会计要素的影响；

（2）计算6月末公司的资产总额、负债总额和所有者权益总额。

六、复习思考题

1.什么叫会计要素？会计要素有哪些？

2.资产要素有哪些特征？包括哪些基本内容？

3.负债要素有哪些特征？包括哪些基本内容？

4.所有者权益要素有哪些特征？包括哪些基本内容？

5.收入要素有哪些特征？包括哪些基本内容？

6.费用要素有哪些特征？包括哪些基本内容？

7.利润要素有哪些基本内容？怎样理解利得和损失？

8.静态会计等式是怎样组成的？如何理解静态会计等式？

9.动态会计等式是怎样组成的？如何理解动态会计等式？

挑战一下

扫码答题2

第三章 账户与复式记账

思政目标

价值引领：

◆单式记账发展到复式记账，是商业文明的进步。经济越发达，会计越重要。

◆明确每一笔钱的来路和去处是会计的基本要求，建立“知来路才能识归途”的哲学思维。

专业融合：

◆复式记账原理是保证会计信息“真实可靠”的第一步，理解“客观实际”的重要性，让“求真求实”深植人心。

◆借贷记账法的记账规则是“有借必有贷，借贷必相等”，进一步理解有付出才有回报。

能力培养：

◆通过记账方法的不断进步，培养学生的反思能力。

◆通过“试算平衡”的学习，培养学生“全面视角”和“大局思维”的综合分析能力。

学习目标

1.基础目标：掌握账户结构、复式记账原理以及借贷记账法记账规则。

2.高阶目标：会计分录的编制以及试算平衡的基本原理与方法。

3.挑战目标：根据会计准则进行相关经济业务分析，在实践中能有效应用。

本章重点

会计科目、会计账户、复式记账法以及借贷记账法。

开篇案例

借贷记账法中的哲学辩证思维

借贷记账法中的哲学辩证思维

人类社会发展的基础之一就是物资交换，互通有无。在古代我种地有米，你晒海水有盐，互相持有对方没有的必需品，就要通过交易互换。交易怎么记录？拿米换盐，米少了记在贷方，盐多了记在借方，如果只记录一边，这个账就不算完整。借贷记账法的精髓就是“有借必有贷，借贷必相等”，商品交易也是一样，“有进必有出，等价交换”。会计本来就是记录商业行为的一种语言，商业本质如此，会计的借贷记账法也就应运而生了。

借贷记账法作为一种科学的记账方法，属于经济管理学范畴。马克思主义唯物辩证法认为，一切事物都包含着矛盾，矛盾双方既对立又统一，双方相比较而存在，相斗争而发展。借贷记账法作为人类智慧的绝妙创造，体现出这种既对立又统一的辩证思维，科学而严密。

借贷记账法规定账户分为左右两方，左方为借方，右方为贷方；同时规定资产增加记在借方，权益增加记在贷方，资产减少记在贷方，权益减少记在借方。这一规定有两个特点：一是资产（或权益）一方登记增加，则另一方必然登记减少；二是资产增加（或减少）与权益增加（或减少）不在同一方登记。一笔经济业务发生对会计等式“资产=权益”的影响可归纳为四种情况：资产增加，权益等额增加；资产减少，权益等额减少；资产内部项目有增有减，增减金额相等；权益内部项目有增有减，增减金额相等。有了借贷记账法，资产、负债和所有者权益的会计主体理论才得以正式形成，后人又进一步在此基础上提出经营连续性、会计分期、以统一的货币为记账单位等会计概念。直到今天，现代会计制度还是建立在借贷记账法之上，让我们不得不佩服前人的智慧。

根据上述借贷记账法记账方向的规定，不论哪种情况，都是：一方面，有借必有贷，形成“借”与“贷”的对立；另一方面，借贷必相等，反映出资产的来龙去脉，形成“借”与“贷”的统一。正是由于这种对立统一的辩证关系，借贷记账法形成了“有借必有贷，借贷必相等”的记账规则，账户期初余额、本期发生额、期末余额借贷平衡，账户之间关系清晰。

思考：

许多学科都离不开哲学的指导，你能再举两个例子吗？

第一节 会计账户与会计科目

一、会计科目与账户

（一）会计科目

1.会计科目的概念

会计科目，简称科目，是对会计要素具体内容进行进一步分类核算的项目，是进行会计核算和提供会计信息的基础。会计对象、会计要素、会计科目三者的关系极为密切。会计对象概括为企业的资金运动，会计要素则是会计对象的基本分类，会计科目又是对会计要素所做的进一步分类。会计科目可以按其反映的经济内容（即所属会计要素）、所提供信息的详细程度及其统驭关系分类。

2.设置会计科目的原则

（1）合法性原则。

合法性原则，即统一性原则，是指企业所设置的会计科目都应当符合国家统一会计准则规定的要求，应当参照财政部统一制定的《企业会计准则应用指南——会计科目》，只有这样才能保证会计信息相互可比。

（2）相关性原则。

相关性原则是指会计科目的设置应当为提供各相关方所需要的会计信息服务，满足企业对外报告和对内管理的需要。

（3）实用性原则。

实用性原则，即灵活性原则，是指企业在设置会计科目时，既应当按照《企业会计准则——应用指南》规定的要求，保证其合法性，也可以在不违背合法性的原则下，根据本单位的实际情况，灵活地自行增设、分拆和合并会计科目。不存在的交易或者事项，可以不设置相关的会计科目。

3.会计科目的名称与编码

会计科目要简明适用并要合理分类科学编号。财政部颁布的《企业会计准则——应用指南》，对会计科目做出了明确规定：将会计科目分为资产类、负债类、所有者权益类、成本类、共同类和损益类六大类。针对符合《中小企业划型标准规定》所规定的小型企业标准的企业，财政部自2013年1月1日起施行的《小企业会计准则》，将会计科目分为资产类、负债类、所有者权益类、成本类和损益类五大类。

为了明确会计科目的性质、类别和位置，便于制证、记账以及能够正确、迅速地在财务软件中输入和输出会计科目，我国财政部对会计科目进行了统一的4位数码编号，第一位数字（即千位）表示会计科目的类别，其中，1表示资产类，2表示负债类，3表示共同类，4表示所有者权益类，5表示成本类，6表示损益类；第二位数字（即百位）可以划分大类下面的小类；剩余两个数字为流水号。为便于会计科目的增减，一般情况下，编码时我们要考虑未来的扩展性，需在编码间留有一定的间隔。二级会计科目一般采用6位编码，其中，前4位为一级科目的编码，后两位为流水号，如在银行存款（编码为1002）总账科目下根据银行的不同，设置多个二级科目，如“中国工商银行”“招商银行”“广发银行”等，则我们对其可分别编码为“100201中国工商银行”“100202招商银行”“100203广发银行”。

4.会计科目分类

（1）按反映的经济内容分类。

会计科目按其反映的经济内容不同，可分为资产类科目、负债类科目、共同类科目、所有者权益类科目、成本类科目和损益类科目。每一类会计科目可按一定标准再分为若干具体科目。

①资产类科目，是对资产要素的具体内容进行分类核算的项目，按资产的流动性分为反映流动资产的科目和反映非流动资产的科目。反映流动资产的科目主要有“库存现金”“银行存款”“应收账款”“原材料”“库存商品”等科目；反映非流动资产的科目主要有“长期股权投资”“长期应收款”“固定资产”“在建工程”“无形资产”等科目。

②负债类科目，是对负债要素的具体内容进行分类核算的项目，按负债的偿还期限分为反映流动负债的科目和反映非流动负债的科目。反映流动负债的科目主要有“短期借款”“应付账款”“应付职工薪酬”“应交税费”等科目；反映非流动负债的科目主要有“长期借款”“应付债券”“长期应付款”等科目。

③共同类科目，是既有资产性质又有负债性质的科目，主要有“洐业工具”“套期工具”“被套期项目”等科目。

④所有者权益类科目，是对所有者权益要素的具体内容进行分类核算的项目，主要有“实收资本”（或“股本”）、“资本公积”“其他综合收益”“盈余公积”“本年利润”“利润分配”“库存股”等科目。

⑤成本类科目，是对可归属于产品生产成本、劳务成本等的具体内容进行分类核算的项目，主要有“生产成本”“制造费用”“劳务成本”“研发支出”等科目。

⑥损益类科目，是对收入、费用等要素的具体内容进行分类核算的项目。其中，反映收入的科目主要有“主营业务收入”“其他业务收入”等科目；反映费用的科目主要有“主营业务成本”“其他业务成本”“销售费用”“管理费用”“财务费用”等科目。

（2）按提供信息的详细程度及其统驭关系分类。

会计科目按其提供信息的详细程度及其统取关系，可分为总分类科目和明细分类科目。总分类科目，又称总账科目或一级科目，是对会计要素的具体内容进行总括分类，提供总括信息的会计科目。明细分类科目，又称明细科目，是对总分类科目作进一步分类，提供更为详细和具体会计信息的科目。如果某一总分类科目所辖的明细分类科目较多，可在总分类科目下设置二级明细科目，在二级明细科目下设置三级明细科目，以此类推。二级明细科目是对总分类科目进一步分类的科目，三级明细科目是对二级明细科目进一步分类的科目。

小思考3-1 总分类科目和明细分类科目的设置

小思考3-1

提示

某企业拥有的原料及主要材料有圆钢、扁钢和角钢，辅助材料有防锈漆、润滑油和黏合剂，燃料有汽油、柴油和煤油。

问：该企业应该如何设置总分类科目和明细分类科目。

企业常用会计科目表见表3-1。

表3-1 会计科目表

序号	编号	会计科目名称	序号	编号	会计科目名称
一、资产类					
1	1001	库存现金	23	1482	持有待售资产减值准备
2	1002	银行存款	24	1501	债权投资
3	1012	其他货币资金	25	1502	债权投资减值准备
4	1101	交易性金融资产	26	1503	其他权益工具投资
5	1121	应收票据	27	1511	长期股权投资
6	1122	应收账款	28	1512	长期股权投资减值准备
7	1123	预付账款	29	1521	投资性房地产
8	1131	应收股利	30	1531	长期应收款
9	1132	应收利息	31	1532	未实现融资收益
10	1221	其他应收款	32	1601	固定资产
11	1231	坏账准备	33	1602	累计折旧
12	1321	代理业务资产	34	1603	固定资产减值准备
13	1401	材料采购	35	1604	在建工程
14	1402	在途物资	36	1605	工程物资
15	1403	原材料	37	1606	固定资产清理
16	1404	材料成本差异	38	1701	无形资产
17	1405	库存商品	39	1702	累计摊销
18	1406	发出商品	40	1703	无形资产减值准备
19	1407	商品进销差价	41	1711	商誉
20	1408	委托加工物资	42	1801	长期待摊费用
21	1411	周转材料	43	1811	递延所得税资产
22	1481	持有待售资产	44	1901	待处理财产损溢
二、负债类					
45	2001	短期借款	55	2245	持有待售负债
46	2101	交易性金融负债	56	2314	代理业务负债
47	2201	应付票据	57	2401	递延收益
48	2202	应付账款	58	2501	长期借款
49	2203	预收账款	59	2502	应付债券
50	2211	应付职工薪酬	60	2701	长期应付款

续表

序号	编号	会计科目名称	序号	编号	会计科目名称
51	2221	应交税费	61	2702	未确认融资费用
52	2231	应付利息	62	2711	专项应付款
53	2232	应付股利	63	2801	预计负债
54	2241	其他应付款	64	2901	递延所得税负债
三、共同类					
65	3101	衍生工具	67	3202	被套期项目
66	3201	套期工具			
四、所有者权益类					
68	4001	实收资本	72	4103	本年利润
69	4002	资本公积	73	4104	利润分配
70	4003	其他综合收益	74	4201	库存股
71	4101	盈余公积			
五、成本类					
75	5001	生产成本	77	5201	劳务成本
76	5101	制造费用	78	5301	研发支出
六、损益类					
79	6001	主营业务收入	88	6403	税金及附加
80	6051	其他业务收入	89	6601	销售费用
81	6101	公允价值变动损益	90	6602	管理费用
82	6111	投资收益	91	6603	财务费用
83	6115	资产处置损益	92	6701	资产减值损失
84	6117	其他收益	93	6711	营业外支出
85	6301	营业外收入	94	6801	所得税费用
86	6401	主营业务成本	95	6901	以前年度损益调整
87	6402	其他业务成本			

（二）账户

会计科目是对会计对象的具体内容进行科学分类。但会计科目只有名称，没有一定的格式和结构，无法将企业发生的经济业务连续、系统、完整地记录下来。因此，企业设置会计科目后，还必须根据设置的会计科目开设相应的会计账户。

1.账户的概念

账户（accounts）是根据会计科目设置的，具有一定格式和结构，用于分类反映会计要素增减变动情况及其结果的载体。设置和运用账户，可以对企业日常经营活动中发生的经济业务分类、连续、完整地进行记录，从而提供会计要素具体内容增减变化及其结果的分类数据。

2.账户的结构与功能

账户借助于一定的结构或格式来记录经济业务引起的会计要素具体内容的增减变化情况和结果。但是，采用不同的记账方法，账户的结构或格式是不同的，即使采用同一种记账方法，由于账户核算的经济内容或账户性质不同，管理上要求提供的信息不同，账户也呈现多种多样的具体结构或格式。然而，不论采用何种记账方法，也不论是何种性质的账户，其结构或格式都应当包括以下几个部分：

（1）账户名称，即会计科目（见表3-2）。

表3-2　账户名称（会计科目）

年		凭证字号	摘要	借方	贷方	借或贷	余额
月	日						

（2）日期，用于记录经济业务发生的时间。

（3）凭证字号，用于记录记账的依据，即所依据记账凭证的编号。

（4）摘要，用于对所记录经济业务进行简要说明。

（5）金额，用于记录经济业务的发生所引起会计要素具体内容的增加额和减少额余额。

（6）余额栏，填写经济业务增减变化后的结果。

在账户记录的全部内容中，其所记录的增加额、减少额和余额尤为重要，因此，会计上一般将账户中用来记录增加额、减少额和余额的那部分结构称为账户的基本结构。在会计教学和研究中，为了简便起见，往往将账户中的日期、凭证字号、摘要部分略去，将账户简化为左右两方的“T”形账户（T-Shaped Account），用以记录会计要素具体内容的增减及结存情况，如图3-1所示。

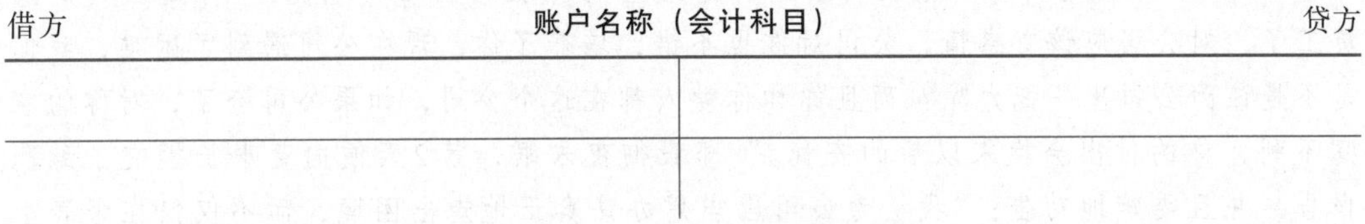

图3-1　“T”形账户

在“T”形账中，一方登记增加额，另一方登记减少额。同时，由于账户的余额是增加额与减少额相抵后的差额，所以余额一般在登记增加额的那一方。需要注意的是，账户哪一方记录增加额，哪一方记录减少额，取决于账户的性质。

账户记载的内容分为期初余额、本期增加发生额、本期减少发生额和期末余额四项，其相互之间的关系用公式表示为：

期末余额=期初余额+本期增加发生额-本期减少发生额

本期发生额是一个动态指标，它说明的是某一个时期会计要素的增减变动情况。

期末余额是一个静态指标，它说明的是资产或权益在某一时间点增减变动的结果。本期的期末余额就是下期的期初余额，现以库存商品账户为例说明账户的基本结构，见表3-3。

表3-3　　账户名称（库存商品）

2022年		凭证字号	摘要	借方	贷方	借或贷	余额
月	日						
3	1	略	期初余额			借	2 000
	8		入库	5 500		借	7 500
	16		出库		2 500	借	5 000
	21		入库	3 000		借	8 000
	28		出库		4 000	借	4 000
	31		本期合计	8 500	6 500	借	4 000

应当指出的是，在“T”形账户中，账户左右两方的具体名称取决于采用的记账方法。例如，采用增减记账法时，账户的左方称为“增方”，右方称为“减方”；采用收付记账法时，账户的左方称为“收方”，右方称为“付方”；采用借贷记账法时，账户的左方称为“借方”，右方称为“贷方”。目前，国际上普遍采用借贷记账法记账，后续章节将对借贷记账法予以详细介绍。

小思考3-2

小思考3-2 提示

案例背景：郑毅是一家上市公司的财务总监，在近20年的财会工作中，他一直恪尽职守，淡泊名利。近2年来，受疫情影响，公司为了维持生存，不得不亏本出售大量积压的产品，生产越多亏损越多，已经陷入了恶性循环。面对会计师事务所的年报审计，公司领导要求郑毅在数字上做一些文章，以达到粉饰报表的目的，总经理对郑毅语重心长地说：“你是公司的老员工了，对公司应该有感情，公司对你也不错，培养了你，现在公司遇到了困难，我们是不是该为公司出一把力呢？而且你和你爱人都在这个公司，如果公司垮了，对你的家庭不利，你的付出会换来以后的安稳。”郑毅彻夜未眠，第2天便向董事长提交了辞职报告，并且委婉地劝告：“我认为公司应当想办法真正地走出困境，而不仅仅在报表上作秀，业绩不是做出来的，纸是包不住火的。”

问题：做假账还是丢饭碗？你认为郑毅的选择值得吗？总经理的要求对吗？郑毅的行为体现了怎样的会计职业道德？

（三）账户的分类

同会计科目分类相对应，账户可以根据其核算的经济内容、提供信息的详细程度及其统驭关系进行分类。根据核算的经济内容，账户分为资产类账户、负债类账户、共同类账户、所有者权益类账户、成本类账户和损益类账户；根据提供信息的详细程度及其统驭关系，账户分为总分类账户和明细分类账户。

（四）会计科目与账户的关系

会计科目与账户是两个既相互区别又相互联系的概念，它们用来分门别类地反映会计对象的具体内容。

1.联系

会计科目与账户都是对会计要素的具体内容进行的科学分类，两者口径一致、性质相同。会计科目的名称是账户的名称，也是设置账户的依据，没有会计科目，账户便失去了设置的依据；账户是会计科目的具体应用，没有账户，就无法发挥会计科目的作用。

2.区别

会计科目只是经济业务分类核算的项目或标志，只说明一定经济业务的内容，而账户则是具体记录经济业务增减变动及其结果的一种核算手段，具有特定的格式和结构。例如，“银行存款”科目是企业的一个流动资产科目，它的核算内容是企业存在银行里的资金的增减变动和结存情况。如果我们按照“银行存款”科目设置了一个账户，就可以将属于其核算内容范围的经济业务登记在“银行存款”账户上。因此，账户具有一定的格式和结构，会计科目仅仅是账户的名称，没有结构。

第二节 复式记账

记账方法，是指在账户中登记经济业务的方法。现代意义的记账方法，就是根据一定的原理和原则，运用货币计量单位，利用文字和数字记录经济业务的一种专门方法。记账方法一般包括记录经济业务的方式、记账原理、记账方法、记账符号、平衡公式、记账规则和试算平衡方法等要素。按记录方式不同，会计的记账方法有两类，一类是单式记账法，另一类是复式记账法。

一、单式记账法的概念和特点

单式记账法，是指对于需要记录的经济业务，往往只用一个账户，反映经济业务的一个方面，而与此相联系的另一方面不予反映、控制和监督的记账方法。从资金运动的角度来看，单式记账法主要包括两种情况：一是就企业的全部经济业务而言，不是对所有的经济业务都进行反映、监督和控制，即企业所有的资金运动只有一部分得到反映、监督和控制。二是就企业单笔经济业务而言，并不是对所有处于资金运动起点和终点的会计科目进行反映、监督和控制。这类方法的特点是：

（1）账户设置不完整，没有完整的账户体系。一般只设有欠人账户、人欠账户以及现金账户，其他账户都不设置。这样，所设置的账户就不可能形成一个完整的体系，也不可能全面反映所有的经济业务及其所引起的资金运动。

（2）单式记账法，不反映所有的经济业务，仅反映一部分经济业务。因为账户设置不全，所以许多经济业务没有相应的账户反映，只有那些与人欠、欠人、现金等账户有关的经济业务才能得到反映，而其他经济业务一概不予反映，也无法反映，进而也无法进行控制与监督。

（3）单式记账法往往只反映经济业务的一个方面。例如，用现金支付费用，仅反映现金方面的减少，而对于费用就不予反映，因为没有设置费用类账户。

（4）采用单式记账法，所有经济业务的会计记录不可能进行总体试算平衡。因为它不反映所有经济业务，往往只反映一个方面。因此，对一定时期的全部经济业务的会计记录，就不可能进行全面的试算平衡。

二、复式记账法的概念和特点

复式记账法是指对发生的任何一项经济业务，都必须用相等的金额在经济业务涉及的两个或两个以上的账户中相互联系地进行登记，以反映会计对象具体内容增减变化的一种记账方法。复式记账法以会计等式为依据。复式记账法和单式记账法相比，具有以下特点：

（1）复式记账法需要设置完整的账户体系。复式记账法作为一种科学的记账方法，不仅要对每笔经济业务进行全面的反映，还要对企业所发生的全部经济业务进行记录。因此，企业就必须设置一整套账户，用以反映各种各样的经济业务。

（2）复式记账法必须对每一笔经济业务都进行反映和记录。这样既有必要性，又有可能性。其必要性在于复式记账要求全面反映企业的经济活动；其可能性在于复式记账具有完整的账户体系，具有全面反映所有经济业务的前提条件。

（3）对每一笔经济业务，复式记账法都要反映其资金运动的“来”“去”两个方面。这是复式记账法的基本特点，只有这样，通过复式记账法才能全面了解每一笔经济业务的内容。

（4）采用复式记账法，可以对一定时期所发生的全部经济业务的会计记录进行全面的综合试算。这一特点是上述三个特点的必然结果。因为所有经济业务都在各个账户中进行了反映，而每一笔经济业务又能达到平衡，所以一定时期全部经济业务必然能进行全面的综合试算。世界各国普遍使用的复式记账法为借贷记账法。我国曾经使用过收付记账法和增减记账法。我国会计准则规定：企业、行政单位和事业单位会计核算采用借贷记账法。

小思考3-3 会计主体假设

小思考3-3

复式记账法是否就是对发生的每一项经济业务都要同时在两个或两个以上相互联系的账户中进行登记，为什么？

提示

第三节 借贷记账法

一、借贷记账法的记账符号

借贷记账法（Debit-Credit Bookkeeping）是以“借”和“贷”作为记账符号，以会计等式为理论依据，对每项经济业务都同时在两个或两个以上相互联系的账户中按照借、贷相等的金额进行反映的一种记账方法。借贷记账法以“借”和“贷”作为记账符号，其中“借”（Debitor，简写为Dr）表示记入账户的借方，“贷”（Creditor，简写为Cr）表示记入账户的贷方。借贷记账法起源于13世纪资本主义萌芽时期的意大利，是为了适应借贷资本家记录其货币借入和贷出的需要而逐步形成的一种记账方法。借贷资本家把贷出的款项记在借主（Debitor）的名下，表示自身债权的增加；把借入的款项记在贷主（Creditor）的名下，表示自身债务的增加。这时，“借”和“贷”两字分别表示借贷资本家债权（应收款）和债务（应付款）的增减变动。随着商品经济的发展，经济活动的内容日趋复杂，借贷记账法由银行业推广到制造业、商品流通业以及其他行业，记录的会计事项也不再限于货币资金，还包括经营资本、财产物资和经营损益等。为了保持记账的一致性，对于非货币资金经济业务，也采用“借”和“贷”反映其增减变化情况。此时，“借”“贷”已失去其原有的字面含义，转化为记账符号，是一种标记。一方面，“借”表示账户的左边，“贷”表示账户的右边，分别代表账户的左方和右方。另一方面，“借”“贷”代表经济业务增减变动的方向。一方记增加，另一方一定记减少。至于“借”表示增加还是“贷”表示增加，则取决于账户结构。

● 小知识3-1　　我国近代会计记账方法的演变

1908年，大清银行第一次使用借贷记账法。1930年，中华民国实业部召开工商会议，决定推广借贷记账法，这是我国官方有关统一使用借贷记账法的第一项规定。中华人民共和国成立后，借贷记账法于1950年得到推广和广泛使用。1966—1976年，借贷记账法被视为“资本主义的东西”而停止使用，转而改用“增减记账法”。1978年，葛家澍教授一篇题为“必须替‘借贷记账法’恢复名誉”的文章，引发了关于记账方法的讨论，讨论的结果是为借贷记账法恢复了名誉，并在我国经济改革实践中在不同行业与部门逐渐恢复使用。财政部于1980年9月颁布，自1981年1月1日起实施的《国营工业企业会计制度——会计科目和会计报表》中明确要求，国营工交企业推行借贷记账法替代其早前使用的增减记账法；1986年，商业部要求国营商业企业推行借贷记账法替代其早前使用的增减记账法；1987年，农业部要求国营农业企业推行借贷记账法替代其早前使用的增减记账法；1990年，农业部农村合作经营管理总站要求农村全面推行借贷记账法替代其早前使用的财产收付记账法；1992年11月30日，财政部发布的《企业会计准则》明确规定“会计记账采用借贷记账法”，1993年7月1日起我国企业全面实行借贷记账法；1997年7月17日财政部发布，自1998年1月1日起实施的《事业单位会计制度》要求事业单位全面实行借贷记账法以替代其早前一直使用的资金收付记账法。至此，我国形成了统一使用借贷记账法的局面。

二、借贷记账法的账户结构

在借贷记账法下，账户的基本结构分为“借方”和“贷方”。按照惯例，把账户的左方称为“借方”，账户的右方称为“贷方”，一个用来登记增加数，另一个用来登记减少数。具体哪一方登记增加，哪一方登记减少，主要由账户的性质或账户反映的经济内容来决定。

（一）资产类账户的结构

资产类账户的结构一般是：借方登记资产的增加额，贷方登记资产的减少额或转销额，期末余额一般在借方，表示期末资产的结存数。资产类账户简化成“T”形账，其结构如图3-2所示。

借方	资产类账户　　　　贷方
期初余额 本期增加额	本期减少额
期末余额	

图3-2　资产类账户结构

资产类账户的借方期末余额等于借方期初余额加上借方本期发生额，再减去贷方本期发生额，用公式表示如下：

借方期末余额=借方期初余额+借方本期发生额－贷方本期发生额

（二）负债及所有者权益类账户的结构

负债及所有者权益类账户所记录的经济内容与资产类账户所记录的经济内容是同一事物的两个不同方面，二者是对立统一的关系，因而其结构与资产类账户的结构正好相反。具体来说，负债及所有者权益类账户的结构是：贷方登记负债、所有者权益的增加额，借方登记负债、所有者权益的减少额，期末余额一般在贷方，表示期末负债、所有者权益的结存数。负债及所有者权益类账户简化成“T”形账，其结构如图3-3所示。

借方　　　　负债及所有者权益类账户	贷方
本期减少额	期初余额 本期增加额
	期末余额

图3-3　负债及所有者权益类账户结构

负债及所有者权益类账户的贷方期末余额等于贷方期初余额加上贷方本期发生额，再减去借方本期发生额，用公式表示如下：

贷方期末余额=贷方期初余额+贷方本期发生额－借方本期发生额

（三）费用类账户的结构

企业生产经营中发生的各种耗费大多由资产转化而来，所以费用在抵减收入之前，可将其视为一种特殊的资产，因此费用类账户的结构与资产类账户基本相同。具体来说，费用类账户的结构为：借方登记费用的增加额，贷方登记费用的减少额和转销额，由于期末要将借方与贷方的差额从贷方全部转出，所以费用类账户一般没有期末余额。费用类账户简化成“T”形账，其结构如图3-4所示。

借方　　费用类账户　　贷方

借方	贷方
本期增加额	本期减少额

图3-4　费用类账户结构

（四）收入类账户的结构

由于企业生产经营产生的收入是经营利益的流入，在没有对费用进行抵补之前会导致所有者权益的增加，所以收入类账户的结构与所有者权益类账户的结构基本相同。具体来说，收入类账户的结构为：贷方登记收入的增加额，借方登记收入的减少额和转销额，由于期末要将贷方与借方的差额从借方全部转出，所以收入类账户一般没有期末余额。收入类账户简化成“T”形账，其结构如图3-5所示。

借方　　收入类账户　　贷方

借方	贷方
本期减少额	本期增加额

图3-5　收入类账户结构

（五）利润类账户的结构

企业收入与费用相抵后的利润属于所有者权益的内容，所以利润类账户的结构与权益类账户的结构基本相同。具体来说，利润类账户的结构为：贷方登记利润的增加额，借方登记利润的减少额；期末如有余额，可能在贷方，也可能在借方，借方余额表示亏损。利润类账户简化成“T”形账，其结构如图3-6所示。

借方　　利润类账户　　贷方

借方	贷方
本期减少额	期初余额 本期增加额
期末余额（亏损）	期末余额（盈利）

图3-6　利润类账户结构

应当指出的是，由于会计要素之间特别是属于资产的债权与属于负债的债务之间有时会相互转化，加之为了简化核算工作的需要，借贷记账法下还可以设置双重性质的账户，即在同一个账户中既用来核算资产等要素的内容，又用来核算负债等要素的内容。双重性质账户结构相当于两种不同性质账户结构的叠加，这类账户的期末余额方向应根据计算结果确定，可能在借方，也可能在贷方。例如，“其他往来”账户就属于双重性质的账户，可以同时用来核算债权和债务。

三、记账规则

按照复式记账的原理，任何经济业务都要以相等的金额，在两个或两个以上相互联系的账户中进行记录。借贷记账法的记账规则，是指运用借贷记账法在账户上记录经济业务引起的会计要素增减变化的规律。那么，如何记录经济业务呢？借贷记账法对于发生的每一笔经济业务，首先，要确定其所涉及的账户并判定性质；其次，要分析所发生的经济业务使各账户的金额是增加还是减少了；最后，根据账户的基本结构，确定其金额应记入所涉及账户的方向。

由于收入类账户、利润类账户与所有者权益类账户的性质相同，而费用类账户与资产类账户的性质相同，因此，在划分经济业务的性质时，往往将收入类、利润类归入所有者权益，将费用类归入资产。我们知道，无论经济业务如何复杂，均可概括为以下四大类型：①资产与权益同时增加；②资产与权益同时减少；③资产内部有增有减；④权益内部有增有减。下面通过几笔简单的业务实例说明借贷记账法的具体运用，进而总结出借贷记账法的记账规则。

【例3-1】2022年9月3日，甲企业收到投资者投入的资本金500 000元，存入银行。

分析与处理：这项经济业务的发生，使甲企业资产和所有者权益两个要素的相关项目同时增加。其中，资产要素涉及“银行存款”账户，所有者权益要素涉及“实收资本”账户；资产的增加，应记在“银行存款”账户的借方，所有者权益的增加，应记在“实收资本”账户的贷方。在相应账户中的记录情况如图3-7所示。

银行存款	
500 000	

实收资本	
	500 000

图3-7　资产与权益同时增加账户记录

【例3-2】2022年9月10日，甲企业以银行存款700 000元归还银行短期借款。

分析与处理：这项经济业务的发生，使甲企业资产和负债两个要素的相关项目同时减少。其中，资产要素涉及“银行存款”账户，负债要素涉及“短期借款”账户；资产的减少，应记在“银行存款”账户的贷方，负债的减少，应记在“短期借款”账户的借方。在相应账户中的记录情况如图3-8所示。

银行存款	
	700 000

短期借款	
700 000	

图3-8　资产与权益同时减少账户记录

【例3-3】2022年9月13日，甲企业购进一批原材料，金额为30 000元（假设不考虑相关税费），以银行存款支付。

分析与处理：这项经济业务的发生，使资产要素内部两个账户有增有减。资产要素内部涉及“银行存款”和“原材料”两个账户；资产的增加，应记在“原材料”账户的借方，资产的减少，应记在“银行存款”账户的贷方。在相应账户中的记录情况如图3-9所示。

原材料	
30 000	

银行存款	
	30 000

图3-9　资产内部有增有减账户记录

【例3-4】2022年9月20日，甲企业向银行借入短期借款50 000元用于偿还前欠乙企业的货款。

分析与处理：这项经济业务的发生，使负债要素内部两个账户有增有减。负债要素内部涉及“短期借款”和“应付账款”两个账户；负债的增加，应记在“短期借款”账户的贷方，负债的减少，应记在“应付账款”账户的借方。在相应账户中的记录情况如图3-10所示。

应付账款	
50 000	

短期借款	
	50 000

图3-10　权益内部有增有减账户记录

综合以上四大类型的经济业务，在借贷记账法下，每笔经济业务都是在记入某一个账户借方的同时必然要记入另一个账户的贷方，而且记入借方与记入贷方的金额是相等的，这就形成了借贷记账法的记账规律或记账规则。我们可以将其概括为“有借必有贷，借贷必相等”。

这一记账规则是由复式记账法的原理和账户结构确定的。根据复式记账法的原理，企业对于任何一项经济业务都必须以相等的金额在两个或两个以上相互联系的账户中予以登记。根据账户的结构，对每一项经济业务都需要做借贷相反的记录。具体来说，若在一个账户中登记借方，则须同时在另外一个或几个账户中登记贷方；或者在一个账户中登记贷方，必须同时在另外一个或几个账户中登记借方，最终记入借方的总额与记入贷方的总额必须相等。

四、账户对应关系和会计分录

（一）账户对应关系

账户对应关系（Debit-Credit Relationship）是指运用借贷记账法的记账规则记录经济业务时，该经济业务所涉及的两个或两个以上账户之间形成的应借、应贷的相互依存关系。存在对应关系的账户互为对应账户（Corresponding Accounts）。例如，以银行存款偿还短期借款80 000元，按照借贷记账法的记账规则，该笔经济业务应记入“短期借款”账户借方80 000元和“银行存款”账户贷方80 000元。这样，“短期借款”和“银行存款”两个账户之间就形成了应借、应贷的相互依存关系。由于二者存在对应关系，因而“短期借款”账户借方对应的贷方账户是“银行存款”账户，“银行存款”账户贷方对应的借方账户是“短期借款”账户。账户对应关系对于了解经济业务、检查经济业务是否合法合规具有重要意义。首先，通过账户对应关系，可以了解经济业务的内容以及会计要素具体项目增减变化的来龙去脉。例如，假设某企业2022年9月1日在“原材料”账户的借方和“银行存款”账户的贷方同时登记了200 000元。根据这两个账户之间的对应关系，可以推断该企业发生了“以银行存款200 000元购买原材料”的经济业务，原材料的增加是由于支付了银行存款，而银行存款的减少则是由于购买了原材料。其次，通过账户对应关系可以检查企业发生的经济业务是否合法合规。例如，某企业如果于2022年9月1日在“原材料”账户的借方和“库存现金”的贷方同时登记了200 000元，则根据“原材料”和“库存现金”两个账户之间的对应关系，可以推断某企业发生了“以库存现金200 000元购买原材料”的经济业务。虽然记账正确，但企业发生的这笔经济业务并不符合国家有关现金管理的规定。因为根据《现金管理暂行条例》的规定：企业之间的大额款项结算，应当通过银行办理转账结算，不得直接进行现金收付。

（二）会计分录

企业发生的各项经济交易与事项都必须记入会计账户之中。为了确保会计账户记录的正确性，一笔业务在记入会计账户之前，应首先对其进行会计确认与计量，以确定应记录的账户名称和金额，并按照借贷记账法编制会计分录。会计分录（Accounting Entry），简称分录，是指对发生的每一笔经济业务，按照借贷记账法的要求，分别列示应借应贷账户名称及其金额的一种记录方式。每一笔会计分录应包括三项要素：一是记账符号，表明记账方向，即应该记入借方还是贷方；二是账户名称，即经济业务所涉及的会计科目名称；三是金额，即经济业务所涉及会计要素具体项目增减变动的情况。

会计分录是会计特有的记录语言，实务工作中将其写在具有一定格式的记账凭证中（参见后续章节内容）。编制会计分录是会计工作的初始阶段，一般按三个步骤进行：首先，分析所发生的经济业务的内容，弄清楚涉及的会计要素，进一步明确它涉及哪些账户，各自是增加还是减少，金额是多少；其次，根据分析结果，明确各个账户的性质；最后，根据借贷记账法下账户结构的基本原理，确定各个账户是记入借方还是记入贷方。需要指出的是，为了保持账户对应关系的清楚明白，一般不宜把不同经济业务合并在一起。会计分录有简单和复合两种形式，简单分录只有一借一贷，复合分录是指一借多贷、一贷多借或多借多贷的会计分录。在编制多借多贷的会计分录时，一定要保证账户间明确的对应关系，以便清晰反映资金运动的来龙去脉。

会计分录一般应按如下要求进行书写：①上借下贷，借和贷后面加“:”；②借和贷错开一定位置（一般错一格），表示借在前贷在后；③会计科目与金额之间空开一定位置；④金额后面不注明计量单位“元”；⑤在多借或多贷的情况下，要求借方或贷方账户的文字和金额数字必须对应整齐。

五、借贷记账法的试算平衡方法

借贷记账法是对全部经济业务记录的试算，是一种借贷直接平衡法。所谓借贷直接平衡法，包括两方面内容：一是发生额平衡，即全部账户的借方发生额合计等于全部账户的贷方发生额合计；二是余额平衡，即全部账户期末借方余额合计等于全部账户期末贷方余额合计，用等式表示为：

发生额平衡：

企业在某一时期所有账户的借方发生额合计=企业在同一时期所有账户的贷方发生额合计

余额平衡：

企业在某一时期所有账户的借方余额合计=企业在同一时期所有账户的贷方余额合计

从发生额来看，因为每笔经济业务都是按"有借必有贷，借贷必相等"的记账规则进行记录的，所以，每笔经济业务在账户中的记录，登记在借方账户的发生额等于登记在贷方账户的发生额；全部经济业务在账户中的记录，也必然是借方发生额合计等于贷方发生额合计。数学上的等量加等量其和相等的规律，决定了借方发生额合计必然等于贷方发生额合计。

账户借方余额表明其资产性质，账户贷方余额表明其负债或所有者权益性质。因此，全部账户期末借方余额合计等于全部账户期末贷方余额合计，这实质上就是"资产=负债+所有者权益"的另一种表述而已。

试算平衡只是通过借贷金额是否平衡来检查账户记录是否正确的一种方法。借贷双方发生额或余额相等，表明账户记录基本正确，但有些错误并不影响借贷双方的平衡。因此，试算不平衡，表示记账一定有问题；试算平衡也不能表明记账一定正确。

不影响借贷双方平衡关系的错误通常有：①漏记某项经济业务，使本期借贷双方发生额等额减少，借贷依然平衡；②重记某项经济业务，使本期借贷双方的发生额等额虚增，借贷依然平衡；③某项经济业务的应借、应贷科目正确，但借贷金额同时多记或少记，且金额一致，借贷依然平衡；④某项经济业务记错账户，借贷依然平衡；⑤某项经济业务在账户记录中颠倒了借贷方向，借贷依然平衡；⑥某项经济业务借方或贷方发生额中偶然发生多记和少记并且金额相互抵销，借贷依然平衡。

【例3-5】假设企业期初余额为：银行存款余额100 000元，库存现金余额4 500元，固定资产余额37 000元，库存商品余额25 000元，应付账款余额41 500，实收资本余额125 000元。

1.企业发生如下业务，编制会计分录

（1）企业将现金2 300元存入银行。

借：银行存款　　2 300

　贷：库存现金　　2 300

（2）企业接受甲公司的投资10万元，其中，银行存款4万元，新机器一台价值3.5万元，专利权一项作价2.5万元。

借：银行存款　　40 000

　　固定资产　　35 000

　　无形资产　　25 000

　贷：实收资本　　100 000

（3）企业购买新机器一台，已用存款支付8万元，余款2万元尚未支付。

借：固定资产　　100 000

　贷：银行存款　　80 000

　　　应付账款　　20 000

（4）企业用存款43 000元购买专利技术一项。

借：无形资产　　43 000

　贷：银行存款　　43 000

（5）企业以存款1万元支付以前的赊购款。

借：应付账款　　10 000

　贷：银行存款　　10 000

2.登记“T”形账户

银行存款

期初余额	100 000		
	①2 300		③80 000
	②40 000		④43 000
			⑤10 000
	42 300		133 000
期末余额	9 300		

库存现金

期初余额	4 500		
			①2 300
	0		2 300
期末余额	2 200		

固定资产

期初余额	37 000		
	②35 000		
	③100 000		
	135 000		0
期末余额	172 000		

实收资本

		期初余额	125 000
			②100 000
	0		100 000
		期末余额	225 000

应付账款

		期初余额	41 500
	⑤10 000		③20 000
	10 000		20 000
		期末余额	51 500

无形资产

	②25 000		
	④43 000		
	68 000		0
期末余额	68 000		

库存商品

期初余额	25 000		
	0		0
期末余额	25 000		

3. 编制该企业账户发生额和余额试算平衡表（见表3-4）

表3-4　　会计账户发生额和余额试算平衡表　　单位：元

账户名称	期初余额		本期发生额		期末余额	
	借方	贷方	借方	贷方	借方	贷方
库存现金	4 500			2 300	2 200	
银行存款	100 000		42 300	133 000	9 300	
固定资产	37 000		135 000		172 000	
无形资产	0		68 000		68 000	
库存商品	25 000				25 000	
应付账款		41 500	10 000	20 000		51 500
实收资本		125 000		100 000		225 000
合计	166 500	166 500	255 300	255 300	276 500	276 500

小思考3-4　会计主体假设

案例背景：唐小丽从某财经大学会计系毕业后被聘为某公司的会计。会计科长想检验一下她的工作能力，就找来公司所有总账账簿对他说："你先编一下我们公司这个月的试算平衡表。"不到2个小时，一张"总分类账户发生额及余额试算平衡表"就完整地编制出来了。看到表格上那三组相互平衡的数字，唐小丽开心地向科长交了差。

"不对呀，昨天销售的那批原材料的单据还没记到账上去呢，这也是这个月的业务啊!"会计员王丽说到。还没到1分钟，会计员小张手里又拿着一些会计凭证过来，对科长说："这笔账我核对过了，我们这个月还款金额是20 000元，应当记入'应付账款'和'银行存款'账户的金额是20 000元，而不是19 000元。已经入账的那部分数字还得更改一下。"

"试算平衡表不是已经平衡了吗？怎么还有错账呢？"唐小丽不解地问。

科长说到："试算平衡表也不是万能的，像在账户中把有些业务漏记或重记了，借贷金额记账方向彼此颠倒了，还有记账方向正确但记错了账户，这些都不会影响试算平衡表的平衡。王丽发现的漏记经济业务、小张发现的把两个账户的金额同时记少，就不会影响试算平衡表的平衡。"

小思考3-4

提示

唐小丽边听边点头，心里想："这些内容好像大一时在上'基础会计'课的时候也学过，怎么忘了呢，还是要扎实学习啊。"

经过调整，一张真实反映公司本月全部经济业务的试算平衡表终于完成了。

问题：试算平衡表是万能的吗？

第四节　总分类账户与明细分类账户

账户按其提供信息的详细程度及统驭关系，可以分为总分类账户和明细分类账户。总分类账户提供的是总括、综合的信息，一般只提供货币信息资料；明细分类账户是对会计要素各项目增减变化的详细反映，对某一具体方面提供货币、实物量信息资料。总分类账户对明细分类账户具有统驭控制作用，明细分类账户对总分类账户具有补充说明作用。根据管理要求，在采用借贷记账法记录经济业务时，须进行总分类账户和明细分类账户的平行登记。

平行登记是指对发生的每一笔经济业务，都要根据相同的会计凭证，一方面记入总分类账户，另一方面记入总分类账户所属的明细分类账户的一种记账方法。

平行登记的要点可归纳如下：

1.依据相同

对发生的经济业务，都要以相关的会计凭证为依据，既登记有关总分类账户，又登记所属明细分类账户。

2.方向相同

将经济业务记入总分类账户和明细分类账户，记账方向必须相同，即总分类账户记入借方，明细分类账户也应记入借方；总分类账户记入贷方，明细分类账户也应记入贷方。

3.期间相同

对每项经济业务，在记入总分类账户和明细分类账户的过程中，可以有先有后、但必须在同一会计期间（如同一个月）内全部登记入账。

4.金额相等

记入总分类账户的金额，必须与记入所属明细分类账户的金额之和相等。

通过平行登记，总分类账户与明细分类账户之间在登记金额上就形成了以下关系。

总分类账户期初余额=所属各明细分类账户期初余额之和

总分类账户借方发生额=所属各明细分类账户借方发生额之和

总分类账户贷方发生额=所属各明细分类账户贷方发生额之和

总分类账户期末余额=所属各明细分类账户期末余额之和

期末，可依据平行登记的账户结果检查总分类账户和明细分类账户的记录是否正确。

● 思政小课堂

补充与提示

习近平总书记指出，“对待工作要有工匠精神，善于在精细中出彩。”当前，中国特色社会主义进入新时代，推动高质量发展的任务艰巨，财务会计工作承担的责任越来越大。请同学们扫描二维码阅读完整内容，谈谈如何适应新形势、新要求，在财会工作中大力发扬“工匠精神”。

分析提示：分析时要结合精细严谨、一丝不苟的勤勉敬业作风，把“工匠精神”发扬在担当尽责、干事创业的实践中，在建功立业新时代的奋斗中展现新作为。

本章小结

本章系统阐述了账户设置与复式记账的基本原理。内容主要包括会计科目、会计账户、复式记账以及借贷记账法。通过本章的学习，学生应该了解会计科目的意义与设置原则，理解会计账户的结构和复式记账原理，掌握借贷记账法的记账规则、会计分录编制以及试算平衡的基本原理与方法。

应知应会

一、单项选择题

应知应会
客观题答案

1.确定会计核算工作空间范围的前提条件是（　　）。

A.会计主体　　B.持续经营

C.会计分期　　D.货币计量

2.强调经营成果计算的企业适合采用（　　）。

A.收付实现制　　B.权责发生制

C.永续盘存制　　D.实地盘存制

3.为取得本期收益而发生的支出，即支出的效益仅与本会计年度相关，应作为（　　）。

A.收益性支出　　B.资本性支出

C.营业性支出　　D.营业外支出

4.为形成生产经营能力，在以后各期取得收益而发生的各种支出，即支出的效益与几个会计年度相关，应作为（　　）。

A.收益性支出　　B.资本性支出

C.营业性支出　　D.营业外支出

5.对应收账款在会计期末提取坏账准备金这一做法体现的原则是（　　）。

A.配比原则　　B.重要性原则

C.谨慎性原则　　D.可靠性原则

6.在会计年度内如把收益性支出当作资本性支出处理了，则会（　　）。

A.本年度虚增资产，虚增收益　　B.本年度虚减资产，虚增收益

C.本年度虚增资产，虚减收益　　D.本年度虚减资产，虚减收益

7.会计对各单位经济活动进行核算时，选择作为统一计量标准的是（　　）。

A.劳动量度　　B.货币量度

C.实物量度　　D.其他量度

8.进行会计核算提供的信息应当以实际发生的经济业务为依据，如实反映财务状况和经营成果，这符合（　　）。

A.历史成本原则　　B.配比原则

C.可靠性原则　　D.可比性原则

9.各企业单位处理会计业务的方法和程序在不同会计期间要保持前后一致，不得随意变更，这符合（　　）要求。

A.相关性　　B.可比性
C.可理解性　　D.重要性

10.企业于4月初用银行存款1 200元支付第二季度房租，仅将其中的400元计入本月费用，这符合（　　）。

A.配比原则　　B.权责发生制原则
C.收付实现制原则　　D.历史成本原则

11.按照收付实现制的要求，确定各项收入和费用归属期的标准是（　　）。

A.实际发生的收支　　B.实际收付的业务
C.实际款项的收付　　D.实现的经营成果

12.企业的会计期间是（　　）。

A.自然形成的　　B.人为划分的
C.一个周转过程　　D.一个营业年度

二、多项选择题

1.账户一般可以提供的金额指标有（　　）。

A.期初余额　　B.本期增加发生额
C.期中余额　　D.本期减少发生额
E.期末余额

2.会计核算的基本前提包括（　　）。

A.会计主体　　B.持续经营
C.会计分期　　D.货币计量
E.记账本位币

3.设置会计科目时应遵循的原则有（　　）。

A.必须全面反映会计要素的内容　　B.符合对外报告的要求
C.适应需要又要保持相对稳定　　D.统一性与灵活性相结合
E.会计科目要简明适用

4.明细分类科目（　　）。

A.也称一级会计科目　　B.是进行明细分类核算的依据
C.是进行总分类核算的依据　　D.提供更加详细具体的指标
E.是对总分类科目核算内容详细分类的科目

5.借贷记账法的记账符号"贷"对于下列会计要素表示增加的有（　　）。

A.资产　　B.所有者权益
C.负债　　D.收入
E.利润

6.下列账户中，在贷方登记增加额的有(　　)。

A.应付账款　　B.实收资本
C.累计折旧　　D.盈余公积
E.本年利润

7.采用借贷记账法时账户的借方一般用来登记(　　)。

A.资产的增加　　B.收入的减少

C.费用的增加　　D.负债的增加

E.所有者权益的减少

8.下列账户中，在会计期末一般没有余额的有（　）。

A.资产类账户　　B.负债类账户

C.所有者权益类账户　　D.收入类账户

E.费用类账户

9.复合分录是指（　　）。

A.一借多贷的会计分录　　B.多借多贷的会计分录

C.一借一贷的会计分录　　D.多借一贷的会计分录

10.以下各项中，通过试算平衡无法发现的错误有（　　）。

A.漏记或重记某项经济业务　　B.方向正确但金额写少

C.借贷记账方向彼此颠倒　　D.方向正确但记错账户

E.账户正确但记错方向

11.总分类账户与明细分类账户平行登记的要点有（　　）。

A.登记的内容相同　　B.登记的时间相同

C.登记的方向相同　　D.登记的金额相同

E.登记的依据相同

12.企业用银行存款偿还应付账款，引起会计要素的变化有（　　）。

A.资产增加　　B.资产减少

C.负债增加　　D.负债减少

E.收入减少

三、判断题

1.会计主体是指企业法人。（　　）

2.会计计量单位只有一种，即货币计量。（　　）

3.我国所有企业的会计核算都必须以人民币作为记账本位币。（　　）

4.谨慎性原则要求会计核算工作中做到不夸大企业资产、不虚减企业负债。（　　）

5.会计核算必须以实际发生的经济业务及证明经济业务发生的合法性凭证为依据，表明会计核算应当遵循可靠性原则。（　　）

6.企业选择一种不导致虚增资产、多计利润的做法，所遵循的是会计的可靠性原则。（　　）

7.可比性原则是指会计处理方法在不同企业以及同一企业不同会计期间应当一致，不得随意变更。（　　）

8.收付实现制和权责发生制主要的区别是确认收入和费用的标准不同。（　　）

9.及时性原则要求企业对发生的经济业务及时处理，不得拖后，但可以提前。（　　）

10.如果不能确认，也就不需要计量；如果不能计量，确认也就没有意义。（　　）

四、计算题

应知应会主观题答案

根据下列经济业务内容，按权责发生制和收付实现制原则计算企业本月（7月份）的收入和费用。

（1）销售产品5 000元，货款存入银行；

（2）销售产品10 000元，货款尚未收到；

（3）付7—12月份的租金3 000元；

（4）收到6月份应收的销货款8 000元；

（5）收到购货单位预付货款4 000元，下月交货；

（6）本月应付水电费400元，下月支付。

五、复习思考题

1.什么是会计科目？什么是总分类科目和明细分类科目？

2.什么是会计账户？会计账户和会计科目有何区别与联系？

3.复式记账法的理论基础是什么？

4.什么是借贷记账法？借贷记账法是怎样形成的？

5.什么是借贷记账法的记账规则？它包含几层含义？

6.什么是会计分录？如何编写会计分录？

7.什么是借贷记账法的试算平衡？发生额试算平衡和余额试算平衡有何区别？

挑战一下

扫码答题3

第四章 企业主要经济业务核算

思政目标

价值引领：

◆建立合规思维和流程思维，遵循财税合规内控管理的思维对会计职能范围内采购、生产、销售等全业务线管理制度进行梳理。

◆培养工匠精神，做到严谨、细致、专业、精益求精，形成重合同、守信用、讲诚信、高水平、专业化、成果共享的社会风气。

◆树立正确的税收理念，顺应政策变动，培养诚信披露企业经济业务的职业素养。

专业融合：

◆结合疫情常态化的经济环境，模拟生产普通医用外科口罩和KN95口罩的中华同心口罩有限企业资金筹集、供产销、利润形成与分配的完整经济业务。每个会计学生都应该全面、完整、系统、准确地记录经济业务，学会用会计语言表达企业战略和经营目标。

◆通过为50笔经济业务编写业务凭证使业务与财务进行有效结合，帮助财务人员能够不拘泥于职务本身，形成整体概念，优化企业资源配置。

能力培养：

◆习近平总书记在党的二十大报告中指出，从现在起，中国共产党的中心任务就是团结带领全国各族人民全面建成社会主义现代化强国、实现第二个百年奋斗目标，以中国式现代化全面推进中华民族伟大复兴。中小企业是推动国民经济和社会进步的生力军，诚信与社会使命会使企业在困境中得道多助。疫情防控的需要给医疗制造业带来了机遇和挑战，这是时代赋予企业的责任，也是企业家实业报国、满足社会需要、服务人民的具体体现。

◆引导学生辩证思考纳税义务，不能一味认为纳税是一种负担，要同时认识到税收的作用，其主要用于国防和军队建设、道路交通和城市基础设施建设、科学研究、医疗卫生防疫、文化教育、救灾赈济、环境保护等领域。

◆培养用会计数据进行思维的能力。思维能力在整个会计工作过程中起着指导和调节的作用，对会计工作质量控制有着重要的影响。教育学生注意会计数据之间的逻辑性，以严肃认真的态度对待每笔业务，监督业务的合法合规性。

学习目标

1.基础目标：掌握企业资金筹集、材料采购、产品生产、商品销售、利润形成和分配的核算方法。

2.高阶目标：学习和分析企业业务的资金循环，了解企业业务全貌，做到业财融合。

3.挑战目标：认识重大公共卫生安全事件赋予企业家的责任，培养患难与共的气度与胸襟和诚信披露企业经济业务的职业素养。

本章重点

企业资金筹集、材料采购、产品生产、商品销售、利润形成和分配的核算方法。

开篇案例

瑞幸咖啡财务造假案

瑞幸咖啡财务造假案

2019年5月17日，瑞幸咖啡正式在美国纳斯达克上市。2021年1月17日，瑞幸咖啡的市值迎来巅峰，按当日收盘价50美元计算，总市值高达126亿美元。2021年1月31日，著名做空机构浑水公布匿名做空报告，指出瑞幸咖啡自2019年第三季度开始捏造财务及运营数据，瑞幸咖啡当日股价下跌10.74%。2021年4月2日，瑞幸咖啡承认从2019年第二季度到第四季度期间存在伪造交易行为，其通过造假销售数量、客单品、客单价、周边产品销售，以及夸大广告支出等方式虚增收入。据瑞幸咖啡内部调查委员会的说明，2019年第二季度到第四季度，瑞幸咖啡虚假交易的总销售金额约为人民币22亿元，夸大2019年净营收约21.2亿元，夸大成本和费用13.4亿元。

2021年4月2日，瑞幸咖啡发布公告承认高管的财务舞弊行为，股价随即崩盘，当日股价跌幅为75.57%，随后几日瑞幸咖啡股价连续大跌，截至4月7日停牌，瑞幸咖啡股价仅为4.39美元，总市值仅存11.05亿美元。

思考：

想一想可以从哪些环节、哪些业务单据判断出瑞幸咖啡财务造假？

第一节　企业主要经济活动概述

企业是以营利为目的的经济组织，这个组织的存在主要是通过对各种资源的组合和处理向其他单位或个人（企业的顾客）提供其所需要的产品或服务。制造业企业是现代企业最主要的类型，也是国民经济发展的重要支柱。制造业企业能够将最原始的投入转变为顾客需要的商品，这就需要一定的生产物资（如厂房、机器设备等）和劳动对象（如原材料、辅助材料等）。因为企业要在激烈的市场竞争中获得利润，所以要对企业拥有的资、财实现保值增值。要将原始的材料转换为可以销售给单位或个人消费者的商品，这要求企业要对自己的经营过程有完善的管理。管理职能主要是企业对其过去的交易、事项的结果和计划中的未来经营的可能效果进行分析、评价。企业的财务部门是对内部和外部利益相关者提供信息的职能部门，财务人员通过对企业经营过程进行核算和监督，必定有助于经营过程的完善。

制造业企业的经营过程由供应过程、生产过程和销售过程构成。企业经营资金在企业经营过程中被具体运用时表现为不同的占用形态，在供应过程中，经营资金由货币资金形态转化为固定资金和储备资金形态；在生产过程中表现为生产资金形态，随着产品被生产出来并验收入库后，资金形态又转化为成品资金形态；在销售过程中，成品资金形态又转化为货币资金形态，回到了资金运动的最初状态。企业经营资金的循环与周转就是资金形态随着企业经营不断转化的过程。

企业为了进行生产经营活动，生产适销对路的产品，必须拥有一定数量的经营资金，而这些经营资金都是从一定的渠道取得的，主要来源包括投资者投入的资金和从债权人借入的各种款项。资金筹集业务的完成意味着资金投入企业，因此企业就能够把筹集到的资金投入到正常的采购、生产、销售活动中去。

企业筹集到的资金最初一般表现为货币资金形态。企业筹集到的资金首先进入供应过程。供应过程是指企业利用货币资金购置机器设备、采购原料等，为产品生产做好物资上的准备，货币资金分别转化为固定资金和储备资金的形态。由于劳动资料大多是固定资产，一旦购买完成将长期供企业使用，因而供应过程的主要核算内容是用货币资金（或形成结算债务）购买原材料的业务，包括支付材料价款和税款、发生采购费用、计算采购成本、材料验收入库结转成本等。完成了供应过程的核算内容，为生产产品做好各项准备，企业就可以进入生产过程。

产品生产是制造业企业经营过程最重要的一环。在生产过程中，劳动者利用机器设备对原材料进行加工，生产过程是劳动物化的过程，也是耗费活劳动的过程。从消耗或加工对象的物质形态和变化的过程来看，原材料通过加工形成在产品，最终会转变为产成品；从价值形态来看，生产过程中发生的各种耗费形成企业的生产费用，因此生产过程的业务核算包括为生产产品耗费材料形成材料费用，耗费活劳动形成工资、福利等人工费用，以及使用厂房、机器设备等劳动资料形成折旧费用等。这些生产费用总和构成产品的生产成本。

销售过程是产品价值的实现过程，也是企业实现增值的过程。在销售中，企业在成本的基础上进行定价，把产品销售给客户，即时把成品资金转化为货币资金或者形成应收款项。销售过程实现了资金的运动的循环，让企业回到了资金运动的起点。另外，销售过程中的业务内容还包括核算销售费用，诸如包装费、广告费等，还需要计算并及时缴纳各种销售税金，结转销售成本。

对于制造业企业而言，销售产成品是企业主要的经营活动，即主营业务。在主营业务之外，企业也可以进行一些附营业务，例如销售材料、出租固定资产等。除了经营活动，企业还可以进行投资活动，即把资金进行对外投资以获得收益。主营业务、其他业务以及投资业务构成了企业的全部经营业务。在营业活动之外，企业还会发生一些非营业业务，从而获得营业外的收入或发生营业外的支出。企业在生产经营过程中所取得的各项收入会遵循收入费用的配比原则，在抵减各项成本和费用后，剩余的部分就是企业的收益，也就是利润。企业实现的利润，其中一部分必须要以企业所得税的形式上交给国家，税收是国家财政收入的重要来源。企业税后的收益才可以进行利润分配，要按照规定的程序计提公积金，也可以向股东分红。

综合上述内容可以看出，企业在经营流程如下：①资金筹集；②供应过程；③生产过程；④销售过程；⑤利润形成与分配。不同阶段的经济业务会形成相应的资产、负债、所有者权益、收入、费用和利润，因此需要设置相应的账户进行核算。经济业务与账户之间的关系如图4-1所示。

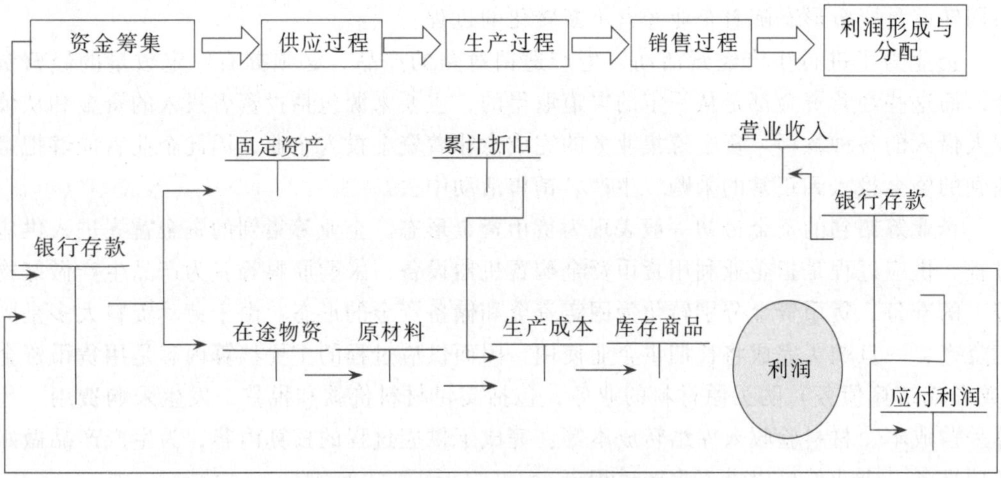

图4-1 经济业务与账户之间的关系

第二节 资金筹集业务的核算

筹资，也称融资，是指企业通过一定渠道和方式从外部获得资金的一种财务活动。对于任何一个企业而言，形成其资产的资金来源主要有两种：一是投资者的投资及其增值，形成投资者的权益，这种方式通常称作股权融资，又称权益筹资（Equity Financing)；二是从债权人借入的资金，形成债权人的权益，这种方式通常称作债务筹资（Debt Financing）。投资人将资金注入企业，进而对企业的资产所形成的要求权为企业的所有者权益，而债权人将资金借给企业，对企业的资产所形成的要求权为企业的负债。债权人权益和所有者权益虽然都是对企业资产的要求权，但两者有着本质的差别，债权人权益是负债，企业存续期间内需要偿还；所有者权益是资本，企业存续期间内无须偿还。所有者权益是剩余权益，在偿还了债权人权益后，剩余部分才是所有者权益。债权人权益是企业债权人对企业全部资产的要求权；而所有者权益是企业投资者对企业净资产的要求权。可见，债权人对企业资产的要求权优先于所有者，所以这两种权益的会计处理也有所不同。

一、所有者权益资金筹集业务

（一）所有者权益筹资业务概述

权益筹资的方式有吸收直接投资、发行普通股股票、留存收益筹资等。权益筹资不需要偿还本金，没有固定的利息负担，财务风险低，但资金成本较高，容易造成控制权分散。所有者权益的内容包括所有者投入的资本、直接计入所有者权益的利得和损失、留存收益等。

所有者投入的资本是指所有者在企业注册资本的范围内实际投入的资本，包括实收资本（或股本）和资本公积；直接计入所有者权益的利得和损失是指由企业非日常活动形成的、不应计入当期损益的、会导致所有者权益发生增减变动的、与所有者投入资本和向所有者分配利润无关的利得或者损失；留存收益是指所有者所共有的、由经营收益转化而形成的所有者权益，其中包含盈余公积和未分配利润。留存收益的内容将在本章利润形成与分配业务的核算中进行阐述。

（二）所有者权益筹资业务核算设置的主要账户

1.“实收资本”账户

实收资本是指企业的投资者按照企业章程或合同、协议的约定，实际投入企业的资本金以及按照有关规定由资本公积、盈余公积转为资本的资金。它是企业注册登记的法定资本的来源，也是企业独立承担民事责任的资金保证，它表明所有者对企业的基本产权关系。有了这个“本钱”，企业才可以开展经营活动，才能实现以本求利或以本负亏。实收资本的额度、构成比例是企业据以向投资者进行利润或股利分配的主要依据，也是投资者参与企业经营决策的基础，还是所有者在企业破产清算时对净资产的要求权的依据。

这里需要注意的是，注册资本（Legal Capital）和实收资本是两个不同的概念。注册资本是企业的法定资本，应当与企业的总股本相等，而企业的实收资本则是投资人已缴纳、企业已入账的资本，只有在投资人足额缴入之后，其实收资本才会与企业的注册资本相等。如果法律规定注册资本可以分次缴纳，那么必须在足额缴入之后，才能实现注册资本与实收资本相等。我国法律规定：除国家另有规定外，企业的实收资本应当与注册资本一致。企业接受各方投资者投入的资本金应遵守资本保全（或称资本维持）制度的要求，除法律、法规另有规定者外，不得随意抽回。企业在经营活动中实现的损益都不能直接对投入的资本产生影响，也就是不会直接增减实收资本。

为了反映实收资本的形成及其以后的变化情况，在会计核算上应设置“实收资本”账户。一般而言，在有限责任公司中使用“实收资本”账户，在股份有限公司中使用“股本”账户。“实收资本”账户是所有者权益类账户，用来核算所有者投入企业的资本金变化过程及结果，其贷方登记所有者投入企业资本金的增加额，其借方登记所有者投入企业资本金的减少额，期末余额在贷方，表示所有者投入企业资本金的结余额。按投资主体可分为国家资本、法人资本、个人资本、外商资本等，可以根据不同的投资主体设立明细科目。根据投资人投入资本的不同形态，企业的资本金可分为货币资金和非货币资金，非货币资金主要是指实物、知识产权、土地使用权等可以按货币价值进行评估、依法转让的资产。

“实收资本”账户的结构如图4-2所示：

实收资本

实收资本的减少额	实收资本的增加额
	期末余额：实收资本的结余额

图4-2　“实收资本”账户的结构

2.“资本公积”账户

资本公积作为企业所有者权益的重要组成部分，来源于投资者或者他人投入企业、所有权归属于投资者并且金额超出了法定资本的部分。除此以外，还有直接计入资本公积的各种利得或损失。直接计入资本公积的利得是指由于企业非日常活动所形成的可能导致所有者权益增加的、与所有者投入资本无关的经济利益的流入；直接计入资本公积的损失是指由企业非日常活动所发生的、可能导致所有者权益减少的、与向所有者分配利润无关的经济利益的流出。

资本公积实质上也是一种投入资本，只是由于我国采用注册资本制度等原因导致资本公积的产生。我国法律规定：资本公积的用途主要是转增资本，即增加实收资本（或股本），所以，资本公积从其实质上看是一种准资本，通过一定的方式可以转化为资本。企业在经营过程中可以按照规定的用途使用已有的资本公积，以达到增加资本的流动性、改变企业所有者投入资本的结构的目的。例如，企业可以办理增资手续把资本公积转增资本，让投资者的实收资本按照投资比例得到增加，体现企业稳健、持续发展的潜力。我国有不少上市公司均有将资本公积转增资本，增发股票的实例。

不同来源的资本公积的核算方法不尽相同，为了反映特定的资本公积的增减变化和余额，企业应设置“资本公积”账户，并设置“资本（或股本）溢价”“其他资本公积”等明细账户。会计上“资本公积”属于所有者权益类账户，其贷方登记从不同渠道取得的资本公积即资本公积的增加数，借方登记用资本公积转增资本等资本公积的减少数，期末余额在贷方，表示资本公积的期末结余数。

“资本公积”账户的结构如图4-3所示：

资本公积	
资本公积的减少数（使用数）	资本公积的增加数
	期末余额：资本公积的结余数

图4-3 “资本公积”账户的结构

（三）所有者权益筹资业务处理

在实收资本的核算中，我们最需要解决的问题是确定企业接受各方投资者的投入的资本金的入账价值。一般情况下，企业的投入资本按实际收到的投资额进行核算，所以货币资金的投资入账金额以实际收到的货币资金为准。而非货币资金的投资则以投资各方确认的价值为准。对于实际收到的货币资金额或投资各方确认的资产价值超过其在注册资本中所占的份额的部分，应作为超面额缴入资本，计入资本公积。

企业收到投资者投入的资本，应借记“银行存款”“其他应收款”“固定资产”“无形资产”等科目，按其在注册资本或股本中所占份额，贷记“实收资本”或“股本”科目，按其差额，贷记“资本公积——资本溢价”或“资本公积——股本溢价”科目。

共同出资协议书

【例4-1】2021年1月1日，中华同心收到中华布艺有限公司开具的一张工商银行转账支票，金额为400万元的投资款，企业已办理入账手续。

［分析］

该融资业务一方面使企业的银行存款增加4 000 000元，应记入“银行存款”账户的借方；另一方面使企业的所有者权益增加，法人资本增加4 000 000元，应记入“实收资本——法人资本”账户的贷方。会计分录如下：

借：银行存款　　4 000 000

　贷：实收资本——法人资本　　4 000 000

【例4-2】2021年1月2日，地方政府通过普惠国有资本投资有限公司将带有净化车间的厂房投入中华同心，厂房估价480万元，厂房过户手续已办理完成。

［分析］

接受厂房投资，一方面使企业的固定资产增加4 800 000元，应记入“固定资产——厂房”账户的借方；另一方面，使企业的所有者权益增加，国家资本增加4 800 000元，应记入“实收资本——国家资本”账户的贷方。会计分录如下：

固定资产验收单

借：固定资产——厂房　　4 800 000

　贷：实收资本——国家资本　　4 800 000

【例4-3】2021年1月3日，王益苗将一项口罩自动封装发明专利投入中华同心，专利估价120万元，已完成专利权人变更。

［分析］

专利评估报告

接受专利权投资，一方面使企业的无形资产增加，应记入“无形资产——专利权”账户的借方；另一方面使企业的所有者权益增加1 200 000元，应记入“实收资本——个人资本”账户的贷方。会计分录如下：

借：无形资产——专利权　　1 200 000

　贷：实收资本——个人资本　　1 200 000

知识链接4-1

《企业会计准则第6号——无形资产》规定：投资者投入无形资产的成本，应当按照投资合同或协议约定的价值确定，但合同或协议约定价值不公允的除外。

【例4-4】2021年2月1日，中华同心成立一个月后，需要扩大生产规模。经股东会同意，决定接受华发投资有限公司的投资200万元，但只占企业股份的10%，投资款已通过建行网银汇入企业账户。

［分析］

这是一项增资业务，投资企业作为新进股东，需要比原始股东付出更多的代价才能获得与原始股东相等的股份。投资企业投资200万元，按照企业约定，其投资额只占企业股份的10%。那么，计入实收资本部分的计算如下：

在此次增资前，企业的股本总额=400+480+120=1 000（万元）

设增资部分中的x万元记入到企业的“实收资本”账户中，则有

10%=x/（1 000+x）

x=111.11（万元）

工行进账单

因此，此次增资的200万元中，111.11万元记入“实收资本——法人资本”账户，88.89万元记入“资本公积——资本溢价”账户。会计分录如下：

借：银行存款　　2 000 000

　贷：实收资本——法人资本　　1 111 100

　　资本公积——资本溢价　　888 900

【例4-5】中华同心经股东会批准，将企业的资本公积200 000元转增资本。

会计分录如下：

借：资本公积——资本溢价　　200 000

　贷：实收资本　　200 000

以上举例中的所有者权益与资产账户之间的关系如图4-4所示：

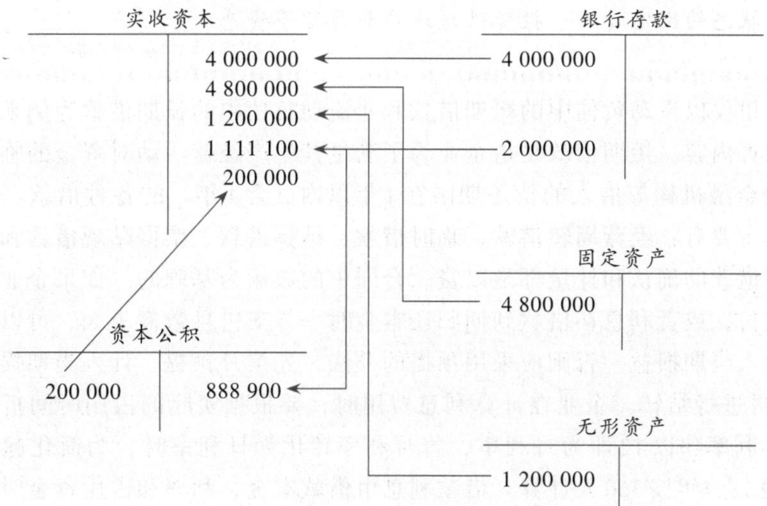

图4-4　所有者权益与资产账户之间的关系

二、债务筹资业务

（一）债务筹资业务概述

债务筹资是指企业按约定的代价和用途取得资金且需要按期还本付息的一种筹资方式，与所有者权益筹资不同，债务筹资并没有发生所有权的改变，只是资本使用权的临时让渡。企业债务的偿还对象、偿还日期和偿还金额都是明确的，到期必须偿还是其不同于所有者权益的一个显著特点。债权人出借资金得到了对企业资产的要求权，即债权人权益。债权人的求偿权优先于股东，债权人承担的风险较小，因而其资产报酬率较低。

负债按其偿还期限的长短可以分为流动负债和非流动负债。流动负债是指将在1年内（含1年）或超过1年的一个营业周期内偿还的债务；非流动负债是指偿还期在1年以上或超过1年的一个营业周期以上的债务。企业的流动负债主要是在经营活动过程中与其他经济实体的交易中产生的，例如企业为了获得采购资金从银行借入款项，企业为了获得商品或劳务从其他单位赊购材料、商品。非流动负债则主要与企业的中长期管理决策相关。将负债分为流动负债和非流动负债，便于会计信息使用者分析企业的财务状况，判断企业的偿债能力和近、远期支付能力，进而做出有关的决策。

知识链接4-2

《企业会计准则第17号——借款费用》第二章第四条规定：企业发生的借款费用，可直接归属于符合资本化条件的资产的购建或者生产的，应当予以资本化，计入相关资产成本；其他借款费用，应当在发生时根据其发生额确认为费用，计入当期损益。符合资本化条件的资产，是指需要经过相当长时间的购建或者生产活动才能达到预定可使用或者可销售状态的固定资产、投资性房地产和存货等资产。

我们这里仅以流动负债中的短期借款和非流动负债中的长期借款为例来说明债务筹资业务的核算内容。短期借款是指企业为了满足其生产经营活动对资金的临时需要而向银行或其他金融机构等借入的偿还期限在1年以内（含1年）的各种借款。制造业企业的短期借款主要有：经营周转借款、临时借款、结算借款、票据贴现借款和预购定金借款等。每笔借款的确认和计量都是以贷款合同中的数额为基础的。如果企业的短期借款利息按月支付，或者利息在借款到期归还本金时一并支付且数额不大，可以在实际支付时，直接计入当期损益。否则应采用预提的办法，先按月预提，计入当期损益（财务费用），到期再进行结转。企业在计算利息费用时，要根据实际的占用时间折算月利率和日利率，年利率除以12即为月利率，将月利率转化为日利率时，为简化起见，一个月按30天计算，一年按360天计算。借款利息由借款本金、利率和占用资金时间三个因素决定。短期借款利息的计算公式为：

短期借款年利息=短期借款总额×年利率

短期借款月利息=（短期借款总额×年利率）÷12

长期借款是指企业向银行或者其他金融机构借入的偿还期限在一年或超过一年的一个营业周期以上的资金，如从各专业银行、商业银行取得的贷款。当企业面临新的发展机遇，需要投入大量的长期占用的资金，企业所拥有的经营资金无法满足这种需求时，就需要长期借款。长期借款按照借款用途的不同，可以分为基本建设借款、技术改造借款和生产经营借款三类。基本建设借款就是为了扩大生产规模，主要用于添置各种机械设备、购置地产、增添或补充厂房等。在会计核算中，应当区分长期借款的性质，按照申请获得贷款时实际收到的贷款数额进行确认和计量，并按照规定的利率和使用期限定期计息并确认为长期借款。贷款到期，企业应当按照借款合同的规定按期清偿借款本息。关于长期借款利息费用的处理，应当注意长期借款的应付利息与短期借款的应付利息之间的区别。按照我国会计准则的规定：用于购建固定资产的长期借款在固定资产尚未完工交付使用之前发生的利息支出满足资本化条件的，应计入有关固定资产的购建成本，也就是在该项固定资产达到预定可使用状态之前，按规定予以资本化，计入所建造的固定资产价值；在固定资产达到预定可使用状态后，利息支出直接计入当期的财务费用。用于企业生产经营正常周转而借入的长期借款所发生的借款费用，直接计入当期的财务费用。

（二）债务筹资核算设置的主要账户

为了核算短期借款本金和利息，需要设置“短期借款”“财务费用”“应付利息”等账户。

1.“短期借款”账户

该账户是负债类账户，用来核算企业向银行或其他金融机构借入的期限在1年以内（含1年）的各种借款（本金）的增减变动及结余情况。账户的贷方登记短期借款本金的增加。账户的借方登记短期借款本金的减少，也就是短期借款本金的偿还。余额一般在贷方，表示尚未偿还的短期借款。短期借款可以按照债权人的不同设置明细账户，并按照借款种类进行明细分类核算。

"短期借款"账户的结构如图4-5所示：

短期借款

短期借款的偿还（减少）	短期借款的取得（增加）
	期末余额：短期借款结余额

图4-5　"短期借款"账户的结构

2."财务费用"账户

"财务费用"（Financial Expense）账户是损益类账户，用来核算企业为筹集生产经营所需资金等而发生的各种筹资费用，包括利息支出、汇兑损益、手续费、企业发生的现金折扣或收到的现金折扣等。账户的借方登记财务费用的增加额，账户的贷方登记发生的应冲减财务费用的利息收入、汇兑收益。期末，将借方归集的财务费用全部由"财务费用"账户的贷方转入"本年利润"账户的借方，计入当期损益。结转当期财务费用后，"财务费用"账户期末无余额。"财务费用"账户应按照费用项目设置明细账户，进行明细分类核算。

"财务费用"账户的结构如图4-6所示：

财务费用

发生的费用：利息支出、汇兑损失、手续费等	利息收入、汇兑收益等 期末转入"本年利润"账户的财务费用额

图4-6　"财务费用"账户的结构

3."应付利息"账户

"应付利息"（Intrest Payable）账户是负债类账户，用于计算已发生但尚未实际支付的利息费用。账户的贷方登记预先按照规定的标准提取的应由本期负担的利息费用，账户的借方登记已经支付的利息费用。期末结余在贷方，表示已经预提但尚未支付的利息费用。"应付利息"账户应按照费用种类设置明细账户，进行明细分类核算。

"应付利息"账户的结构如图4-7所示：

应付利息

已经支付的利息费用	预先提取应由本期负担的利息费用
	期末余额：已预提但尚未支付的利息费用

图4-7　"应付利息"账户的结构

4."长期借款"账户

为了核算长期借款本金及利息的取得和偿还情况，需要设置"长期借款"账户。该账户是负债类账户，用来核算企业从银行或其他金融机构取得的长期借款的增减变动及结余情况。其贷方登记长期借款的增加数（包括本金和各期未付利息），借方登记长期借款的减少数（偿还的借款本金和利息）。期末余额在贷方，表示尚未偿还的长期借款本息结余额。该账户应按贷款单位设置明细账户，并按贷款种类进行明细分类核算。

“长期借款”账户的结构如图4-8所示：

长期借款	
长期借款本息偿还数（减少）	长期借款本金和到期还本付息的未付利息数（增加）
	期末余额：尚未偿还的长期借款本息结余额

图4-8 “长期借款”账户的结构

（三）债务筹资业务处理

企业取得短期借款时，借记“银行存款”账户，贷记“短期借款”账户。期末计算借款利息时，借记“财务费用”账户，贷记“银行存款”或“应付利息”账户。偿还借款本金、支付利息时，借记“短期借款”“应付利息”账户，贷记“银行存款”账户。采用预提的办法核算短期借款利息费用时，如果实际支付的利息与预提的利息之间有差额，按已预提的利息金额，借记“应付利息”账户，按实际支付的利息金额与预提的金额的差额（尚未提取的部分），借记“财务费用”账户，按实际支付的利息金额，贷记“银行存款”账户。

【例4-6】2021年1月1日，中华同心公司向中国工商银行借款150万元，期限为1年，年利率为4%，存款已汇入企业账户。

［分析］

这是一项债务筹资业务，需要按照取得借款和计提利息进行会计处理。

（1）取得借款时，一方面企业银行存款增加1 500 000元，应记入“银行存款”账户的借方；另一方面企业的短期负债增加1 500 000元，应记入“短期借款”账户的贷方。会计分录如下：

借：银行存款　　1 500 000

　贷：短期借款　　1 500 000

（2）3月31日计提利息时，一方面企业的利息费用增加15 000元（1 500 000×4%×3/12），应记入“财务费用”账户的借方；另一方面企业的应付未付利息增加15 000元，应记入“应付利息”账户的贷方。会计分录如下：

借：财务费用　　15 000

　贷：应付利息　　15 000

【例4-7】中华同心在2月16日用银行存款1 000 000元偿还到期的银行临时借款本金（假如利息另外处理）。

会计分录如下：

借：短期借款　　1 000 000

　贷：银行存款　　1 000 000

企业取得长期借款时，借记“银行存款”账户，贷记“长期借款”账户，计算利息时，如果是到期还本付息的未付利息，则借记“在建工程”或“财务费用”等账户，贷记“长期借款”账户；如果是分期付息的未付利息，则借记“在建工程”或“财务费用”等账户，贷记“应付利息”账户。偿还借款、支付利息时借记“长期借款”“应付利息”账户，贷记“银行存款”账户。

【例4-8】中华同心于2021年1月30日向中国银行借入80万元，用于扩大生产规模。借款期限为两年，年利率为6%，款项已存入银行，借款期满后一次归还本金和利息。

[分析]

该业务分取得借款和计提利息两部分进行处理。

（1）2021年1月30日取得借款时，一方面，企业的银行存款增加800 000元，应记入“银行存款”账户的借方；另一方面，企业的长期借款增加800 000元，应记入“长期借款——本金”账户的贷方。会计分录如下：

借：银行存款　　800 000

　贷：长期借款——本金　　800 000

（2）2021年3月31日，计提2个月的利息费用。

借款利息=800 000×6%×2/12=8 000（元）

一方面，企业的利息费用增加8 000元，应记入“财务费用”账户的借方；另一方面，企业的长期借款增加8 000元，应记入“长期借款——利息”账户的贷方。会计分录如下：

中行借款凭证

借：财务费用　　8 000

　贷：长期借款——利息　　8 000

以上举例中，债务筹资业务中各账户的对应关系如图4-9所示：

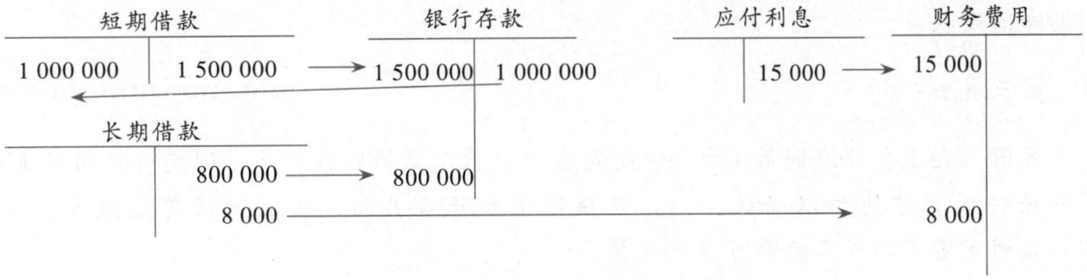

图4-9　债务筹资业务中各账户的对应关系

第三节　供应过程业务的核算

如前所述，资金在企业经营过程的不同阶段，其运动的方式和表现的形态是不同的，因而核算的内容也就不同。资金筹集完成后，企业就进入供应过程了。供应过程是为后续生产产品做好准备工作，其中最重要的就是物资准备，即购买生产所需要的设备和原料。

一、固定资产购置业务的核算

（一）固定资产概述

固定资产（Property，Plant And Equipment，PPE）是指企业使用期限超过1年、价值达到一定标准的房屋、机器、机械、建筑物、运输工具以及其他与生产、经营有关的设备、工具、器具等。我国《企业会计准则第4号——固定资产》对固定资产的定义是，固定资产是指同时具有下列特征的有形资产：

（1）为生产商品、提供劳务、出租或经营管理而持有。

（2）使用寿命超过一个会计年度。这里的使用寿命是指企业使用固定资产的预计期间，或者该固定资产所能生产产品或提供劳务的数量。从固定资产的定义可以看出，固定资产具有以下三个特征：第一，固定资产是为生产商品、提供劳务、出租或经营管理而持有的；第二，固定资产的使用期限较长；第三，固定资产为单位价值较大的有形资产。

固定资产在企业的资产中占有相当大的比重，它也反映了企业的生产能力和生产规模。固定资产的确认应考虑以下两个因素：一是该固定资产包含的经济利益很可能流入企业；二是该固定资产的成本能够可靠计量。固定资产是企业的劳动资料，从其经济用途来看，固定资产是用于生产经营活动的而不是为了出售，这一特征是区别固定资产与商品、产品等流动资产的重要标志。对于同一项资产，比如汽车，A企业把汽车作为交通工具，归入固定资产；B企业是汽车生产企业，汽车是它的存货。固定资产要在企业经营活动中长期使用，其价值的周转与其实物补偿并不同步。我们可以看到它的部分价值会因为磨损而转化为企业的费用，剩余的部分价值就以取得时的实际成本减去磨损之后的净值反映。

知识链接4-3

我国《企业会计准则第4号——固定资产》第二章第四条规定：固定资产同时满足下列条件的，才能予以确认：（1）与该固定资产有关的经济利益很可能流入企业；（2）该固定资产的成本能够可靠地计量。

《企业会计准则第4号——固定资产》规定：固定资产应当按照成本进行初始计量。取得固定资产的方式有：外购、自行建造、出包方式建造、投资者投入、非货币性资产交换、债务重组、企业合并等。通过不同的途径所形成的固定资产，其入账价值构成的具体内容也不尽相同。固定资产的成本是使固定资产达到预定可使用状态前所发生的可归属于该项资产一切合理的、必要的支出，包括购置固定资产的价款、进口关税及其他税费（可抵扣的增值税进项税额不包括在内），以及包装费、运杂费、安装费和专业人员服务费等直接支出和间接发生的费用，如应承担的借款利息资本化部分、外币借款折算差额以及应分摊的其他间接费用。对于建造的固定资产，已达到预定可使用状态但尚未办理竣工决算的，会计准则规定应自达到预定可使用状态之日起，根据工程决算、造价或工程实际成本等相关资料，按估计的价值转入固定资产，并计提折旧。这就意味着，是否达到“预定可使用状态”是固定资产核算与管理的标准，“竣工决算”并不意味着“可使用”，这也体现了“实质重于形式”的会计信息质量要求。也就是说，所有对形成固定资产生产能力有作用的支出都应该包括在固定资产的成本中。因此，在取得固定资产时，应当按照具体的情况和所涉的具体内容来确定资产的入账价值。

（二）固定资产核算设置的主要账户

为了核算企业购买和自行建造固定资产价值的变动过程及结果，需要设置以下账户：

1.“固定资产”账户

该账户是资产类账户，用以核算企业持有的固定资产原价的增减变动及其结余情况。该账户的借方登记固定资产原价的增加，贷方登记固定资产原价的减少，期末余额在借方，表示固定资产原价的结余额。该账户应按照固定资产的种类设置明细账户，进行明细分类核算。在使用该账户时，必须注意只有当固定资产达到预定可使用状态时，其原价已经形成，才可以记入“固定资产”账户。

“固定资产”账户的结构如图4-10所示：

固定资产

固定资产原价的增加	固定资产原价的减少
	期末余额：原价的结余

图4-10 “固定资产”账户的结构

2.“在建工程”账户

该账户是资产类账户，用以核算企业基建、更新改造等在建工程发生的支出（包括安装设备的支出），并据以计算确定各项工程成本。该账户的借方登记工程支出的增加，贷方登记结转完工工程的成本。期末余额在借方，表示未完工工程的成本。“在建工程”账户应按工程内容，如建筑工程、安装工程、在安装设备、待摊支出以及单项工程等设置明细账户，进行明细核算。

“在建工程”账户的结构如图4-11所示：

在建工程

工程发生的全部支出	结转完工工程成本
期末余额：未完工工程成本	

图4-11 “在建工程”账户的结构

企业购置的固定资产，对于其中需要安装的部分，在交付使用之前，也就是达到预定可使用状态之前，由于没有形成完整的取得成本（原始价值），因而必须通过“在建工程”账户进行核算。在购建过程中所发生的全部支出，都应归集在“在建工程”账户，待工程达到预定可使用状态形成固定资产之后，方可将该工程成本从“在建工程”账户转入“固定资产”账户。

（三）固定资产业务的账务处理

企业购买的固定资产，有的购买完成之后即可投入使用，也就是当即达到预定可使用状态，因而可以立即形成固定资产，而有的在购买后还需要经过安装之后方可投入使用。这两种情况在核算上是有区别的，所以我们在对固定资产进行核算时，一般将其区分为不需要安装固定资产和需要安装固定资产分别进行处理。

设备采购审批单、增值税专用发票

【例4-9】2021年1月4日，中华同心从广州医疗器械有限企业购入2台环氧乙烷灭菌柜，不含税单价为每台30万元，适用增值税税率为13%，货款已通过工商银行网上银行支付。

［分析］

这项采购业务一方面使固定资产增加600 000元，应记入“固定资产——灭菌柜”账户的借方，固定资产进项税额78 000元（600 000×13%），应记入“应交税费——应交增值税（进项税额）”的借方；另一方面使银行存款减少678 000元，应记入“银行存款”账户的贷方。会计分录如下：

借：固定资产——灭菌柜　　600 000
　　应交税费——应交增值税（进项税额）　　78 000
　贷：银行存款　　678 000

【例4-10】2021年1月5日，中华同心从珠海自动化设备有限企业购入两套口罩生产线，需安装调试，一套医用外科口罩生产线不含税价格为70万元，一套KN95口罩生产线不含税价格为130万元，合计200万元，适用增值税税率为13%，医用外科口罩生产线安装费用为3万元，KN95口罩生产线安装费用为9万元，本业务是混合销售，安装服务适用的增值税税率为13%。

［分析］

需要安装调试的设备，先通过“在建工程”账户归集所有安装调试成本，运行合格后再从“在建工程”账户转入“固定资产”账户。

（1）支付设备价格，一方面使在建工程的成本增加2 000 000元，应记入“在建工程”账户的借方，生产线进项税额260 000元（2 000 000×13%），应记入“应交税费——应交增值税（进项税额）”的借方；另一方面使银行存款减少2 260 000元，应记入“银行存款”账户的贷方。会计分录如下：

借：在建工程——医用外科口罩生产线——成本　　700 000
　　　　　　——KN95口罩生产线——成本　　1 300 000
　　应交税费——应交增值税（进项税额）　　260 000
　贷：银行存款　　2 260 000

（2）支付安装费，一方面使在建工程的安装成本增加120 000元，应记入“在建工程”账户的借方，安装服务进项税额为15 600元（120 000×13%）；另一方面使企业银行存款减少135 600元，应记入“银行存款”账户的贷方。会计分录如下：

借：在建工程——医用外科口罩生产线——安装　　30 000
　　　　　　——KN95口罩生产线——安装　　90 000
　　应交税费——应交增值税（进项税额）　　15 600
　贷：银行存款　　135 600

（3）生产线安装调试完毕投入使用，一方面使固定资产增加2 120 000元（730 000+1 390 000），应记入“固定资产”账户的借方；另一方面使在建工程减少2 120 000元，应记入“在建工程”账户的贷方。会计分录如下：

设备采购审批单、固定资产验收单、固定资产卡片

借：固定资产——医用外科口罩生产线　　730 000
　　　　　　——KN95口罩生产线　　1 390 000
　贷：在建工程——医用外科口罩生产线　　730 000
　　　　　　　——KN95口罩生产线　　1 390 000

以上举例中，固定资产与对应账户的关系如图4-12所示：

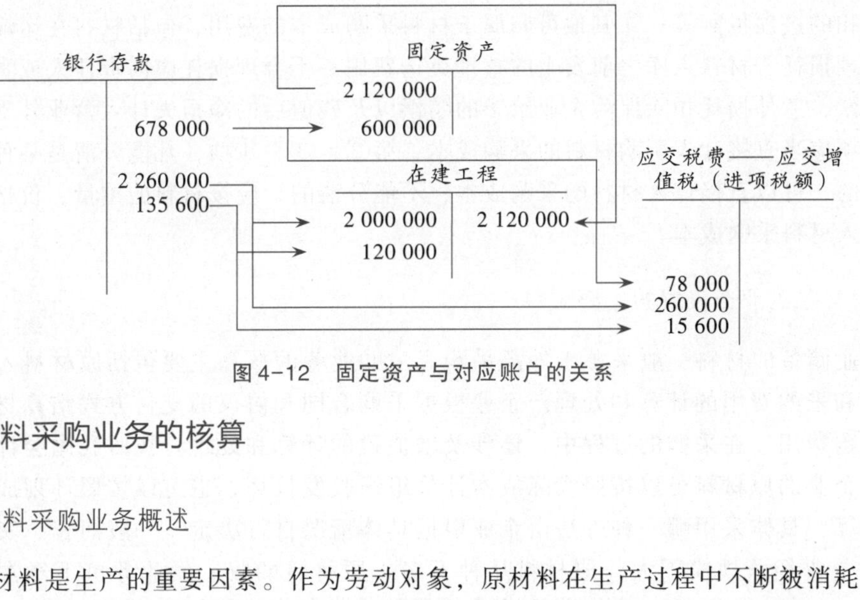

图4-12　固定资产与对应账户的关系

二、材料采购业务的核算

（一）材料采购业务概述

原材料是生产的重要因素。作为劳动对象，原材料在生产过程中不断被消耗而成为产品，工业生产的连续性要求不断补充新的原材料，而且随着工业生产的发展，对原材料的需求不断增加。产品制造企业要有计划地采购材料，既要保证及时、按质、按量地满足正常的产品生产经营活动，同时又要避免储备过多，不必要地占用资金。在商品的价值构成中，原材料费用所占的比重较高，随着技术进步和劳动生产率的提高，人工成本会进一步下降，原材料费用的比重还会进一步提高。

知识链接4-4

我国《企业会计准则第1号——存货》第二章第六条规定：存货的采购成本，包括购买价款、相关税费、运输费、装卸费、保险费以及其他可归属于存货采购成本的

费用。

按照《企业会计准则第1号——存货》的规定：存货应当按照成本进行初始计量，存货的成本包括采购成本、加工成本和其他成本。存货是指企业日常活动中持有以备出售的产成品或商品（库存商品）、处于生产过程中的在产品、在生产过程或提供劳务过程中耗用的材料、物料等。存货区别于固定资产等非流动资产的最基本的特征是，企业持有存货的最终目的是出售。

我们这里主要讨论的存货是在生产过程或提供劳务过程中耗用的材料、物料。一般来说，原材料的成本包括购买价款、供应过程中发生的运杂费、相关税费以及其他可归属于材料采购成本的费用。①购买价款是指企业购入的材料或商品的发票账单上列明的价款，但是不包括按规定可以抵扣的增值税额；②供应过程中发生的运杂费（包括运输费、包装费、装卸费、保险费、仓储费等）；③相关税费是按规定应计入材料采购成本的各种税金，如进口材料支付的关税、购买材料发生的消费税以及不能从增值税销项税额中抵扣的进项税额等；④其他可归属于材料采购成本的费用，包括材料在运输途中发生的合理损耗、材料入库之前发生的整理挑选费用。不合理损耗应向责任人或责任单位索取赔偿，意外损耗扣除保险企业给予的赔偿以及残值后的净损失计入营业外支出。以上第①项应当直接计入所购材料的采购成本，第②、③、④项，凡能分清是某种材料直接负担的，可以直接计入材料的采购成本；不能分清的，应按材料的重量、价格等标准分配计入材料采购成本。

（二）材料采购业务设置的主要账户

企业储备的材料一般来源于外部采购。采购业务的核算主要包括原材料入账价值的确定和采购费用的计算和处理。企业根据采购合同和协议的支付方式结算材料的价款和采购费用。在采购的过程中，还涉及增值税的计算和处理。按照我国会计准则的规定，企业的原材料可以按照实际成本计价组织收发核算，也可以按照计划成本计价进行核算，具体采用哪一种方法由企业根据具体情况自行决定。一般而言，实际成本适用于企业经营规模不大，原材料品种不多，原材料的收、发业务也不经常发生的情况。

下面的业务处理均采用实际成本的计价方法，从材料的收、发凭证到材料的明细账、总分类账都是按实际成本进行记录的。

购入材料的实际采购成本=实际买价+采购费用

原材料按实际成本计价组织收、发核算时应设置以下几个账户：

1.“在途物资”账户

该账户是资产类账户，用来登记企业采用实际成本计价的材料、商品等物资的日常采购和货款已付但尚未验收入库的在途物资的采购成本。企业对于购入的材料，不论是否已经付款，一般都应该先记入该账户，在材料验收入库结转成本时，再将其成本转入

“原材料”账户。其借方登记购入材料的买价和采购费用（实际采购成本），贷方登记结转验收入库材料的实际采购成本，该科目期末余额一般在借方，表示尚未运达企业或者已经运达企业但尚未验收入库的在途材料的成本。“在途物资”账户可按供应单位和物资品种设置明细账户，进行明细分类核算。

在确定登记材料的采购成本时，要注意购入材料过程中发生的除买价之外的采购费用是否能够分清是哪种材料直接负担的，如果不能，要等分配后才计入材料的采购成本。分配标准根据材料的特点，可以选择材料的重量、体积、买价等作为分配的依据，计算材料采购费用分配率，最后计算各种材料的采购费用负担额，即：

材料采购费用分配率=共同性采购费用额÷分配标准的合计数

某材料应负担的采购费用额=该材料的分配标准×材料采购费用分配率

“在途物资”账户的结构如图4-13所示：

在途物资

购入材料的买价和采购费用	结转验收入库材料的实际采购成本
期末余额：在途材料成本	

图4-13 “在途物资”账户的结构

2.“原材料”账户

“原材料”（Raw Material）账户是资产类账户，用来核算企业库存材料实际成本的增减变动及其结存情况。“原材料”账户的借方登记由“在途物资”账户贷方转入的外购已验收入库原材料的实际成本，“原材料”账户的贷方登记发出原材料的实际成本，期末余额在借方，表示库存材料实际成本的期末结余额。“原材料”账户应按照材料的保管地点、材料的种类或类别设置明细账户，进行明细分类核算。

“原材料”账户的结构如图4-14所示：

原材料

验收入库材料实际成本的增加	库存材料实际成本的减少
期末余额：库存材料实际成本	

图4-14 “原材料”账户的结构

3.“应付账款”账户

“应付账款”（Accounts Payable）账户是负债类账户，用来核算企业因购买材料、物资和接受劳务供应等而应付给供应单位的款项。其贷方登记应付供应单位款项（买价、税金和代垫运杂费等）的增加，借方登记已偿还给供应单位的货款，月末余额在贷方，表示结欠供应单位的债务款。该账户应按照供应单位的名称设置明细账户，进行明细分类核算。

“应付账款”账户的结构如图4-15所示：

应付账款

应付供应单位款项的减少	应付供应单位款项的增加
	期末余额：尚未偿还的应付款

图4-15 "应付账款"账户的结构

4."预付账款"账户

"预付账款"（Prepaid Expense）账户是资产类账户，用来核算买卖双方协议商定，由购货方预先支付一部分货款给供应方而发生的结算债权的增减变动及其结余情况。其借方登记结算债权的增加，即预付款的增加，贷方登记收到供应单位提供的材料物资而应冲销的预付款债权，即预付款的减少。期末余额一般在借方，表示尚未结算的预付款的结余额，如果该账户期末余额出现在贷方，则表示企业尚未补付的款项。该账户应按照供应单位的名称设置明细账户，进行明细分类核算。

如果企业预付款项的情况不多，也可以不设置本科目，将预付的款项直接记入"应付账款"账户。

"预付账款"账户的结构如图4-16所示：

预付账款

预付供应单位款项的增加	冲销预付供应单位的款项
期末余额：尚未结算的预付款	

图4-16 "预付账款"账户的结构

5."应付票据"账户

"应付票据"（Notes Payable）账户是负债类账户，用来核算企业购买材料、商品和接受劳务等经营活动而签发给供应商的商业汇票的增减变动及其结余情况。其贷方登记企业开出、承兑商业汇票的增加，借方登记已偿还的到期票据金额。期末余额在贷方，表示尚未到期的商业汇票的期末结余额。该账户应按照债权人设置明细账户，进行明细分类核算，同时设置"应付票据备查簿"，详细登记商业汇票的种类、号数、出票日期、到期日、票面金额、交易合同号和收款人姓名或收款单位名称以及付款日期和金额等资料。应付票据到期结清时，在备查簿中注销。在我国，商业汇票的付款期限最长为6个月，因而应付票据即短期应付票据。

"应付票据"账户的结构如图4-17所示；

应付票据

到期应付票据的减少（不论是否已经付款）	开出、承兑商业汇票的增加
	期末余额：尚未到期商业汇票的结余额

图4-17 "应付票据"账户的结构

6."应交税费"账户

该账户是负债类账户，用来核算企业按税法规定应缴纳的各种税费的计算与实际缴纳情况。其贷方登记计算出的各种应交而未交税费的增加，包括增值税、消费税、城市维护建设税、所得税、资源税、房产税、城镇土地使用税、车船税、教育费附加等。借方登记实际缴纳的各种税费，如支付的增值税进项税额等。期末余额方向不固定，如果在贷方，表示未交税费的结余额；如果在借方，表示多交的税费。“应交税费”账户应按照税费种类设置明细账户，进行明细分类核算。

在材料采购业务中设置“应交税费”账户主要是为了核算增值税。增值税是对在中华人民共和国境内销售货物或者提供加工、修理修配劳务以及进口货物的单位和个人，就其取得的货物或应税劳务销售额计算税款，并实行税款抵扣制的一种流转税。由于增值税是对商品生产或流通各个环节的新增价值或商品附加值进行征税，所以称之为增值税，是一种价外税，采取两段征收法，分为增值税进项税额和增值税销项税额。

当期应纳税额=当期销项税额-当期进项税额

其中销项税额是指纳税人销售货物或提供应税劳务，按照销售额和规定的税率计算并向购买方收取的增值税税额。

销项税额=销售货物或提供应税劳务价款×增值税税率

进项税额是指纳税人购进货物或接受应税劳务所支付或负担的增值税税额。

进项税额=购进货物或接受应税劳务价款×增值税税率

增值税的进项税额与销项税额是相对应的，销售方的销项税额就是购买方的进项税额。

“应交税费”账户的结构如图4-18所示：

应交税费

实际缴纳的各种税费（包括增值税进项税额）	计算出的应交而未交的税费（包括增值税销项税额）
期末余额：多交的税费	期末余额：未交的税费

图4-18 “应交税费”账户的结构

【例4-11】某公司以100元购入一件商品，并以200元售出该商品。

（1）购入商品时，取得增值税专用发票（发票联）注明的金额为100元，税额为13元，价税合计113元，已用银行存款支付。

借：库存商品　　100

　　应交税费——应交增值税（进项税额）　　13

　贷：银行存款　　113

（2）销售商品时，开具的增值税专用发票（记账联）注明的金额为200元，税额为26元，价税合计226元已存入银行。

借：银行存款　　226

　贷：主营业务收入　　200

　　　应交税费——应交增值税（销项税额）　　26

（3）增值税专用发票（抵扣联）经税务认证之后可以抵扣销项税额，其差额为应交增值税税额。

增值税账务处理流程

应交增值税税额=当期销项税额-当期进项税额=26-13=13（元）

（三）材料采购业务的账务处理

【例4-12】2021年1月6日，中华同心签发中国工商银行（以下简称工行）现金支票一张，从企业银行存款账户中提取现金20 000元，以备日常开支。

［分析］

这项提取现金的业务一方面使库存现金增加20 000元，应记入“库存现金”账户的借方；另一方面使银行存款减少20 000元，应记入“银行存款”账户的贷方。会计分录如下：

现金提取审批单、现金入库单

借：库存现金	20 000
贷：银行存款	20 000

【例4-13】2021年1月8日，中华同心从广东东莞纺织有限企业购入过滤网3吨，单价为30万元/吨，共计90万元；织物1.5吨，单价为4万元/吨，共计6万元。适用的增值税税率为13%。过滤网和织物的增值税分别为117 000元和7 800元。材料尚未验收入库，货款和税款已通过网银支付。

材料采购审批单

［分析］

这项原材料采购业务一方面使过滤网和织物分别增加900 000元和60 000元，应记入“在途物资”的借方，增值税进项税额增加124 800元，应记入“应交税费——应交增值税（进项税额）”账户的借方；另一方面使银行存款减少1 084 800元，应记入“银行存款”账户的贷方。会计分录如下：

借：在途物资——过滤网	900 000	
——织物	60 000	
应交税费——应交增值税（进项税额）	124 800	
贷：银行存款		1 084 800

【例4-14】2021年1月11日，中华同心支付过滤网和织物的运输费和装卸费用合计7 200元，其中通过网银向深圳运输服务有限企业支付7 000元，用现金支付个人装卸费200元。运输企业适用的增值税税率为9%，已通过网银支付。个人装卸费不考虑增值税。

［分析］

这项运输服务业务一方面使材料采购成本增加7 200元，应记入“在途物资”账户的借方，进项税额增加630元，应记入“应交税费——应交增值税（进项税额）”账户的借方；另一方面使银行存款减少7 630元，应记入“银行存款”账户的贷方，现金减少200元，应记入“库存现金”的贷方。

运输费和装卸费是两种材料的共同费用（简称运杂费），需要在两种材料之间进行分配，分配基础可以是重量、体积、长度和价格等，本例分配基础为重量。

运输服务结算清单

运杂费用分配率=7 200÷（3+1.5）=1 600（元/吨）

过滤网负担的运杂费=3×1 600=4 800（元）

织物负担的运杂费=1.5×1 600=2 400（元）

借：在途物资——过滤网	4 800
——织物	2 400
应交税费——应交增值税（进项税额）	630

　　贷：银行存款　　7 630

　　　　库存现金　　200

【例4-15】2021年1月15日，中华同心签发并承兑一张商业汇票向河南长垣无纺布有限企业购买隔离无纺布（简称无纺布）1吨，该批材料的含税总价款为135 600元，增值税税率为13%，材料尚未验收入库。

[分析]

这笔业务中出现的是含税总价款135 600元，应将其分解为不含税价款和税额两部分：

不含税价款=含税价款÷（1+税率）=135 600÷（1+13%）=120 000（元）

增值税税额=135 600−120 000=15 600（元）

这项采购业务一方面使无纺布增加120 000元，应记入"在途物资"的借方，进项税额增加15 600元，应记入"应交税费——应交增值税（进项税额）"账户的借方；另一方面使负债增加135 600元，应记入"应付票据"账户的贷方。会计分录如下：

材料采购审批单

借：在途物资——无纺布　　120 000

　　应交税费——应交增值税（进项税额）　　15 600

　　贷：应付票据——长垣无纺布　　135 600

【例4-16】2021年1月16日，中华同心向广东南海纺织有限企业预付110 000元，用于购买1吨无纺亲肤布（简称亲肤布），预付款已通过网银付讫。

[分析]

预付账款是购货方预先支付给供应商的购货款，用于购买其产品或服务，是购货企业的一项资产。这项经济业务一方面使预付账款增加110 000元，应记入"预付账款"账户的借方；另一方面使银行存款减少110 000元，应记入"银行存款"账户的贷方。会计分录如下：

采购采购审批单、付款申请单

借：预付账款——广东南海纺织企业　　110 000

　　贷：银行存款　　110 000

【例4-17】2022年1月20日，亲肤布已运达企业，其实际买价为每吨110 000元（不含税），除冲减原预付账款110 000元外，另支付增值税14 300元。

[分析]

这项采购业务一方面使亲肤布资产增加110 000元，应记入"在途物资"账户的借方，留待以后扣除的进项税额增加14 300元（110 000×13%），应记入"应交税费——应交增值税（进项税额）"的借方；另一方面使银行存款减少14 300元，应记入"银行存款"账户的贷方；同时冲转（减少）预付账款110 000元，应记入"预付账款"的贷方。会计分录如下：

借：在途物资——亲肤布　　110 000

　　应交税费——应交增值税（进项税额）　　14 300

　　贷：银行存款　　14 300

　　　　预付账款　　110 000

【例4-18】2021年1月21日，中华同心向广东电子塑胶有限企业采购一批辅助材料，其中医用耳带500千克，单价为20元/千克，共计1万元；KN95耳带600千克，单价为50元/千克，共计3万元；医用鼻梁夹100万只，单价为0.14元/只，共计14万元；KN95鼻梁夹120万只，单价为0.40元/只，共计48万元。材料总价值660 000元，适用的增值税率为13%。材料尚未验收入库，货款和税款均未支付。

[分析]

辅料采购审批单

这项采购业务一方面使辅助材料增加660 000元，应记入“在途物资”账户的借方，进项税额增加85 800元（660 000×13%），应记入“应交税费——应交增值税（进项税额）”的借方；另一方面使负债增加745 800元，应记入“应付账款”账户的贷方。会计分录如下：

借：在途物资——辅助材料——医用耳带	10 000	
——辅助材料——KN95耳带	30 000	
——辅助材料——医用鼻梁夹	140 000	
——辅助材料——KN95鼻梁夹	480 000	
应交税费——应交增值税（进项税额）	85 800	
贷：应付账款——广东电子塑胶		745 800

【例4-19】2021年1月22日，汇总并结转中华同心材料采购成本1 857 200元，其中：过滤网采购成本为904 800元（900 000+4 800），织物采购成本为62 400元（60 000+2 400），无纺布采购成本为120 000元，亲肤布采购成本为110 000元，辅助材料采购成本为660 000元。材料均已验收入库。

材料采购汇总表、亲肤布入库单

[分析]

这是一项材料采购成本结转的会计处理业务。会计人员在取得材料入库单后，将先行由“在途物资”归集的采购成本转入“原材料”账户。这项经济业务一方面使原材料增加，应记入“原材料”账户的借方；另一方面将已完成采购手续的采购成本转出，应记入“在途物资”账户的贷方。会计分录如下：

借：原材料——过滤网	904 800	
——织物	62 400	
——无纺布	120 000	
——亲肤布	110 000	
——辅助材料	660 000	
贷：在途物资——过滤网		904 800
——织物		62 400
——无纺布		120 000
——亲肤布		110 000
——辅助材料		660 000

以上举例中，在途物资与原材料之间的账户关系如图4-19所示：

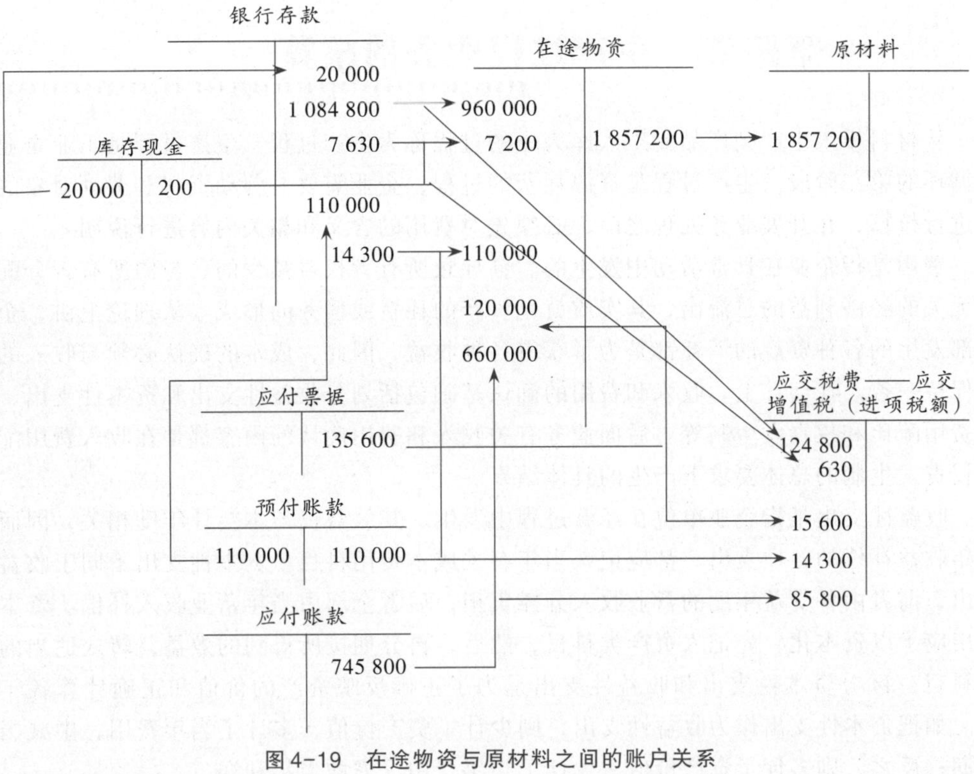

图4-19　在途物资与原材料之间的账户关系

知识链接4-5　原材料计划成本核算法

前面我们已经对原材料按实际成本计价核算的内容作了比较全面的介绍。材料按照实际成本进行计价核算，能够比较全面、完整地反映材料资金的实际占用情况，可以准确地计算出生产过程所生产产品的成本中的材料费用额。这种方法比较直观，但是如果企业材料的种类比较多，收发又比较频繁，实际成本法核算的工作量就比较大，也不便于分析材料采购计划的完成情况。因此我们在这里简单介绍一下计划成本核算法，原材料计划成本核算法指企业日常经营活动中的原材料通过计划成本进行计价核算的方法，一般适用于材料收发业务较多且计划成本资料较为健全的生产型企业，也就是在一些大、中型企业，材料可以按照计划成本计价组织收发核算。计划成本是企业根据一定期间成本核算和管理的要求以及计划资料对企业的存货进行计算的一种预计成本。在会计实务中，材料按计划成本计价进行核算，是指从材料的收发凭证到明细账、总账都以计划成本加以计量的核算。实际成本与计划成本之间的差异，单独通过专设的“材料成本差异”科目核算，最终于月末将领用材料的计划成本调整为实际成本。

原材料按计划成本核算的会计账户

第四节 生产过程业务的核算

从材料投入生产到产品完工入库为止的过程称为生产过程。生产过程是工业企业资金循环的第二阶段。生产过程是资源耗费的过程，企业需要对劳动资料和劳动对象的耗费进行核算，在开展业务处理之前，必须先对费用的含义和相关内容进行说明。

费用是指企业在日常活动中发生的、会导致所有者权益减少的、与向所有者分配利润无关的经济利益的总流出，其实质就是资产的耗费或债务的形成。从理论上讲，企业内部发生的各种资产的消耗都是为了获得各种收益，因此，成本的确认必须与收入的确认保持一致。在会计上，收入和费用的确认基础包括划分收益性支出和资本性支出、收入费用配比和权责发生制等。后面业务有关收入和费用确认的内容都是在收入费用配比和权责发生制的总体要求下产生的具体结果。

收益性支出是指企业单位在经营过程中发生、其效益仅与本会计年度相关，因而由本年收益补偿的各项支出，都应记入当年有关成本费用科目。资本性支出不同于收益性支出，前者由各受益年度的营业收入分摊负担，后者全部由当年营业收入补偿。资本性支出应予以资本化，先记入资产类科目，然后，再分期按所得到的效益，转入适当的费用科目。区分资本性支出和收益性支出是为了正确反映资产的价值和正确计算各年损益。如把资本性支出作为收益性支出，则少计了资产价值，多计了当年费用，虚减当年利润；反之，则多计了资产价值，少计了当年费用，虚增当年利润。

权责发生制要求凡在本期发生应从本期收入中获得补偿的费用，不论是否在本期已实际支付货币资金，均应作为本期的费用处理；凡在本期发生应归属于本期的收入，不论是否在本期已实际收到货币资金，均应作为本期的收入处理。权责发生制核算基础为我们解决了收入和费用何时予以确认及确认多少的问题。在此基础上，依据配比的要求，我们就可以把期间归属明确的收入和费用核算出来，正确反映该期间内各项业务的具体结果。

一、生产过程业务概述

生产活动是制造业企业经营活动的核心，即由生产工人利用机器设备对原材料进行加工和装配，生产出市场所需的各种产品的活动。企业要生产产品就要发生各种生产耗费，包括生产资料中的劳动手段（如机器设备）和劳动对象（如原材料），以及劳动力等方面的耗费。企业在生产过程中发生的、用货币形式表现的生产耗费称作生产费用。这些费用最终都要归集、分配到一定种类的产品中，从而形成各种产品的成本。换言之，企业为生产一定种类、一定数量产品所支出的各种生产费用的总和对象化于产品就形成了这些产品的成本。由此可见，费用与成本有着密切的联系，费用的发生过程也就是成本的形成过程，费用是产品成本形成的基础。成本是针对一定成本计算对象而言的，与一定种类和数量的产品或劳务服务相联系，即成本强调“对象”。费用则是针对某一期间而言的，它与一定的会计期间相联系，即费用强调“期间”。

生产费用是生产过程中各种资源利用情况的货币表示，是衡量企业技术和管理水平的重要指标。按其计入产品成本的方式不同，可以划分为直接费用和间接费用。直接费用是指企业生产产品过程中实际消耗的直接材料和直接人工。间接费用是指企业为生产产品和提供劳务而发生的各项间接支出，通常称为制造费用。各个成本项目的具体构成内容可以分述如下：

直接材料，能够根据原始凭证直接计入某种（某类、某批）产品的成本之中，它是该种（该类、该批）产品直接成本的重要组成部分，包括各种原材料、主要材料、外购半成品以及有助于产品形成的辅助材料等。

直接人工，是指生产过程中直接改变材料的性质和形态所耗用的人工成本，也就是生产工人的奖金和各种津贴，以及按规定比例提取的福利费等薪酬内容。

制造费用，是指企业为生产产品和提供劳务而发生的各项间接费用，包括间接材料费用、间接人工费用、折旧费和其他支出。其他支出具体包括水电费、固定资产折旧、无形资产摊销、管理人员职工薪酬、国家规定的相关环保费、修理期间的季节性和停工损失等。

在会计核算过程中，要注意划分收益性支出和资本性支出，按照配比和权责发生制原则对各项费用的发生额及其应归属的期间加以确认与计量，并按照各项费用的构成内容和经济用途正确地进行反映。因此，在产品生产过程中费用的发生、归集和分配以及产品成本的形成，就构成了生产过程业务核算的主要内容。

二、生产过程业务核算设置的主要账户

（一）材料费用的归集与分配

生产经营过程中耗用的各种材料，如各种原料及主要材料、辅助材料和燃料，这些材料应根据手续完备、记录正确的领退料凭证，定期按其用途归纳汇总，编制“材料耗用汇总分配表”。会计人员应在根据领料凭证区分车间、部门和用途后，按照确定的结果将发出材料的成本分别记入“生产成本”“制造费用”“管理费用”等账户和产品生产成本明细账。直接用于产品生产的材料费用，应当记入“生产成本”科目及相应的产品成本计算单中的“直接材料”成本项目。凡可直接记入有关成本计算对象的，应当直接记入；凡是几个计算对象共同耗用的，应采用既合理又简便的分配方法，分配后记入各种成本计算对象的“直接材料”成本项目。材料费用分配通常采用定额消耗量比例法、产品重量比例法等。用于生产车间的一般消耗性材料，应按照领料部门和材料用途归集记入“制造费用”明细账。在实际工作中，材料费用的分配一般是通过“材料费用分配表”进行的。这种分配表应该按照材料的用途和材料类别，根据归类后的领料凭证编制，作为材料费用分配记账的依据。

为了反映和监督产品在生产过程中各项材料费用的发生、归集和分配情况，正确地计算产品生产成本中的材料费用，应设置以下的账户：

1.“生产成本”账户

“生产成本”（Manufacturing Cost）账户是成本类账户，用来核算企业生产各种产品

（包括产成品、自制半成品、提供劳务等）在生产过程中所发生的各项生产费用，并据以确定产品实际生产成本。借方登记当期发生的全部生产费用，包括直接计入产品生产成本的直接材料、直接人工和期末按照一定的方法分配计入产品生产成本的制造费用；贷方登记当期应结转的完工产品的实际生产成本，账户的月末余额通常在借方，用于反映生产过程中尚未完工的在产品的实际生产成本。该账户应按产品种类或类别设置明细账户，进行明细分类核算。

"生产成本"账户的结构如图4-20所示：

生产成本

发生的生产费用： 直接材料 直接人工 分配转入的制造费用	结转完工验收入库产成品成本
期末余额：在产品成本	

图4-20 "生产成本"账户的结构

2."制造费用"账户

该账户是成本类账户，用来归集和分配企业生产车间（基本生产车间和辅助生产车间）范围内为生产产品和提供劳务而发生的各项间接费用，"制造费用"账户也是一个集合分配账户，按照生产单位（车间、分厂）设置明细账，按照费用项目设置专栏进行明细分类核算。制造费用的分配依据有产品数量、机器工时、生产工人工资、产品生产成本、产品市价等。其借方登记实际发生的各项制造费用；贷方登记期末分配转入"生产成本"账户借方（应计入产品制造成本）的制造费用。期末费用结转后，该账户一般没有余额（季节性生产企业除外）。

"制造费用"账户的结构如图4-21所示：

制造费用

归集车间范围内发生的各项间接费用	期末分配转入"生产成本"账户的制造费用

图4-21 "制造费用"账户的结构

（二）人工费用的归集与分配

《企业会计准则第9号——职工薪酬》指出：职工薪酬，是指企业为获得职工提供的服务或解除劳动关系而给予的各种形式的报酬或补偿（包括货币性薪酬和非货币性薪酬）。职工薪酬包括短期薪酬、离职后福利、辞退福利和其他长期职工福利。企业提供给职工配偶、子女、受赡养人、已故员工遗属及其他受益人等的福利，也属于职工薪酬。从性质上来讲，职工薪酬是企业因职工提供服务而支付或放弃的所有对价，作为一种耗费构成人工成本，与这些服务产生的经济利益相匹配。企业与职工之间的劳务关系，大多数构成企业的现时义务，将导致企业未来经济利益的流出，从而形成企业的一项负债。企业在进行职工薪酬的确认和计量时需要综合考虑，确保企业人工成本核算的完整性和准确性。

知识链接4-6

《企业会计准则第9号——职工薪酬》第一章第二条规定：职工薪酬，是指企业为获得职工提供的服务或解除劳动关系而给予的各种形式的报酬或补偿。职工薪酬包括短期薪酬、离职后福利、辞退福利和其他长期职工福利。企业提供给职工配偶、子女、受赡养人、已故员工遗属及其他受益人等的福利，也属于职工薪酬。

根据职工薪酬准则，薪酬可以按照在职期间和非在职期间进行划分。在职期间的职工薪酬包括：①职工工资、奖金、津贴和补贴，是指企业按照构成职工工资总额的计时工资、计件工资、超额劳动报酬和增收节支的劳动报酬、为补偿职工特殊或额外的劳动消耗和因其他特殊原因支付给职工的津贴，以及为保证职工工资水平不受物价影响支付给职工的物价补贴。②职工福利费是指企业为职工提供的除职工工资、奖金、津贴、纳入工资总额管理的补贴、职工教育经费、社会保险费和补充养老保险费（年金）、补充医疗保险费及住房公积金以外的福利待遇支出，包括发放给职工或为职工支付的各项现金补贴和非货币性集体福利，例如职工疗养费用、自办职工食堂经费补贴等。③医疗保险费、工伤保险费和生育保险费等社会保险费，是指企业按照国家规定的基准和比例计算，向社会保险经办机构缴纳的医疗保险费、工伤保险费和生育保险费等。④住房公积金，是指企业按照国家规定的基准和比例计算，向住房公积金管理机构缴存的住房公积金。⑤工会经费和职工教育经费，是指企业为了改善职工文化生活、为职工学习先进技术与提高文化水平和业务素质，开展工会活动和职工教育及职业技能培训等的相关支出。⑥短期带薪缺勤，是指职工虽然缺勤但企业仍向其支付报酬的安排，包括年休假、病假、婚假、产假、丧假、探亲假等。⑦短期利润分享计划，是指因职工提供服务而与职工达成的基于利润或其他经营成果提供薪酬的协议。

非在职期间的薪酬包括离职后福利和辞退福利。离职后福利，是指企业为获得职工提供的服务而在职工退休或与企业解除劳动关系后，提供的各种形式的报酬和福利，短期薪酬和辞退福利除外。辞退福利，是指企业在职工劳动合同到期之前解除与职工的劳动关系，或者为鼓励职工自愿接受裁减而给予职工的补偿。辞退福利通常采取解除劳动关系时一次性支付补偿的方式，也有通过提高退休后养老金或其他离职后福利标准，以及在职工不再为企业带来经济利益后，继续支付职工工资到辞退后未来某一期间的方式。

在对企业职工的薪酬进行核算时，应根据工资结算汇总表或按月编制的“职工薪酬分配表”的内容登记有关的总分类账户和明细分类账户，进行相关的账务处理。应由生产产品、提供劳务负担的职工薪酬，计入产品成本或劳务成本。生产产品、提供劳务的直接生产人员和直接提供劳务人员发生的职工薪酬计入存货成本；应由在建工程、无形资产负担的职工薪酬，计入固定资产或无形资产成本；除直接生产人员、直接提供劳务人员、建造固定资产人员、开发无形资产人员以外的职工，包括企业总部管理人员、董事会成员、监事会成员等人员相关的职工薪酬，因难以确定直接对应的受益对象，所以均应在发生时确认为当期损益。下面仅以在职员工的工资、福利费为例说明职工薪酬的确认与计量。

为了核算职工薪酬的发生和分配的内容，需要设置“应付职工薪酬”（Salaries And Wages Payable）账户。“应付职工薪酬”账户是负债类账户，用来核算企业职工薪酬的确认与实际发放情况，并反映和监督企业与职工薪酬结算情况。该账户贷方登记本月计算的应付职工薪酬总额，包括各种工资、奖金、津贴和福利费等，同时应付的职工薪酬应作为一项费用按其经济用途分配记入有关成本、费用账户；借方登记本月实际支付的职工薪酬数。月末如为贷方余额，表示本月应付职工薪酬大于实付职工薪酬的数额，即应付未付的职工薪酬。“应付职工薪酬”账户可以按照“工资”“职工福利”“社会保险费”“住房公积金”等进行明细分类核算。

“应付职工薪酬”账户的结构如图4-22所示：

应付职工薪酬

实际支付的职工薪酬	月末计算分配的职工薪酬
	期末余额：应付未付的职工薪酬

图4-22 “应付职工薪酬”账户的结构

企业发生的职工薪酬的用途是不同的，有的直接用于产品的生产，有的用于管理活动等，所以，在确定本月应付职工薪酬时，就应该按用途分别在有关的账户中进行核算，例如支付给与生产产品直接相关的生产工人工资记入“生产成本”账户，支付给行政管理人员的工资记入“管理费用”账户。对于生产多种产品的企业，其共同性的职工薪酬应在各种产品之间按照一定的标准进行分配。对于职工福利费，需要注意的是企业为职工提供的交通、住房、通信待遇，已经实行货币化改革的，按月按标准发放或支付的住房补贴、交通补贴或者车改补贴、通信补贴，应当纳入职工工资总额，不再纳入职工福利费管理。职工薪酬核算的具体程序包括支付职工薪酬、分配职工薪酬等环节。

（三）制造费用的归集与分配

制造费用（Manufacturing Overhead）是产品制造企业的生产部门（包括基本生产车间和辅助生产车间）为了组织和管理生产而发生的各项间接费用，包括工资及福利费、折旧费、修理费、办公费、水电费、机物料消耗、劳动保护费、季节性修理期间的停工损失以及其他不能直接计入产品生产成本的费用等。当费用发生时，先通过“制造费用”账户进行归集，然后选用一定的标准（如生产工人工资、生产工时等），按照“受益原则”进行分配，计入本车间生产的产品成本之中，以使“生产成本”账户的借方归集生产过程中发生的全部产品制造成本。在制造费用的归集过程中，要按照权责发生制核算基础的要求，正确地处理跨期间的各种费用，使其分摊于应归属的会计期间。制造费用具体内容有以下三部分：

第一部分是车间用于组织和管理生产的费用，如车间管理人员的工资及福利费，车间管理用的固定资产折旧费、修理费，车间管理用具的摊销费，车间管理用的水电费、办公费、差旅费等。

第二部分是间接用于产品生产的费用，如机物料消耗费用，车间生产用固定资产的折旧费、修理费、保险费，车间生产用的照明费、劳动保护费等。

第三部分是直接用于产品生产但未专门设置成本项目的耗费（这些耗费在管理上不要求单独核算或者不便于单独核算），如生产工具的摊销费、设计制图费、试验费以及未专设成本项目的生产用动力费等。

为了归集和分配各种间接费用，需要设置以下几个与间接费用的发生有关的账户：

1.“长期待摊费用”账户

长期待摊费用是指企业已经支出但应由本期和以后各期分别负担，且分摊期在1年以上的各项费用。为了符合权责发生制的要求，核算这些先付款后摊销的费用，设置了“长期待摊费用”账户。该账户是资产类账户，用来核算企业预先付款、应由本期和以后各期分别负担的摊销期超过1年的各种费用。其借方登记预先支付的各种款项，如固定资产修理支出、租入固定资产的改良支出等，贷方登记应摊销计入本期成本或损益的各种费用。期末余额在借方，表示已经支出但尚未摊销的费用。该账户应按照费用的种类设置明细账户，进行明细分类核算。

“长期待摊费用”账户的结构如图4-23所示：

长期待摊费用

借方	贷方
预先支付的款项	应计入本期成本或损益的费用
期末余额：已支出但未摊销的费用	

图4-23 “长期待摊费用”账户的结构

2.“累计折旧”账户

“累计折旧”（Accumulated Depreciation）账户是资产类账户，用来核算企业固定资产已提折旧的累计情况。其贷方登记按月提取的折旧额，即累计折旧的增加，借方登记因固定资产处置而转出的累计折旧。期末余额在贷方，表示已提折旧的累计额。该账户只进行总分类核算，不进行明细分类核算。如果要查明某项固定资产已提折旧的具体情况，可以通过固定资产卡片（台账）来了解。

“累计折旧”账户的结构如图4-24所示：

累计折旧

借方	贷方
固定资产折旧的减少（注销）	提取的固定资产折旧的增加
	期末余额：现有固定资产累计折旧额

图4-24 “累计折旧”账户的结构

关于固定资产折旧，需要注意：为了给固定资产的管理提供有用的会计信息，真实、准确地反映企业固定资产价值的增减变动及其结存情况，在会计核算过程中设置了

“固定资产”账户。虽然固定资产在其较长的使用期限内保持原有实物形态，但它的部分价值在其使用年限内会逐渐损耗转移到商品或费用中去，也就是固定资产的折旧应该作为折旧费用计入产品成本和期间费用。这样做不仅是为了使企业在将来有能力重置固定资产，更主要的是为了实现期间收入与费用的正确配比。为了便于计算和反映固定资产的账面净值（折余价值），需要专门设置一个用来反映固定资产损耗价值（即折旧额）的账户，即“累计折旧”账户。计提固定资产折旧，通常是根据期初固定资产的原价和规定的折旧率按月计算提取的。每月计提的固定资产折旧记入该账户的贷方，表示固定资产因损耗而减少的价值；对于固定资产因出售、报废等原因引起的取得成本的减少，在注销固定资产的取得成本时，贷记“固定资产”账户，同时还应借记“累计折旧”账户，注销其已提取的折旧额。“累计折旧”账户期末一般为贷方余额，表示现有固定资产已提取的累计折旧额。将“累计折旧”账户的贷方余额抵减“固定资产”账户的借方余额即可求得固定资产的净值。

（四）完工产品生产成本的计算与结转

完工产品生产成本是指产品已全部完工时计入该种产品的生产费用总额，产品生产成本一般包括原材料、人工费和制造费用。在将制造费用分配由各种产品成本负担之后，生产成本账户的借方归集了各种产品所发生的直接材料、直接人工和制造费用的全部内容。企业应设置产品生产成本明细账，用来归集应计入各种产品的生产费用。生产成本明细账为产品生产成本的计算提供了记录和依据。在此基础上就可以进行产品成本的计算。企业一般按照生产产品的品种、类别等把制造过程中的各种费用进行归集和分配，确定各种产品的总成本和单位成本，进而可以在成本的基础上进行产品定价和计算各会计期间的销售利润。

完工产品生产成本的简单计算公式为：

完工产品生产成本=期初在产品成本+本期发生的生产费用-期末在产品成本

根据这种关系，结合生产的特点，企业应根据产品数量、每月产品数量的变化、各种成本的比例、定额管理基础的质量等具体情况，选择既合理又简便的分配方法，对完工产品成本和在产品成本进行分配。其中，最常用的办法是约当产量法，将在产品按其完工程度折合成完工产品产量，生产成本按完工产品数量和在产品约当产量的比例进行分配。经过各道工序的加工生产之后，企业的完工产品还需要经过验收入库，确保符合标准规格和技术条件，然后按照合同规定的条件送交订货单位，或可以作为商品对外销售。根据完工产品生产成本计算单的资料就可以结转完工、验收入库产品的生产成本。

为了结转完工产品成本及核算库存商品成本，企业应设置“库存商品”（Inventory）账户。商品验收入库时，应由“生产成本”账户转入“库存商品”账户。该账户是资产类账户，用来核算企业库存的外购商品、自制产品即产成品、自制半成品、存放在门市部准备出售的商品、发出展览的商品以及寄存在外的商品等的实际成本（或计划成本）的增减变动及其结余情况。其借方登记购入待售的商品，或者生产进仓的待售产品的数额，表示库存成本的增加；贷方登记销售或其他原因而减少的商品数额，表示库存成本的减少。期末余额在借方，表示库存商品成本的期末结余额。“库存商品”账户应按照商品的种类和规格等设置明细账，进行明细分类核算。

“库存商品”账户的结构如图4-25所示：

库存商品	
库存商品成本的增加	库存商品成本的减少
期末余额：结存的商品成本	

图4-25 “库存商品”账户的结构

三、生产业务的账户处理

（一）材料费用的核算

【例4-20】2021年2月3日，中华同心仓库发出下列材料用于生产医用外科口罩和KN95口罩两种产品，见表4-1。

表4-1 原材料耗用明细表 单位：元

项目	过滤网	织物	无纺布	亲肤布	辅助材料	合计
医用外科口罩	301 600	0	60 000	55 000	150 000	566 600
KN95口罩	603 200	62 400	60 000	55 000	430 000	1 210 600
合计	904 800	62 400	120 000	110 000	580 000	1 777 200

[分析]

这是一项生产领用材料业务。这项经济业务一方面使生产成本增加1 777 200元（566 600+1 210 600），应记入“生产成本”账户的借方；另一方面使原材料减少1 777 200元，应记入“原材料”账户的贷方。会计分录如下：

借：生产成本——医用外科口罩 566 600
——KN95口罩 1 210 600
贷：原材料——过滤网 904 800
——织物 62 400
——无纺布 120 000
——亲肤布 110 000
——辅助材料 580 000

（二）职工薪酬的核算

【例4-21】2021年1月31日，会计人员计算当月职工薪酬，制造医用外科口罩的职工工资为50 000元，制造KN95口罩的职工工资为80 450元，车间管理人员工资为12 000元，企业行政管理人员工资为40 000元，共计182 450元。

[分析]

为了计算一个季度（3个月）的利润，将3个月（1月、2月、3月）的薪酬合并处理。

医用外科口罩职工工资=50 000×3=150 000（元）

KN95口罩职工工资=80 450×3=241 350（元）

车间管理人员工资=12 000×3=36 000（元）

企业行政管理人员工资=40 000×3=120 000（元）

工资结算单

这项经济业务一方面使薪酬费用增加547 350元，其中，生产工人工资391 350元（150 000+241 350）应记入“生产成本”账户的借方，车间管理人员的工资36 000元应记入“制造费用”账户的借方，企业行政管理人员的工资120 000元应记入“管理费用”账户的借方；另一方面应付未付的职工薪酬547 350元，应记入“应付职工薪酬”账户的贷方。会计分录如下：

借：生产成本——医用外科口罩	150 000	
——KN95口罩	241 350	
制造费用	36 000	
管理费用	120 000	
贷：应付职工薪酬		547 350

【例4-22】2021年3月10日，按照工资结算单金额，将工资直接转入职工的工资卡。(2个月)

［分析］

工资发放表

由于企业月末计算成本，次月支付上月工资，因此截至2022年3月10日，企业一共支付了2个月的工资364 900元，还有一个月的工资将于次月（4月10日）发放。为简化处理，将2次支付工资的核算合并成一笔会计分录。

这项经济业务一方面使负债减少364 900元，应记入“应付职工薪酬”账户的借方；另一方面使银行存款减少364 900元，应记入“银行存款”账户的贷方。会计分录如下：

借：应付职工薪酬	364 900	
贷：银行存款		364 900

（三）制造费用的归集与分配

【例4-23】2021年1月30日，中华同心采用直线法按月计提固定资产折旧。固定资产月折旧额计算见表4-2。

表4-2　固定资产月折旧额计算表　金额单位：元

项目	来源	原价	残值	使用年限（年）	月折旧额
厂房	股东投资	4 800 000	120 000	26	15 000
灭菌柜	购买	600 000	2 400	12	4 150
医用生产线	购买	730 000	16 000	10	5 950
KN95生产线	购买	1 390 000	108 400	12	8 900
合计		7 520 000	246 800		34 000

［分析］

计提折旧就是将固定资产成本分期计入费用，其目的是将固定资产的成本分期分批、逐渐转移到产品中，符合权责发生制原则。这项经济业务一方面使折旧费用增加，应记入“制造费用”账户的借方；另一方面使固定资产账面价值减少，应记入“累计折旧”账户的贷方。由于中华同心的会计期间为3个月，为了简化核算，将3个月的折旧102 000元（34 000×3）合并计提。会计分录如下：

借：制造费用　　102 000

　贷：累计折旧　　102 000

固定资产月折旧计算表

【例4-24】2021年1月1日，中华同心用银行存款148 320元预付今、明两年的车间用房租金，车间主要用于生产无纺布防护服。

会计分录如下：

借：长期待摊费用　　148 320

　贷：银行存款　　148 320

【例4-25】承例4-23，中华同心3月31日摊销应由本季度负担的已付款的车间用房的房租18 540元。

会计分录如下：

借：制造费用　　18 540

　贷：长期待摊费用　　18 540

【例4-26】2021年3月31日，归集中华同心制造费用156 540元（36 000+102 000+18 540），按生产工人工资比例分配计入医用外科口罩和KN95口罩的成本。

［分析］

这是一项制造费用结转处理业务。将先行归集的制造费用结转至具体的成本计算对象，是两个账户（“制造费用”与“生产成本”）之间的结转。结转后，一方面企业产品承担的制造费用增加156 540元，应记入“生产成本”账户的借方；另一方面全额转出制造费用，应记入“制造费用”账户的贷方。制造费用分配过程及会计分录如下：

制造费用分配率=156 540÷（150 000+241 350）=0.4

医用外科口罩应承担的制造费用=150 000×0.4=60 000（元）

KN95口罩应承担的制造费用=241 350×0.4=96 540（元）

借：生产成本——医用外科口罩　　60 000

　　　　　　——KN95口罩　　96 540

　贷：制造费用　　156 540

【例4-27】2021年3月31日，结转中华同心已完工口罩的生产成本。中华同心生产完成医用外科口罩100万只，生产成本为776 600元；KN95口罩100万只，生产成本为1 548 490元。产品生产成本计算见表4-3。

表4-3　　产品生产成本计算表　　金额单位：元

项目	生产成本		合计
	医用外科口罩	KN95口罩	
材料费用	566 600	1 210 600	1 777 200
人工成本	150 000	241 350	391 350
制造费用	60 000	96 540	156 540
合计	776 600	1 548 490	2 325 090
数量（万只）	100	100	
单位成本（元/只）	0.7766	1.548490	

[分析]

这是一项生产成本结转业务。在产品完工、灭菌和检验合格后，将由“生产成本”账户归集的直接材料、直接人工和间接制造费用转出，增加可供销售的商品。这项经济业务一方面使库存商品增加2 325 090元，应记入“库存商品”账户的借方；另一方面将已完工产品的生产成本2 325 090元转出，应记入“生产成本”账户的贷方。会计分录如下：

借：库存商品——医用外科口罩　　776 600
　　　　　　——KN95口罩　　1 548 490
　贷：生产成本——医用外科口罩　　776 600
　　　　　　　——KN95口罩　　1 548 490

产品生产成本由材料成本、人工成本和制造费用构成。生产业务中各账户的对应关系见图4-26。

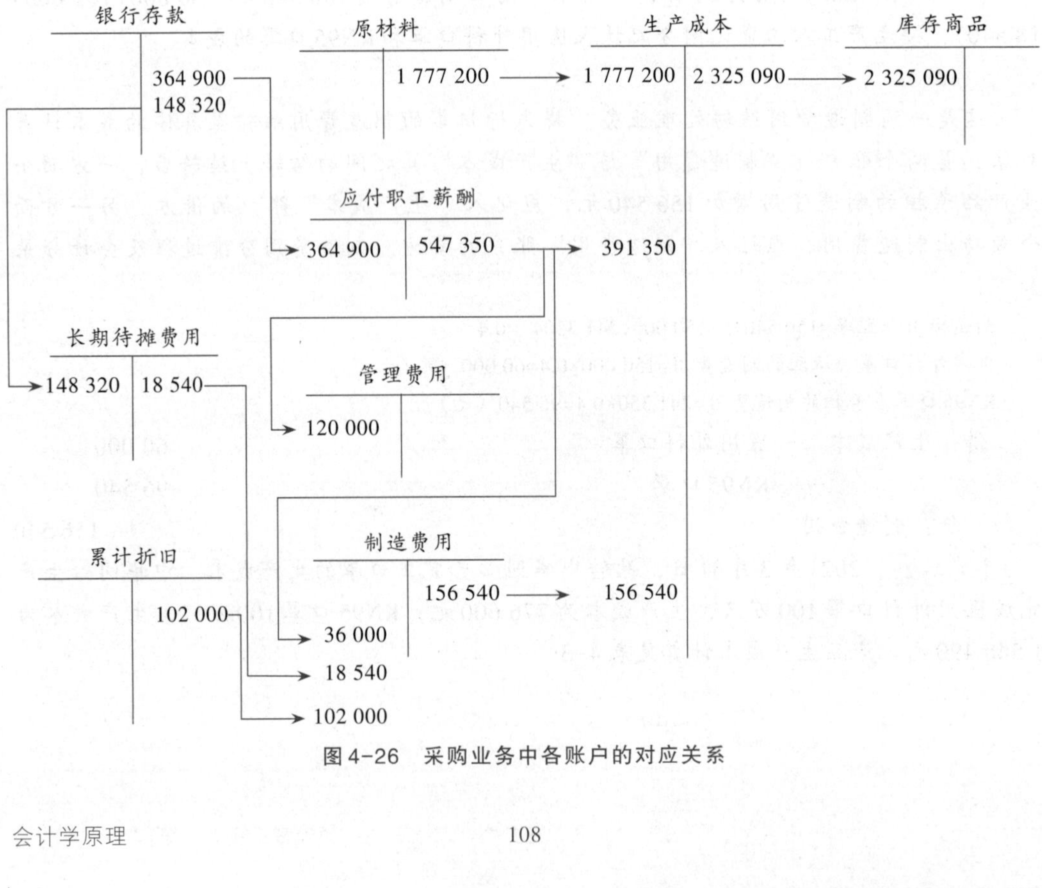

图4-26　采购业务中各账户的对应关系

第五节 销售过程业务的核算

销售过程是企业把库存商品交付给客户，并收回货款的过程，也就是成品资金再次转化为货币资金，是企业生产经营过程中最重要的一个阶段，只有将生产出来的产品销售出去，企业才能实现盈利。在产品销售过程中，企业一方面要按照合同向购货方发货。另一方面要与购买单位办理结算，收回货款和增值税销项税额，确认收入的实现和计算应缴纳的相关税额，结转产品销售成本；支付产品的广告费、展览费、运输费、保险费、装卸费等销售费用；按照国家税法规定计算缴纳的各种销售税金等都应该从销售收入中得到补偿，补偿之后的差额确定为产品的销售利润。企业除商品销售和提供劳务这些主营业务外，还会发生一些非经常性的、具有兼营性的其他业务，包括销售材料、出租包装物、出租固定资产、出租无形资产、出租商品、用材料进行非货币性资产交换或债务重组等活动。下面主要介绍企业主营业务收支和其他业务收支的核算内容。

一、销售业务概述

企业的业务范围包括销售商品、自制半成品、代制品、代修品、材料以及提供劳务等。销售业务核算的主要内容就是销售收入的确认与计量、销售成本的计算与结转、销售费用的发生与归集、税金的计算与缴纳以及货款的收回等。销售过程的核算首先需要解决的就是销售收入的确认与计量的问题。商品销售收入的确认包括时间方面的确认（什么时间入账）与价值方面的确认（以多少金额入账）。商品销售的实现，应于商品已发出、商品的所有权已经转移给购货方，收到货款或取得收取货款的凭证时，予以确认。商品销售收入是企业收入的重要组成部分，能否准确确认和计量销售收入直接关系到企业经营成果和财务状况能否得到准确报告。

知识链接4-7

《企业会计准则第14号——收入》第二章第四条规定：企业应当在履行了合同中的履约义务，即在客户取得相关商品控制权时确认收入。取得相关商品控制权，是指能够主导该商品的使用并从中获得几乎全部的经济利益。

2017年，财政部修订印发了《企业会计准则第14号——收入》，简称新收入准则。新收入准则规定应以反映向客户转让商品或服务的模式确认收入，收入的金额基于因交付商品或服务而预期有权获得的金额确定。不同于旧收入准则同时满足五个条件才能确认收入，新收入准则是向客户转让商品或服务的模式就能确认金额，自由交付了商品或服务就有权收取款项。旧收入准则包括销售商品、提供劳务、让渡资产使用权和建造合同准则，存在将各种收入确认简化的缺陷，且收入准则与建造合同准则边界界定不明确。新收入准则设定了收入确认计量的五步法，分别如下：

第一步，识别与客户订立的合同。这里的合同是指双方或多方之间订立有法律约束力的权利义务协议。合同有书面形式、口头形式以及其他形式。这一步，我们需要解决两个问题：合同是否成立和合同是否独立。企业与客户之间的合同同时满足下列条件的，企业应当在客户取得商品控制权时确认收入：①合同各方已批准该合同并承诺将履行各自义务；②该合同明确了合同各方与所转让商品或提供劳务相关的权利和义务；③该合同有明确的与所转让商品相关的支付条款；④该合同具有商业实质，即履行该合同将改变企业未来现金流量的风险、时间分布或金额；⑤企业因向客户转让商品而有权取得的对价很可能收回。

第二步，识别合同中的单项履约义务。履约义务，是指合同中企业向客户转让可明确区分商品的承诺。站在卖方角度，就是卖方给客户提供了什么，提供的东西可以是商品、服务、专利等。单独的，要求这项履约义务必须是可明确区分的。企业向客户承诺的商品同时满足下列条件的，应当作为可明确区分商品：①客户能够从该商品本身或从该商品与其他易于获得资源一起使用中受益；②企业向客户转让该商品的承诺与合同中其他承诺可单独区分。企业向客户转让一系列实质相同且转让模式相同的、可明确区分商品的承诺，企业应当将实质相同且转让模式相同的一系列商品作为单项履约义务。

第三步，确定交易价格。交易价格是指企业因向客户转让商品而预期有权收取的对价金额。这个价格不仅仅是我们平时理解的标价，可能存在折扣、退款、融资等各种情况，这时需要调整交易价格。企业代第三方收取的款项如增值税、企业预期将退还给客户的款项等不计入交易价格，而是作为负债进行处理。企业应当根据合同条款并结合以往的习惯确定交易价格。在确定交易价格时，企业应当考虑可变对价、合同中存在的重大融资成分、非现金对价、应付客户对价等因素的影响。

第四步，将交易价格分摊至各单项履约义务。通过第一、二步，我们知道了合同中有几项单项履约义务。通过第三步，我们知道了调整后的交易价格。这一步，就是用合理的方式将合同的价格分配给各单项履约义务。一般可以分为两种情况：①单独出售，每一项商品或服务单独的售价是多少；②打包出售，每一项商品或服务占打包价格的多少。企业应当在合同开始日按照各单项履约义务所承诺商品的单独售价的相对比例，将交易价格分摊至各单项履约义务。企业不得因合同开始日之后单独售价的变动而重新分摊交易价格。

第五步，履行每一项履约义务时确认收入。企业应当在履行了合同中的履约义务后确认收入。确认收入不源于合同，而是把合同拆分了很多小的履约义务，完成了合同上的履约义务才能确定收入。企业应当根据实际情况，首先判断履约义务是否满足在某一时段内履行的条件，如不满足，则该履约义务属于在某一时点履行的履约义务。

对于在某一时段内履行的履约义务，企业应当在该段时间内按照履约进度确认收入，企业在确定履约进度时应当考虑商品的性质，采用产出法或投入法确定恰当的履约进度。产出法是根据已转移给客户的商品对于客户的价值确定履约进度。投入法是根据企业为履行履约义务的投入确定履约进度。当履约进度不能合理确定时，企业已经发生的成本预计能够得到补偿的，应当按照已经发生的成本金额确认收入，直到履约进度能够合理确定为止。

对于在某一时点履行的履约义务，企业应当综合分析以下控制权转移的迹象，判断其转移时点：①企业就该商品享有现时收款权利；②企业已将该商品的法定所有权转移给客户；③企业已将该商品实物转移给客户；④企业已将该商品所有权上的主要风险和报酬转移给客户；⑤客户已接受该商品；⑥其他表明客户已取得商品控制权的迹象。

二、销售业务核算设置的主要账户

（一）主营业务收入的核算

销售商品业务属于企业的主营业务。为了核算主营业务收入的实现、销售成本的结转、销售税金的计算等内容，在会计上，一般需要设置“主营业务收入”“主营业务成本”“税金及附加”等账户，分别核算收入的实现及其结转、成本的发生及其转销、税金的计算及其转销的具体内容。对于货款的结算还应设置“应收账款”“预收账款”“应收票据”等往来账户。

1.“主营业务收入”账户

“主营业务收入”（Sales Revenue）账户是损益类账户，用来核算企业持续的、主要的经营活动所取得的收入，包括销售商品、提供劳务等主营业务获得的收入。其贷方登记企业主营业务收入的增加额，借方登记发生销售退回和销售折让时应冲减本期的主营业务收入和期末转入“本年利润”账户的主营业务收入额（按净额结转），结转后该账户期末没有余额。“主营业务收入”账户应按照主营业务的种类设置明细账户，进行明细分类核算。

“主营业务收入”账户的结构如图4-27所示：

主营业务收入

销售退回等 期末转入“本年利润”账户的净收入	实现的主营业务收入（增加）

图4-27　“主营业务收入”账户的结构

2.“应收账款”账户

“应收账款”（Accounts Receivable）账户是资产类账户，用来核算企业在正常的经营过程中因销售商品、提供劳务等，应向购买单位收取的款项，包括应由购买单位或接受劳务单位负担的税金、代购买方垫付的各种运杂费等。应收账款是伴随企业的销售行为发生而形成的一项债权。其借方登记企业每次销售商品或提供劳务给客户的赊账金额，包括应收取的价款、税款和代垫款等，贷方登记客户每次归还企业的货款或劳务费金额。期末余额如在借方，表示尚未收回的应收账款，是企业的一项债权资产；期末余额如在贷方，表示客户赊账和还款积累到结账时多付的款项金额，实际上是企业对客户收取的预收账款，是企业的负债。该账户应按不同的购货单位或接受劳务单位设置明细账户，进行明细分类核算。

“应收账款”账户的结构如图4-28所示：

应收账款	
发生的应收账款（增加）	收回的应收账款（减少）
期末余额：应收未收款	期末余额：预收款

图4-28 “应收账款”账户的结构

3.“预收账款”账户

“预收账款”（Unearned Revenue）账户是负债类账户，用来核算企业按照合同规定或交易双方之约定，而向购买单位或接受劳务单位在未发出商品或提供劳务前预收的款项。一般包括预收的货款、预收购货定金等。企业在收到这笔钱时，商品或劳务的销售合同尚未履行，因而不能作为收入入账。其贷方登记预收购买单位订货款的增加，借方登记销售实现时冲减的预收货款。期末余额如在贷方，表示企业预收款的结余额；期末余额如在借方，表示购货单位应补付给本企业的款项。本账户应按照购货单位设置明细账户，进行明细分类核算。

应注意，对于预收账款业务不多的企业，可以不单独设置“预收账款”账户，而将预收的款项直接记入“应收账款”账户，此时，“应收账款”账户就成为双重性质的账户。

“预收账款”账户的结构如图4-29所示：

预收账款	
预收货款的减少	预收货款的增加
期末余额：购货单位应补付的款项	期末余额：预收款的结余

图4-29 “预收账款”账户的结构

4.“应收票据”账户

“应收票据”（Notes Receivable）账户是资产类账户，用来核算商业汇票结算方式下企业应收票据的增减变动及其结余情况。“应收票据”科目借方登记企业收到购买单位开出并承兑的商业汇票或银行承兑汇票金额，贷方登记票据到期收到回的款项。期末借方如有余额，表示尚未收回的票据应收款项的结余额。该账户不设置明细账户。为了了解每张应收票据的结算情况，企业应设置“应收票据备查簿”，逐笔登记票据的种类、号码和出票日期、票面金额、票面利率、交易合同号和付款人、承兑人、背书人的姓名或单位名称、到期日、背书转让日、贴现日期、贴现率和贴现净额、未计提利息，以及收款日期和收回金额、退票情况等资料。应收票据到期结清票款或退票后，应当在备查簿内逐笔注销。

“应收票据”账户的结构如图4-30所示：

应收票据	
本期收到的商业汇票（增加）	到期（或提前贴现）票据（减少）
期末余额：尚未收回的票据应收款	

图4-30 “应收票据”账户的结构

在此对商业汇票的有关内容进行简单的介绍。商业汇票是由收款人或付款人（或承兑申请人）签发，由承兑人承兑，并于到期日向收款人或持票人无条件支付款项的票据。商业汇票结算方式适用于企业先发货后收款或者双方约定延期付款的具有真实的交易关系或债权债务关系的款项结算，同城结算和异地结算均可使用。商业汇票的付款期限由交易双方共同商定，但根据《商业汇票承兑、贴现与再贴现管理办法》的规定，其最长期限不超过6个月。商业汇票按照承兑人的不同可以分为商业承兑汇票和银行承兑汇票两种。持票人如果急需资金，可以持未到期的票据到银行办理贴现。

关于增值税销项税额在前面已经做过说明，它是指企业销售应税货物或提供应税劳务而收取的增值税税额，应按照增值税专用发票记载的货物售价和规定的税率进行计算，即：

增值税销项税额=货物的不含税售价×增值税税率

增值税的销项税额计算出来之后，应在“应交税费——应交增值税（销项税额）”账户的贷方反映，以便用以抵扣其借方的增值税进项税额，确定应交增值税税额。为了核算增值税的进、销项税额以及增值税的已交和未交情况，需要在“应交税费——应交增值税”明细账中设置“进项税额”“已交税金”“销项税额”“进项税额转出”等专栏对其进行明细核算。“应交税费——应交增值税”明细账的格式见表4-4。

表4-4 “应交税费——应交增值税”明细账

年		凭证号数	内容摘要	借方				贷方				借或贷	余额
月	日			进项税额	已交税额	……	合计	销项税额	进项税额转出	……	合计		

（二）主营业务成本的核算

主营业务成本（Cost of Goods Sold）是企业销售商品、提供劳务等经营性活动所发生的成本。主营业务收入和主营业务成本是同一交易事项的两面，也就是说，不仅主营业务成本的结转应与主营业务收入在同一会计期间加以确认，而且应与主营业务收入在数量上保持一致。企业一般在确认销售商品、提供劳务等主营业务收入或月末时，将已销售商品、已提供劳务的成本转入主营业务成本。主营业务成本的计算公式如下：

本期应结转的主营业务成本=本期销售商品的数量×单位商品的成本

上式中单位商品成本的确定，应考虑期初库存的商品成本和本期入库的商品成本情况，发出存货的计价方法有先进先出法、移动加权平均法、月末一次加权平均法、个别计价法。方法一经确定，不得随意变动。为了核算主营业务成本的发生和结转情况，需要设置“主营业务成本”账户。主营业务成本是一个损益类的过渡科目，期末无余额。“主营业务成本”账户用来核算企业销售产品的成本及其结转情况，借方登记企业销售的各种商品、提供劳务等发生的实际成本，贷方登记转入本年利润的成本。主营业务成本发生的时候记入借方，结转的时候记入贷方，结转后本科目无余额。“主营业务成本”账户应按照主营业务的种类设置明细账户，进行明细分类核算。

“主营业务成本”账户的结构如图4-31所示：

主营业务成本	
本期发生的主营业务成本	期末转入“本年利润”账户的主营业务成本

图4-31 “主营业务成本”账户的结构

（三）其他业务收支的核算

对于不同的企业而言，主营业务和其他业务的内容划分并不是绝对的，一个企业的主营业务可能是另一个企业的其他业务，同一个企业的主营业务和其他业务的内容也有可能随着企业发展而变化。制造业企业的其他业务收入主要包括对外销售材料、对外出租包装物、对外出租固定资产、对外出租无形资产等实现的收入。主营业务以外的其他日常活动所产生的收入记入“其他业务收入”，一般占企业收入的比重较小，发生频率也不高。其他业务收入和支出的确认原则和计量方法与主营业务收入基本相同。

1.其他业务收入的核算

其他业务的范围前已述及，由于发生其他业务而实现的收入称为其他业务收入。在会计核算过程中，对于其他业务实现的收入通过“其他业务收入”账户进行核算。“其他业务收入”账户是损益类账户，用来核算企业除主营业务活动以外的其他经营活动实现的收入。其贷方登记实现的其他业务收入的增加额，借方登记期末转入“本年利润”账户的其他业务收入额，结转后，期末没有余额。本账户应按照其他业务的种类设置明细账户，进行明细分类核算。

“其他业务收入”账户的结构如图4-32所示：

其他业务收入	
期末转入“本年利润”账户的其他业务收入	本期实现的其他业务收入（增加）

图4-32 “其他业务收入”账户的结构

2.其他业务成本的核算

其他业务成本是指企业确认的除主营业务活动以外的其他日常经营活动所发生的支出，包括销售材料的成本、出租固定资产的折旧额、出租无形资产的摊销额、出租包装物的成本或摊销额等。采用成本模式计量投资性房地产的，其投资性房地产计提的折旧额或摊销额，也构成其他业务成本。为了核算这些支出，需要设置“其他业务成本”账户。该账户是损益类账户，用来核算企业其他业务成本的发生及其转销情况。其借方登记其他业务成本的增加额，贷方登记期末转入“本年利润”账户的其他业务成本额，经过结转后，期末没有余额。“其他业务成本”账户按其他业务成本的种类进行明细核算。

“其他业务成本”账户的结构如图4-33所示：

其他业务成本

本期发生的其他业务成本（增加）	期末转入“本年利润”账户的其他业务成本

图4-33“其他业务成本”账户的结构

三、销售业务的账务处理

（一）主营业务收入与主营业务成本的核算

对于正常的销售商品活动，应按照收入确认的条件进行确认和计量，然后对计量的结果进行会计处理。按确认的收入金额与应收取的增值税税额，借记“银行存款”“应收账款”或“应收票据”等账户，按确定的收入金额，贷记“主营业务收入”账户，按应收取的增值税税额，贷记“应交税费——应交增值税（销项税额）”账户。

【例4-28】2021年3月31日，中华同心销售医用外科口罩92万只给广西明信医药有限公司（简称明信公司），单位售价1.6元/只，合计1 472 000元，增值税销项税额为191 360元。收到对方开来的转账支票100万元，存入银行。剩下未支付的货款663 360元，明信公司将于次月偿还。

提货单

[分析]

产品销售是企业的主营业务，这项经济业务一方面表明产品实现了销售，使企业银行存款增加1 000 000元，应记入“银行存款”账户的借方，应收未收的账款增加663 360元，应记入“应收账款”账户的借方；另一方面使收入增加1 472 000元，应记入“主营业务收入”的贷方，增值税销项税额增加191 360元，应记入“应交税费——应交增值税（销项税额）”账户的贷方。会计分录如下：

借：银行存款	1 000 000	
应收账款——明信公司	663 360	
贷：主营业务收入		1 472 000
应交税费——应交增值税（销项税额）		191 360

【例4-29】2021年3月31日，中华同心将KN95口罩100万只销售给广州红祥医药有限公司（简称红祥公司），单位售价3.2元/只，货款合计3 200 000元，增值税销项税额为416 000元。企业收到红祥公司签发的一张不带息银行承兑汇票，面值3 616 000元。

[分析]

这是一项赊销业务。这项经济业务一方面使应收票据增加3 616 000元，应记入“应收票据”账户的借方；另一方面使收入增加3 200 000元，应记入“主营业务收入”的贷方，增值税销项税额增加416 000元，应记入“应交税费——应交增值税（销项税额）”账户的贷方。会计分录如下：

增值税专用发票

借：应收票据——红祥公司	3 616 000	
贷：主营业务收入		3 200 000
应交税费——应交增值税（销项税额）		416 000

【例4-30】2021年2月28日，中华同心预收深圳爱民医药公司（简称爱民公司）货款60 000元，存入银行。

［分析］

这是一项预付款销售业务。这项经济业务一方面使银行存款增加60 000元，应记入“银行存款”账户的借方；另一方面表明企业承担了在约定时间交付商品的义务，形成企业的一项负债60 000元，应记入“预收账款”账户的贷方。会计分录如下：

借：银行存款　　60 000

　贷：预收账款——爱民公司　　60 000

【例4-31】2021年3月31日，中华同心向爱民公司交付医用外科口罩40 000只，单价1.6元/只，货款64 000元，增值税销项税额8 320元，共计72 320元。扣除预收账款60 000元后，余款12 320元已到账。

［分析］

这是一项预付款销售交付商品并收回余款的业务。这项经济业务一方面使银行存款增加12 320元，应记入“银行存款”账户的借方，使预收账款减少60 000元，应记入“预收账款”账户的借方；另一方面使收入增加64 000元，应记入“主营业务收入”账户的贷方，销项税额增加8 320元，应记入“应交税费——应交增值税（销项税额）”账户的贷方。会计分录如下：

借：银行存款　　12 320

　　预收账款——爱民公司　　60 000

　贷：主营业务收入　　64 000

　　应交税费——应交增值税（销项税额）　　8 320

【例4-32】中华同心次月收到明信公司开出并承兑的商业汇票663 360元，用以抵偿其前欠货款。

会计分录如下：

借：应收票据　　663 360

　贷：应收账款——明信公司　　663 360

【例4-33】结转已售口罩的成本2 294 026元，其中：医用外科口罩96万只的成本为745 536元（960 000×0.7766），KN95口罩100万只的成本为1 548 490元（1 000 000×1.548490）。

［分析］

产品销售成本计算单

这是一项结转已售商品成本的业务。企业出售产品后，在减少库存商品的同时，需要将已出售商品的成本结转至主营业务成本，与收入进行配比，以便计算利润。这项经济业务一方面使产品销售成本增加2 294 026元，应记入“主营业务成本”账户的借方；另一方面使库存商品减少2 294 026元，应记入“库存商品”账户的贷方。会计分录如下：

借：主营业务成本——医用外科口罩　　745 536

　　　　　　　——KN95口罩　　1 548 490

贷：库存商品——医用外科口罩　　　　745 536

　　　　　　——KN95口罩　　　　1 548 490

（二）其他业务收入与其他业务成本的核算

【例4-34】2021年3月28日，中华同心转让KN95鼻梁夹10万只给西安医疗有限企业，每只售价0.60元，适用增值税税率为13%。西安医疗有限企业已将货款和税款合计67 800元通过网银汇至企业账户。

［分析］

转售材料属于其他业务。这项经济业务一方面使银行存款增加67 800元，应记入"银行存款"账户的借方；另一方面使其他业务收入增加60 000元，应记入"其他业务收入"账户的贷方，销项税额增加7 800元，应记入"应交税费——应交增值税（销项税额）"账户的贷方。会计分录如下：

转让辅料审批单

借：银行存款　　　　67 800

　贷：其他业务收入　　　　60 000

　　　应交税费——应交增值税（销项税额）　　　　7 800

【例4-35】2021年3月31日，结转已售KN95鼻梁夹的实际成本40 000元（100 000×0.40）。

［分析］

这是一项结转已售辅助材料成本的业务。这项业务一方面使其他业务成本增加40 000元，应记入"其他业务成本"账户的借方；另一方面使KN95鼻梁夹减少40 000元，应记入"原材料"账户的贷方。会计分录如下：

产品销售成本计算单

借：其他业务成本　　　　40 000

　贷：原材料——KN95——鼻梁夹　　　　40 000

以上举例中，销售业务中各账户的对应关系如图4-34所示：

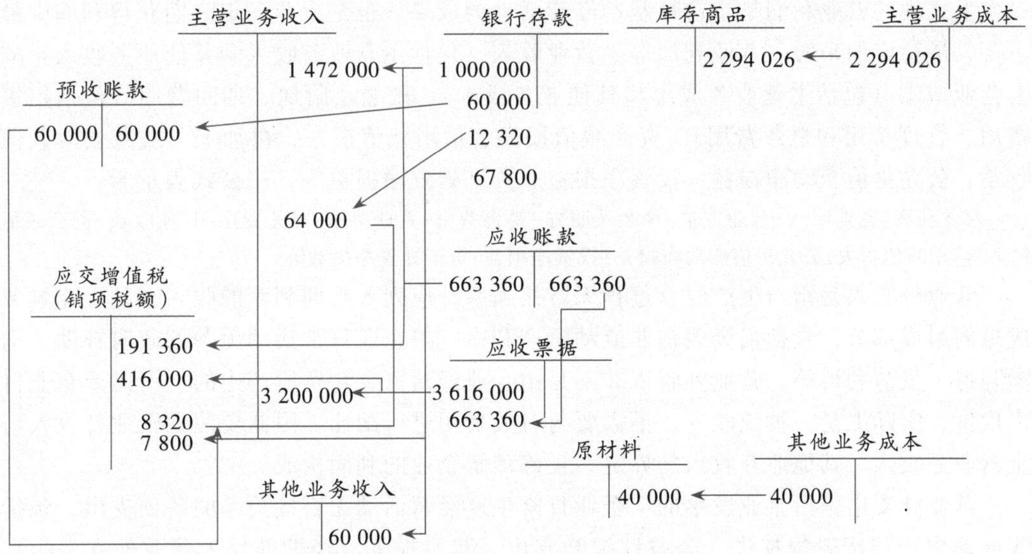

图4-34　销售业务中各账户的对应关系

第六节　利润形成与分配业务的核算

企业作为一个基本的经济主体，企业的发展会影响到社会财富的积累以及国家经济发展的大局，因此企业应该获取收入，不断提高盈利水平，实现企业价值的增加。利润是综合反映企业在一定时期生产经营成果的重要指标。一般情况下，如果一家企业实现了利润，就说明企业的所有者权益增加了，企业的业绩提升，相反，如果一家企业的利润为负值，那么就说明企业的所有者权益减少了，企业的业绩有所下滑。可见企业的利润是评价企业管理业绩的一项重要指标，企业的利润也是投资者等财务报告使用者进行决策时的重要参考。通过对利润指标的分析，财务报告使用者可以对企业各方面的情况进行判断，例如生产效率是否达标、产品是否适销对路、期间费用是否控制得当等。所以企业必须采取有效措施，增强核心竞争力和盈利能力，努力提高经济效益。

一、利润形成与分配业务概述

企业在取得收入的同时，必然会发生相应的费用。通过收入与费用的比较，才能确定一定时期的盈利水平，收入大于费用支出的差额部分为利润，反之则为亏损。利润综合了企业在经营过程中的所费与所得，因此利润最主要的构成是企业生产经营过程中所实现的收入和发生的费用，也就是企业在生产经营过程中通过销售活动将商品卖给购买方，实现收入，扣除投入成本以及其他一系列费用。利润还包括通过投资活动而获得的投资收益，以及与生产经营活动没有直接关系的各项收入和支出。有关利润指标，各个层次的计算公式如下：

利润（或亏损）总额=营业利润+营业外收入-营业外支出

上式中的营业利润是企业最基本经营活动的成果，也是企业一定时期获得利润中最主要、最稳定的来源。营业利润等于营业收入（包括主营业务收入和其他业务收入）减去营业成本（包括主营业务成本和其他业务成本）、税金及附加、期间费用（包括销售费用、管理费用和财务费用）、资产减值损失、信用减值损失，再加上（或减去）其他收益、公允价值变动净损益、投资净损益、资产处置净损益等，用公式表示为：

营业利润=营业收入-营业成本-税金及附加-销售费用-管理费用-财务费用+其他收益-资产减值损失-信用减值损失±公允价值变动净损益±投资净损益±资产处置净损益

营业外收入是指与生产经营过程无直接关系，应列入当期利润的收入，是企业财务成果的组成部分，包括报废毁损非流动资产利得、与企业日常活动无关的政府补助、捐赠利得、盘盈利得等。营业外收入并不是由企业经营资金耗费所产生的，不需要企业付出代价，实际上是一种纯收入，不需要与有关费用进行配比。因此要注意营业外收入与主营业务收入、其他业务收入的界定，正确理解企业的利润构成。

营业外支出是指企业发生的与企业日常生产经营活动无直接关系的各项支出，包括非流动资产报废毁损损失、公益性捐赠支出、盘亏损失（经批准计入营业外支出的）、非常损失（自然灾害等原因导致的）、罚款支出（行政罚款、税务罚款，其他违法或违背合同而支付的罚款、违约金、赔偿金）等。营业外收入与营业外支出应当分别核算，不能以营业外支出直接冲减营业外收入，同样，也不能以营业外收入直接冲减营业外支出。在实际发生营业外支出时，直接冲减企业当期的利润总额。

企业确定了利润总额之后，首先应向国家缴纳所得税费用，扣除所得税费用后的利润即为净利润，净利润的计算公式为：

净利润=利润总额-所得税费用

利润分配是指企业根据国家有关规定和企业章程、投资者协议等，对企业可供分配利润指定其特定用途和分配给投资者的行为。股份公司实现的净利润应按公司法、公司章程以及股东大会决议的要求进行分配，利润分配的过程和结果不仅关系到每个股东的权益，而且关系到企业的未来发展，所以必须做好企业利润分配工作，利润分配有三种形式：一是以利润的形式分配给投资者，作为投资者的收益；二是以盈余公积的形式留存企业，作为企业扩大生产经营规模的资金；三是以未分配利润的形式保留在账面上，作为增强企业抵御风险能力的资金。

二、利润形成与分配业务核算设置的主要账户

(一)“本年利润”账户

为了核算企业一定时期内财务成果的具体形成情况，企业需要设置“本年利润”账户。该账户是所有者权益类账户，用来核算企业一定时期内净利润的形成或亏损情况。其贷方登记会计期末转入的各项收入，包括主营业务收入、其他业务收入、投资净收益和营业外收入等；借方登记会计期末转入的各项费用，包括主营业务成本、税金及附加、其他业务成本、管理费用、财务费用、销售费用、投资净损失、营业外支出和所得税费用等。该账户年末余额如果在贷方，表示实现的累计净利润，如果在借方，表示发生的累计亏损。年末应将该账户的余额转入“利润分配”账户，经过结转之后，该账户年末没有余额。

关于“本年利润”账户的核算内容，应结合利润形成核算的“账结法”和“表结法”加以理解。账结法下，每月月末均需要编制转账凭证，将在账上结计出的各损益类账户的余额转入“本年利润”科目。结转后“本年利润”账户的本月合计数反映当月实现的利润或发生的亏损。表结法下，各损益类账户每月月末只需要结计出本月发生额和月末累计余额，暂不结转到“本年利润”账户，只在年末一次性将全年累计余额转入“本年利润”账户。相对而言，表结法减少了转账环节和工作量，同时并不影响利润表的编制及有关损益指标的利用。在两种方法下，“本年利润”账户的本年累计数都反映本年累计实现的利润或发生的亏损。

“本年利润”账户的结构如图4-35所示：

本年利润

期末转入的各项费用：	期末转入的各项收入：
主营业务成本	主营业务收入
税金及附加	其他业务收入
其他业务成本	投资净收益
管理费用	营业外收入
财务费用	
销售费用	
投资净损失	
营业外支出	
所得税费用	
期末余额：累计亏损	期末余额：累计净利润

图4-35　“本年利润”账户的结构

（二）“所得税费用”账户

为了核算所得税费用的发生情况，在会计上需要设置“所得税费用（Income Tax Expense）”账户，该账户的是损益类账户，用来核算企业按照有关规定应在当期损益中扣除的所得税费用及其结转情况。其借方登记按照应纳税所得额计算出的所得税费用额，贷方登记期末转入“本年利润”账户的所得税费用额，经过结转之后，该账户期末没有余额。

“所得税费用”账户的结构如图4-36所示：

所得税费用

计算出的所得税费用额	期末转入“本年利润”账户的所得税费用额

图4-36　“所得税费用”账户的结构

（三）“利润分配”账户

“利润分配”账户是所有者权益类账户，用来核算企业一定时期内净利润的分配或亏损的弥补以及历年结存的未分配利润（或未弥补亏损）情况。在盈利的情况下，该账户的贷方登记用盈余公积金弥补的亏损额等其他转入数以及从“本年利润”账户借方转入的全年净利润，借方登记企业提取的盈余公积和已分配的利润。在亏损的情况下，该账户的借方登记年末从“本年利润”账户贷方转入的全年累计亏损额。若是期末借方有余额，表示未弥补的亏损额；若是期末贷方有余额，表示企业留存的可供分配的利润额。“利润分配”账户一般应设置以下几个主要的明细账户：“盈余公积补亏”“提取法定盈余公积”“提取任意盈余公积”“应付现金股利或利润”“转作资本（或股本）的股利”“未分配利润”等。年末，应将“利润分配”账户下的其他明细账户的余额转入“未分配利润”明细账户，经过结转后，除“未分配利润”明细账户有余额外，其他各个明细账户均无余额。

“利润分配”账户的结构如图4-37所示：

利润分配

实际分配的利润额： 提取法定盈余公积 应付现金股利 转作资本的股利 年末转入的亏损	盈余公积补亏 年末从“本年利润”账户转入的全年净利润
年内余额：已分配利润额 年末余额：未弥补亏损额	期末余额：未分配利润

图4-37 “利润分配”账户的结构

在这里我们结合一下“本年利润”账户来理解“利润分配”账户，“本年利润”账户可以真实地反映企业一定时期内实现的净利润数据，这是企业管理上需要提供的一个非常重要的指标。“利润分配”账户专门提供企业已分配的利润额。这样就可以根据需要，将“本年利润”账户的贷方余额（即累计净利润）与“利润分配”账户的借方余额（即累计已分配的利润额）相抵减，以求得未分配利润这项管理上所需要的指标。

（四）“盈余公积”账户

“盈余公积”账户是所有者权益类账户，用来核算企业从税后利润中提取的盈余公积金，包括法定盈余公积、任意盈余公积的增减变动及其结余情况。其贷方登记提取的盈余公积金，即盈余公积金的增加，借方登记实际使用的盈余公积金，即盈余公积金的减少。期末余额在贷方，表示结余的盈余公积金。“盈余公积”应设置“法定盈余公积”“任意盈余公积”等明细账户。

“盈余公积”账户的结构如图4-38所示：

盈余公积

实际使用的盈余公积金（减少）	年末提取的盈余公积金（增加）
	期末余额：结余的盈余公积金

图4-38 “盈余公积”账户的结构

（五）“应付利润（应付股利）”账户

“应付利润（应付股利）”（Dividends Payable）账户是负债类账户，用来核算企业按照股东大会或类似权力机构决议分配给投资者股利或利润的增减变动及其结余情况。其贷方登记应付给投资人股利或利润的增加，借方登记实际支付给投资人的股利或利润，即应付股利的减少。期末余额在贷方，表示尚未支付的股利或利润。需要注意的是，此外的股利指现金股利，企业分配给投资人的股票股利不在本账户核算。

"应付利润（应付股利）"账户的结构如图4-39所示：

应付利润（应付股利）

实际支付的利润或股利	应付未付的利润或股利
	期末余额：尚未支付的利润或股利

图4-39 "应付利润（应付股利）"账户的结构

三、利润形成与分配的业务处理

利润形成与分配业务包括三个部分：一是利润的形成；二是与营业收入相关的增值税计缴、税金及附加计缴；三是净利润的计算和分配。除了前面介绍的主营业务和其他业务形成的利润外，利润的形成还包括以下内容：期间费用、投资收益和营业外收支的核算，与营业收入相关的增值税计缴，税金及附加的计缴。利润分配业务包括所得税费用的核算、净利润的计算与结转以及利润分配的核算。

（一）期间费用的核算

利润总额和净利润构成中的营业利润的内容，我们在销售过程核算中已经作了部分介绍，接下来我们要对营业利润构成项目中的期间费用、投资收益以及净利润构成中的营业外收支、所得税费用的核算内容进行阐述，以便说明企业在一定时期内的净利润的形成过程，并在此基础上，进一步讨论净利润分配的核算内容。期间费用亦称期间成本，与一定期间相联系，容易确定其发生的期间，而难以判别其所应归属的产品，因而不能列入产品制造成本，而在发生的当期计入当期损益。其具体包括企业为组织和管理企业生产经营、筹集生产经营所需资金以及销售商品等而发生的各项费用，应在利润表中分项目列示。从企业的损益情况来看，期间费用与产品销售成本、产品销售税金及附加一起从产品销售收入中扣除后作为企业当期的营业利润。当期的期间费用是全额从当期损益中扣除的，其发生额不影响下一个会计期间。前面筹资业务已对财务费用举例说明，这里重点介绍管理费用和销售费用。

管理费用是指企业行政管理部门为组织和管理企业的生产经营活动而发生的各种费用，具体包括企业董事会和行政管理部门在企业经营管理中发生的，或者应当由企业统一负担的公司经费、工会经费、劳动保险费、董事会费、聘请中介机构费、咨询费、诉讼费、业务招待费、办公费、管理人员工资及福利费等。企业生产车间（部门）和行政管理部门发生的固定资产修理费用等后续支出，也作为管理费用核算。

销售费用是指企业在销售物资和提供劳务过程中发生的各项费用，包括销售过程中发生的保险费、包装费、运输费、手续费（包括委托销售支付的手续费）、展览费和广告费、商品维修费、预计产品质量保证损失以及为销售本企业的商品而专设的销售机构（含销售网点、售后服务网点等）的职工薪酬、业务费、折旧费等经营费用。

为了核算期间费用的发生情况，除"财务费用"账户外，企业还需要设置以下账户：

1.“管理费用”账户

“管理费用”(Administrative Expense)账户是损益类账户，其借方归集一定会计期内发生的各项管理费用；贷方登记期末转入“本年利润”账户的管理费用，期末结转后，本账户无余额。管理费用账户应按照费用项目设置明细账户，进行明细分类核算。

“管理费用”账户的结构如图4-40所示：

管理费用

本期发生的管理费用	期末转入“本年利润”账户的管理费用

图4-40 “管理费用”账户的结构

2.“销售费用”账户

“销售费用”(Selling Expense)账户是损益类账户，其借方登记销售商品过程中发生的各项费用，贷方登记期末结转到“本年利润”账户的销售费用，期末结账后该账户无余额。“销售费用”账户应按照费用项目设置明细账户，进行明细分类核算。

“销售费用”账户的结构如图4-41所示：

销售费用

本期发生的销售费用	期末转入“本年利润”账户的销售费用

图4-41“销售费用”账户的结构

【例4-36】2021年2月1日，中华同心开出工行转账支票向广州后浪广告有限公司支付广告费80 000元(不含税)。广告属于现代服务业，适用增值税税率为6%。

[分析]

广告费属于产品推销费用。这项经济业务一方面使广告费用增加80 000元，应记入“销售费用”账户的借方，进项税额增加4 800元，应记入“应交税费——应交增值税(进项税额)”的借方；另一方面使银行存款减少84 800元，应记入“银行存款”账户的贷方。会计分录如下：

借：销售费用　　80 000

　　应交税费——应交增值税(进项税额)　　4 800

　贷：银行存款　　84 800

【例4-37】2021年1月10日，中华同心在京东平台购入价值为8 000元的打印纸、硒鼓等办公用品，供管理部门办公使用，适用增值税税率为13%，货款与税款已通过网银付讫。

广告服务审批单

[分析]

这项经济业务一方面使办公成本增加8 000元，应记入“管理费用”账户的借方，进项税额增加1 040元，应记入“应交税费——应交增值税(进项税额)”的借方；另一方面使银行存款减少9 040元，应记入“银行存款”账户的贷方。会计分录如下：

办公用品采购审批单

借：管理费用　　8 000

应交税费——应交增值税（进项税额）　　1 040

贷：银行存款　　9 040

【例4-38】2021年1月30日，中华同心采用直线法计算每月应分摊无形资产的成本为25 000元（无形资产估值为1 200 000元，残值为零，预计使用寿命为4年）。为简化核算，将3个月的分摊成本合并处理，金额为75 000元（25 000×3）。

[分析]

这项经济业务，一方面表明企业承担的无形资产费用增加75 000元，应记入“管理费用”账户的借方；另一方面累计摊销增加75 000元，应记入“累计摊销”账户的贷方。会计分录如下：

无形资产成本分摊表

借：管理费用　　75 000

贷：累计摊销　　75 000

（二）投资收益的核算

企业除从事生产经营活动以外，还会利用闲散资金有计划地投资一些金融工具（如股票、债券、基金等）以获得投资收益。

为了核算投资损益的发生情况，需要设置“投资收益”账户，该账户是损益类账户，该账户借方登记发生的投资损失和期末转入“本年利润”账户的投资净收益；贷方登记实现的投资收益和期末转入“本年利润”账户的投资净损失。期末结转后，该账户无余额。“投资收益”账户应按照投资的种类设置明细账户，进行明细分类核算。

“投资收益”账户的结构如图4-42所示：

投资收益

发生的投资损失 期末转入“本年利润”账户的投资净收益	实现的投资收益 期末转入“本年利润”账户的投资净损失

图4-42　“投资收益”账户的结构

【例4-39】中华同心2021年1月5日，以每股10元的价格购买ZH企业股票10万股，并按成交金额的2‰支付了佣金2 000元。

股票投资审批单

[分析]

这项投资业务一方面使交易性金融资产增加1 000 000元，应记入“交易性金融资产”账户的借方，交易费用直接冲减投资收益2 000元，应记入“投资收益”账户的借方；另一方面使银行存款减少1 002 000元，应记入“银行存款”账户的贷方。会计分录如下：

借：交易性金融资产——成本　　1 000 000

投资收益　　2 000

贷：银行存款　　1 002 000

在日常的会计实务工作中，如果企业涉及以公允价值计量且其变动计入当期损益的金融资产，那么一般将这类资产称为交易性金融资产。企业取得交易性金融资产时，应当按照交易性金融资产取得时的公允价值作为其初始确认金额，记入“交易性金融资产——成本”科目。取得交易性金融资产所支付的价款中如果包含已宣告但尚未发放的现金股利或已到付息期但尚未领取的债券利息，应当单独确认为应收项目，计入“应收股利”或“应收利息”科目。取得交易性金融资产所发生的相关交易费用（包括支付给代理机构、咨询公司、券商的手续费、佣金等）应当在发生时计入投资收益。

知识链接4-8

《企业会计准则第22号——金融工具确认和计量》第三章第十六条规定：企业应当根据其管理金融资产的业务模式和金融资产的合同现金流量特征，将金融资产划分为以下三类：（一）以摊余成本计量的金融资产。（二）以公允价值计量且其变动计入其他综合收益的金融资产。（三）以公允价值计量且其变动计入当期损益的金融资产。

【例4-40】2021年3月10日，中华同心出售ZH企业股票10万股，每股13元。按成交金额的2‰支付佣金2 600元，按成交金额的1‰支付印花税1 300元。同时，按照投资收益（买卖价差、不含佣金和税费）的6%计算缴纳转让金融商品增值税18 000元（（1 300 000−1 000 000）×6%）。

［分析］

这是一项出售交易性金融资产的业务。这项经济业务一方面使银行存款增加1 296 100元，应记入“银行存款”账户的借方；另一方面使交易性金融资产减少1 000 000元，应记入“交易性金融资产”账户的贷方，投资收益增加296 100元，应记入“投资收益”账户的贷方。

同时，确认转让金融商品应交增值税18 000元，一方面冲减投资收益18 000元，应记入“投资收益”账户的借方；另一方面增加应交税费18 000元，应记入“应交税费——转让金融商品应交增值税”账户的贷方。会计分录如下：

股票交割单

借：银行存款　　1 296 100
　贷：交易性金融资产——成本　　1 000 000
　　　投资收益　　296 100
借：投资收益　　18 000
　贷：应交税费——转让金融商品应交增值税　　18 000

（三）增值税的计缴

【例4-41】2021年1—3月，中华同心购进业务产生的进项税额为600 570元（全部通过认证)；销售业务产生的销项税额为623 480元，投资业务产生的转让金融商品应交增值税为18 000元。

中华同心本期需要缴纳的增值税=销项税额+转让金融商品应交增值税-进项税额

=623 480+18 000-600 570=40 910（元）

第一步，将“应交税费——应交增值税（销项税额）”和“应交税费——应交增值税（进项税额）”账户结平，同时将其差额转入“应交税费——应交增值税（转出未交增值税）”账户。会计分录如下：

借：应交税费——应交增值税（销项税额）　　623 480
　　　　　　——转让金融商品应交增值税　　18 000
　贷：应交税费——应交增值税（进项税额）　　600 570
　　　　　　　——应交增值税（转出未交增值税）　　40 910

第二步，将“应交税费——应交增值税（转出未交增值税）”账户转入“应交税费——未交增值税”账户。会计分录如下：

借：应交税费——应交增值税（转出未交增值税）　　40 910
　贷：应交税费——未交增值税　　40 910

第三步，下期（4月）实际缴纳时，冲减“应交税费——未交增值税”账户。会计分录如下：（该笔业务不进入2021年1—3月的财务报表）

借：应交税费——未交增值税　　40 910
　贷：银行存款　　40 910

增值税纳税申报表

（四）税金及附加的核算

企业销售商品、持有特定财产或发生特定行为，就应该向国家税务机关缴纳相应的税金及附加，包括消费税、城市维护建设税（简称城建税）、资源税、教育费附加，以及车船税、房产税、城镇土地使用税和印花税等。这些税金及附加一般是根据有关计税基数，按照规定的税率计算缴纳。其中：

应交消费税=应税消费品的销售额×消费税税率

应交城建税=（应交消费税+应交增值税）×城建税税率

教育费附加的计算方法与城建税相同，只是比例不同。由于这些税金及附加大多是在当月计算而在下个月缴纳的，因而计算税金及附加时，一方面作为企业发生的一项费用支出，另一方面形成企业的一项负债。

企业应设“税金及附加”账户，用来反映企业负担的各种税金及附加的计算及其结转情况。该账户是损益类账户，其借方登记按照有关的计税依据计算出的各种税金及附加额，贷方登记期末转入“本年利润”账户的税金及附加额。经过结转之后，该账户期末没有余额。

“税金及附加”账户的结构如图4-43所示：

税金及附加	
本期应负担的税金及附加	期末转入“本年利润”账户的税金及附加

图 4-43 “税金及附加”账户的结构

【例 4-42】2021年3月31日，中华同心计算其2021年1—3月需要缴纳的税金及附加。

［分析］

中华同心需要计算与缴纳的税金及附加包括城市维护建设税和教育费附加。它们的计税基础是本会计期间缴纳的增值税与消费税之和。由于口罩不是消费税的应税消费品，因此计税基础就是【例 4-40】计算出的应交增值税40 910元。具体计算如下：

城市维护建设税=40 910×7%=2 863.7（元）

教育费附加=40 910×3%=1 227.3（元）

本期需缴纳的税金及附加=2 863.7+1 227.3=4 091（元）

这项经济业务一方面使税金及附加增加4 091元，应记入“税金及附加”账户的借方；另一方面使应交税费增加4 091元，应分别贷记“应交税费——应交城市维护建设税”2 863.7元，“应交税费——应交教育费附加”1 227.3元。会计分录如下：

城建税、教育费附加申报表

借：税金及附加	4 091
贷：应交税费——应交城市维护建设税	2 863.7
——应交教育费附加	1 227.3

（五）营业外收支的核算

营业外收支也称为营业外损益，是企业发生的与其生产经营活动无直接关系的各项收入和支出，主要包括营业外收入和营业外支出，其中营业外收入是与企业日常营业活动没有直接关系的各项利得，营业外支出是与企业正常的生产经营活动没有直接关系的各项支出。营业外收入包括报废毁损非流动资产利得、与企业日常活动无关的政府补助、捐赠利得、盘盈利得等；营业外支出包括非流动资产报废毁损损失、公益性捐赠支出、非常损失、盘亏损失、罚款支出等。

营业外收支虽然与企业正常的生产经营活动没有直接关系，但从企业主体考虑，营业外收支同样能够增加或减少企业的利润，对利润或亏损总额乃至净利润产生一定的影响。在会计核算过程中，一般按照营业外收支具体项目发生的时间，按其实际数额在当期作为利润的加项或减项分别予以确认和计量。

为了核算营业外收支的具体内容，需要设置以下的账户：

1.“营业外收入”账户

“营业外收入”账户是损益类账户，用来核算企业各项营业外收入的实现及其结转情况。其贷方登记营业外收入的实现（即营业外收入的增加），借方登记期末转入“本年利润”账户的营业外收入，经过结转之后，该账户期末没有余额。营业外收入账户应按照收入的具体项目设置明细账户，进行明细分类核算。

“营业外收入”账户的结构如图4-44所示：

营业外收入

期末转入“本年利润”账户的营业外收入	本期实现的营业外收入（增加）

图4-44 “营业外收入”账户的结构

2.“营业外支出”账户

“营业外支出”账户是损益类账户，用来核算企业各项营业外支出的发生及其转销情况。其借方登记营业外支出的发生（即营业外支出的增加），贷方登记期末转入“本年利润”账户的营业外支出，经过结转之后，该账户期末没有余额。营业外支出账户应按照支出的具体项目设置明细账户，进行明细分类核算。

“营业外支出”账户的结构如图4-45所示：

营业外支出

本期发生的营业外支出（增加）	期末转入“本年利润”账户的营业外支出

图4-45 “营业外支出”账户的结构

【例4-43】2021年2月5日，中华同心向广东省红十字会捐款87 983元用于抗击新冠疫情，捐款已通过网银付讫。

捐款申请审批表

［分析］

中华同心的现金捐赠与企业的生产经营活动无关，可直接计入当期损益，通过“营业外支出”账户进行核算。这项经济业务一方面使营业外支出增加87 983元，应记入“营业外支出”账户的借方；另一方面使银行存款减少87 983元，应记入“银行存款”账户的贷方。会计分录如下：

借：营业外支出——捐赠支出　　87 983

　贷：银行存款　　87 983

【例4-44】2021年2月11日，中华同心收到广东东莞纤织有限企业因延期交货支付的违约金20 000元。

［分析］

供应商因延迟交货而向购买方支付的违约金属于执行合同约定的处罚条款，与企业本身的经营活动无关，收到违约金的一方可通过“营业外收入”账户进行核算。这项经济业务一方面使营业外收入增加20 000元，应记入“营业外收入”账户的贷方；另一方面使银行存款增加20 000元，应记入“银行存款”账户的借方。会计分录如下：

借：银行存款　　20 000

　贷：营业外收入——罚款收入　　20 000

（六）利润总额的计算与结转

企业在一定时期内所实现的经营成果即利润或亏损总额是由营业利润、营业外收入和营业外支出等几项内容所组成的，而对于这几项构成内容，我们已在前面通过具体经济业务的实例作了说明，把这些具体经济业务综合起来，就可以计算确定企业在本期所实现的利润总额。

【例4-45】2021年3月31日，结转（平）中华同心2021年1—3月所有收入类账户。将“主营业务收入”贷方发生额4 736 000元，“其他业务收入”贷方发生额60 000元，“营业外收入”贷方发生额20 000元，“投资收益”贷方余额276 100元，全部结转至“本年利润”账户的贷方。

［分析］

这是一项内部账务结转事项，又称结账。结转（平）收入类账户的含义是清空收入类账户，使其余额为零。从收入类账户的贷方发生额的相反方向转出，即可将收入类账户余额变为零。这项结转事项一方面要冲减收入类账户，应记入“主营业务收入”“其他业务收入”“营业外收入”“投资收益”账户的借方；另一方面增加本年利润，应记入“本年利润”账户的贷方。会计分录如下：

借：主营业务收入	4 736 000	
其他业务收入	60 000	
营业外收入	20 000	
投资收益	276 100	
贷：本年利润		5 092 100

收入类账户汇总表

【例4-46】2021年3月31日，结转（平）中华同心2021年1—3月所有成本费用类账户。将“主营业务成本”借方发生额2 294 026元，“其他业务成本”借方发生额40 000元，“营业外支出”借方发生额87 983元，“税金及附加”借方发生额4 091元，“管理费用”借方发生额203 000元，“财务费用”借方发生额23 000元，“销售费用”借方发生额80 000元，全部结转至“本年利润”账户的借方。

［分析］

这是一项内部账务结转事项。结转（平）费用类账户的含义是清空费用类账户，使其余额为零。从费用类账户的借方发生额的相反方向转出，即可将费用类账户余额变为零。这项结转费用事项一方面要冲减费用类账户，应记入“主营业务成本”“其他业务成本”“营业外支出”“税金及附加”“管理费用”“财务费用”“销售费用”账户的贷方；另一方面减少本年利润，应记入“本年利润”账户的借方。会计分录如下：

成本费用类账户汇总表

借：本年利润	2 732 100	
贷：主营业务成本		2 294 026
其他业务成本		40 000
营业外支出		87 983
税金及附加		4 091
管理费用		203 000
财务费用		23 000
销售费用		80 000

（七）所得税费用的核算

企业的净利润是由利润总额减去所得税费用计算而得的，利润总额的各个构成项目我们已在前面进行了全面的阐述，在利润总额的基础上，进行适当的纳税调整，依据所得税税率就可以计算所得税费用，进而计算确定净利润。

1.利润总额的计算

企业在一定时期内所实现的经营成果即利润或亏损总额是由营业利润、营业外收入和营业外支出等几项内容所组成，把这些具体经济业务综合起来，就可以计算确定中华同心在本期所实现的利润总额。中华同心本期实现的营业利润为2 427 983元，营业外收入为20 000元，营业外支出为87 983元。其利润总额为：

利润总额=2 427 983+20 000−87 983=2 360 000（元）

利润总额计算出来之后，针对这个所得要按照税法的规定计算缴纳所得税费用。

2.所得税费用的核算

企业所得税是以企业取得的生产经营所得和其他所得为征税对象所征收的一种税，是规范和处理国家与企业分配关系的重要形式。在我国现行税制中，企业所得税是仅次于增值税的第二大税种，缴纳企业所得税是每一个盈利企业应尽的义务。从另外一个角度来看，对于一个经营实体而言，向国家缴纳所得税，意味着其资源的流出、经济利益的减少，而且税收又具有强制性和无偿性，所以应将所得税作为经营实体的一种费用看待，这不仅符合费用要素的定义，也符合配比原则的要求。

企业所得税通常是按年计算、分期预交、年末汇算清缴的，其计算公式为：

应交所得税=应纳税所得额×所得税税率

应纳税所得额=利润总额±所得税前利润中予以调整的项目

对于企业来说，应交所得税=应纳税所得额×所得税税率，即缴纳企业所得税时，应根据企业应纳税所得额乘以税率计算出来的金额，进行企业所得税申报。企业所得税的税率虽然是比例税率，降低了自身的调控能力，但是各种税收优惠很好地弥补了这一点。企业要想享有这些优惠，就需要向国家的发展战略靠拢。对于企业来说，应纳税所得额的计算是难点，毕竟企业适用的税率是一定的。企业所得税最常见的税率就是25%，在特殊情况下，也会用到20%以及15%的税率。

应纳税所得计算公式中的所得税前利润中的调整项目包括纳税调整增加项目和纳税调整减少项目两部分。纳税调整增加项目主要包括税法规定不允许扣除项目，以及企业已计入当期费用但超过税法规定扣除标准的金额，如超过税法规定标准的工资支出、业务招待费支出、税收罚款滞纳金、非公益性捐赠支出等；纳税调整减少项目主要包括按税法规定允许弥补的亏损和准予减免税的项目，如5年内未弥补完的亏损、国债的利息收入等。由于纳税调整项目的内容比较复杂，在本教材中，为了简化核算，我们一般假设纳税调整项目为零，因而就可以以会计上的利润总额为基础计算所得税税额。各期预交所得税的计算公式为：

当前期累计应交所得税=当前期累计应纳税所得额×所得税税率

当前期应交所得税=当前期累计应交所得税-上期累计已交所得税

【例4-47】2021年3月31日，中华同心2021年1—3月应纳税所得额为2 360 000元（5 092 100-2 732 100），适用的所得税税率为25%。

（1）计算所得税时。

所得税费用=2 360 000×25%=590 000（元）

借：所得税费用　　590 000

　贷：应交税费——应交所得税　　590 000

（2）实际缴纳税款时。

借：应交税费——应交所得税　　590 000

　贷：银行存款　　590 000

（3）所得税费用的结转。

借：本年利润　　590 000

　贷：所得税费用　　590 000

（八）净利润的计算和结转

在结转所得税费用之后，如果"本年利润"账户贷方发生额合计数大于借方发生额合计数，则该差额为净利润；反之，则为净亏损。

【例4-48】2021年3月31日，中华同心结转2021年1—3月形成的净利润1 770 000元（5 092 100-2 732 100-590 000）。

［分析］

这是一项内部账务结转事项，一方面本年利润减少1 770 000元，应记入"本年利润"账户的借方；另一方面未分配利润增加1 770 000元，应记入"利润分配——未分配利润"账户的贷方。会计分录如下：

结转本年利润

借：本年利润　　1 770 000

　贷：利润分配——未分配利润　　1 770 000

（九）利润分配业务的核算

根据《中华人民共和国公司法》（简称《公司法》）等有关法律法规的规定：企业当年实现的净利润，首先应弥补以前年度尚未弥补的亏损，对于剩余部分，应按照下列顺序进行分配：

1.提取法定盈余公积

按照《公司法》的有关规定，公司制企业应按净利润的10%提取法定盈余公积；非公司制企业可以根据需要自行确定法定盈余公积提取比例，但不得低于10%。企业提取的法定盈余公积累计额已达到注册资本50%的，可以不再提取。

2.提取任意盈余公积

企业提取法定盈余公积后，经股东大会或类似权力机构决议，还可以按照净利润的一定比例提取任意盈余公积。

3.向投资者分配利润或股利

企业实现的净利润在扣除上述项目后，再加上年初未分配利润和其他转入数（公积金弥补的亏损等），形成可供投资者分配的利润，用公式表示为：

可供投资者分配的利润=净利润-弥补以前年度的亏损-提取的法定盈余公积-提取的任意盈余公积+以前年度未分配利润+公积金转入数

可供投资者分配的利润，应按下列顺序进行分配：

①支付优先股股利，优先股股利是指企业按照利润分配方案分配给优先股股东的现金股利，是按照约定的股利率计算支付的。

②支付普通股现金股利，普通股现金股利是指企业按照利润分配方案分配给普通股股东的现金股利，一般按各股东持有股份的比例进行分配。如果是非股份制企业则为分配给投资者的利润。

③转作资本（或股本），是指企业按照利润分配方案以分派股票股利的形式转作资本（或股本）。

可供投资者分配的利润经过上述分配之后，为企业的未分配利润（或未弥补亏损）。年末未分配利润可按下式计算：

年末未分配利润=可供投资者分配的利润-优先股股利-普通股现金股利-普通股股票股利

未分配利润是企业留待以后年度进行分配的利润或等待分配的利润，它是所有者权益的一个重要组成部分。相对于所有者权益的其他部分来说，企业对于未分配利润的使用具有较大的自主权。

【例4-49】2021年3月31日，中华同心将实现的税后利润1 770 000元，按10%的比例提取法定盈余公积，按10%的比例提取任意盈余公积。

[分析]

盈余公积计提表

这是一项计提盈余公积的业务。一方面企业可供分配的利润减少354 000元，应记入“利润分配”账户的借方；另一方面盈余公积增加354 000元，应记入“盈余公积”账户的贷方。会计分录如下：

借：利润分配——提取法定盈余公积　　177 000

　　　　　　——提取任意盈余公积　　177 000

　贷：盈余公积——法定盈余公积　　177 000

　　　　　　——任意盈余公积　　177 000

【例4-50】2021年3月31日，中华同心经股东会决议，向股东分配现金利润200 000元。

[分析]

决议通过时，一方面企业未分配利润减少200 000元（也即所有者权益减少200 000元），应记入“利润分配——应付利润”账户的借方；另一方面应付利润增加200 000元，应记入“应付利润”账户的贷方。会计分录如下：

借：利润分配——应付利润　　200 000

　贷：应付利润　　200 000

实际支付时，一方面公司的应付利润减少200 000元，应记入“应付利润”账户的借方；另一方面银行存款减少200 000元，应记入“银行存款”账户的贷方。会计分录如下：

借：应付利润　　200 000

　贷：银行存款　　200 000

【例4-51】结平“利润分配”中除“未分配利润”明细账以外的利润分配明细账。其中，计提法定盈余公积177 000元，计提任意盈余公积177 000元，应付利润200 000元。

［分析］

这是一项利润分配明细账之间的结转业务。一方面企业未分配利润减少554 000元，应记入“利润分配——未分配利润”账户的借方；另一方面按其明细账的相反方向进行对冲，记入“利润分配——提取法定盈余公积”“利润分配——提取任意盈余公积”“利润分配——应付利润”账户的贷方。会计分录如下：

借：利润分配——未分配利润　　554 000

　贷：利润分配——提取法定盈余公积　　177 000

　　　　　　——提取任意盈余公积　　177 000

　　　　　　——应付利润　　200 000

结转后，“利润分配——未分配利润”账户出现贷方余额1 216 000元（177 000-554 000）。该余额是中华同心2021年1—3月资产负债表所有者权益中未分配利润项目的期末余额。

利润分配明细账汇总表

以上举例中，利润形成与分配业务中各账户的对应关系如图4-46所示：

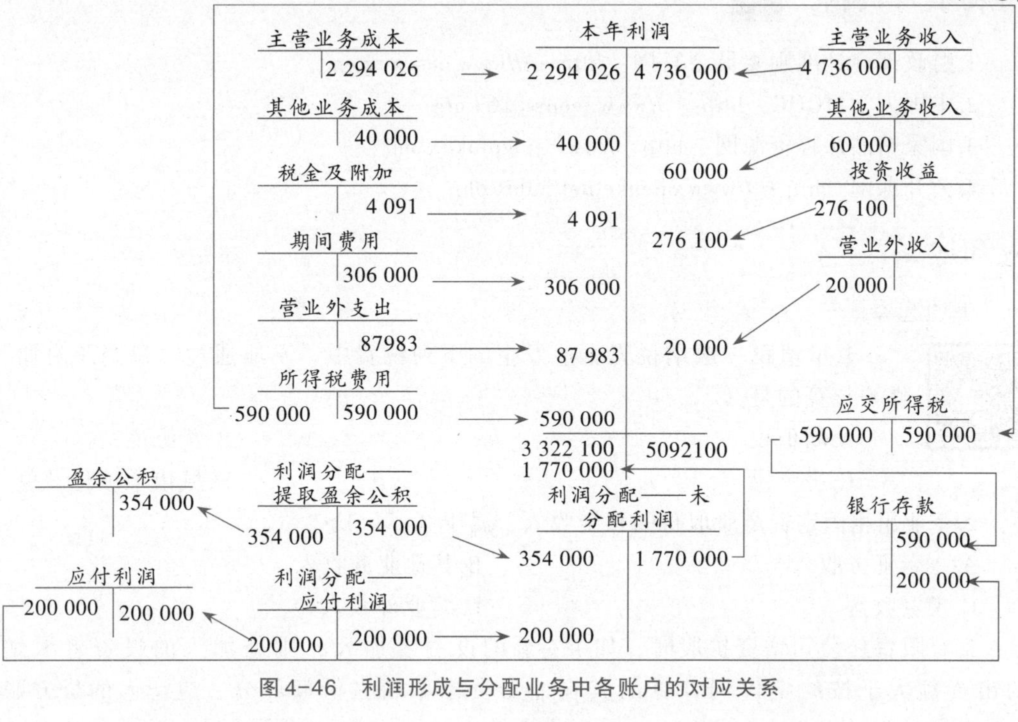

图4-46　利润形成与分配业务中各账户的对应关系

● 思政小课堂　　　　　　　　战“疫”中的企业担当

党的二十大报告提出，坚持把发展经济的着力点放在实体经济上，推进新型工业化，加快建设制造强国、质量强国、航天强国、交通强国、网络强国、数字中国。疫情防控有两条战线：一条是疫情防控第一线，另一条就是科研和物资生产线。在抗击新冠肺炎疫情的战场上，广大民营企业勇于担当，发挥着重要作用。除了现金捐赠之外，民营企业也捐赠了抗击疫情所需物资，并通过全球的供应链或采购体系，采购急需的医疗物品。另外，民营企业在组织复工、复产等方面也贡献了积极力量。

结合近年来国内企业在战“疫”中发挥的作用，请同学们扫描二维码阅读完整内容，分小组讨论疫情防控过程中广大企业的责任担当和爱国情怀，并具体分析所涉及的企业业务，举例说明所涉及的具体的会计账户。

补充与提示

分析提示：当企业捐赠物资时，可以通过营业外支出科目进行核算，相关的会计分录怎么做？

本章小结

本章以企业经济业务核算为例，进一步阐述了设置账户、复式记账方法的实际应用问题，目的是使初学者通过实践提高应用会计核算方法的能力，学习本章，要求理解和掌握制造业企业资金筹集、供应过程、生产过程、销售过程以及利润形成与分配过程业务的具体核算内容，从而提高运用账户和复式记账方法处理企业各种经济业务的能力。

拓展学习资料

1.财政部会计准则委员会官网　https：//www.casc.org.cn

2.中国大学MOOC　https：//www.icourse163.org

3.国家精品课程资源网　http：//www.jingpinke.com/

4.公开课网　http：//www.openke.net/index.php

应知应会

一、单项选择题

应知应会客观题答案

1.增值税一般纳税人企业发生的下列税费中，不应通过“税金及附加”账户核算的是（　　）。

A.增值税　　B.资源税

C.房产税　　D.城市维护建设税

2.企业出租固定资产所取得的租金收入，属于（　　）。

A.主营业务收入　　B.其他业务收入

C.投资收益　　D.营业外收入

3.有限责任公司增资扩股时，如果有新的投资者加入，则新加入的投资者缴纳的出资额大于按约定比例计算的其在注册资本中所占份额部分，应记入的贷方账户是（　　）。

A.“实收资本”账户　　B.“股本”账户

C.“资本公积”账户　　D.“盈余公积”账户

4.企业签发并承兑的商业承兑汇票如果不能如期支付，应在票据到期并未签发新的票据时，将应付票据账面余额（　　）。

A.转入“应付账款”账户　　B.转入“应收账款”账户

C.转入“坏账准备”账户　　D.转入“短期借款”账户

5.企业发生的下列经济业务中，能引起资产和负债同时增加的业务是（　　）。

A.用银行存款购买原材料　　B.预收销货款存入银行

C.提取盈余公积　　D.年终结转净利润

6.某企业年初未分配利润为200万元，本年实现的净利润为2 000万元，按10%计提法定盈余公积，按5%计提任意盈余公积，宣告发放现金股利160万元，则企业本年末的未分配利润为（　　）。

A.1 710万元　　B.1 734万元

C.1 740万元　　D.1 748万元

7.某企业为增值税一般纳税人，2022年应交的各种税费分别为：增值税700万元，消费税300万元，城市维护建设税70万元，房产税20万元，车船税10万元，企业所得税500万元，上述税金应记入“税金及附加”账户的金额为（　　）。

A.1 070万元　　B.400万元

C.1 100万元　　D.370万元

8.某企业只生产和销售A产品，2022年8月1日在产品成本为17.5万元，8月份发生如下费用：领用材料30万元，产品生产工人工资10万元，负担制造费用5万元，行政管理部门物料消耗7.5万元，专设销售机构固定资产折旧费4万元。月末在产品成本15万元。则该企业8月份完工A产品的生产成本为（　　）。

A.45万元　　B.47.5万元

C.41.5万元　　D.59万元

9.下列经济业务中，能引起公司股东权益总额发生变化的是（　　）。

A.资本公积转增资本　　B.向投资人分配股票股利

C.接受投资人的投资　　D.用盈余公积弥补亏损

10.某企业于2022年购入设备安装生产线。该设备的购买价格为500万元，增值税额为65万元，该设备的保险、装卸等费用为5万元。该生产线在安装期间，领用原材料的实际成本为20万元（材料的增值税税率为13%），发生安装工人工资等费用6.6万元。假定生产线已达到预定可使用状态。则该设备的入账价值为（　　）。

A.529.2万元　　B.446.6万元

C.599.2万元　　D.531.6万元

二、多项选择题

1.下列税费应在“税金及附加”账户借方登记的有（　　）。

A.增值税 B.消费税

C.城市维护建设税 D.教育费附加

E.所得税

2.下列账户中，年末结账后应该没有余额的有（　　）。

A.“主营业务收入”账户 B.“营业外收入”账户

C.“本年利润”账户 D.“利润分配”账户

E.“管理费用”账户

3.一般纳税人企业购入材料的采购成本的构成内容包括（　　）。

A.材料买价 B.增值税进项税额

C.采购费用 D销售机构经费

4.企业的会计人员误将当月发生的增值税进项税额计入材料采购成本，会使（　　）。

A.月末资产增加 B.月末利润增加

C.月末负债增加 D.月末财务费用增加

E.月末应交税费增加

5.下列项目中，应计入企业销售费用的有（　　）。

A.专设销售机构人员的工资 B.专设销售机构设备折旧费

C.销售产品的广告费 D.产品展览费

E.代买方垫付的运杂费

6.关于企业的实收资本，下列说法中正确的有（　　）。

A.是企业实际收到投资人投入的资本金

B.是企业进行正常经营的条件

C.是企业向外投出的资产

D.应按照实际收到的投资额入账

7.在下列业务所产生的收入中，属于制造业企业“其他业务收入”的有（　　）。

A.出售固定资产收入 B.出售材料收入

C.出售无形资产收入 D.提供产品修理服务收入

E.接受捐赠收入

8.下列各项内容中，不会引起所有者权益总额发生增减变动的有（　　）。

A.宣告发放股票股利 B.资本公积转增资本

C.盈余公积转增资本 D.接受投资者追加投资

E.溢价发行股票

9.下列各项内容中，能够影响企业营业利润的项目有（　　）。

A.已销商品成本 B.原材料的销售收入

C.固定资产盘亏支出 D.销售商品的收入

E.捐赠支出

10.在我国的会计实务中，下列项目中构成一般纳税人企业存货实际成本的有（　　）。

A.支付的买价

B.存货入库后发生的仓储费用

D.支付的增值税

C.运输途中的合理损耗

E.支付的外地运杂费

三、判断题

1.一般纳税人企业销售商品涉及的增值税额应作为销项税额核算。（　　）

2.企业用支票支付购货款时，应通过“应付票据”账户进行核算。（　　）

3.“固定资产”账户登记企业所有的固定资产的原价增减变动和结余情况，不仅包括企业购入、自建的固定资产，同时也包括融资租入的固定资产。（　　）

4.企业的原材料无论是按实际成本计价还是按计划成本计价核算，其计入生产成本的原材料成本最终均应为所耗用材料的实际成本。（　　）

5.企业对外出售固定资产时，获得的出售收入应记入“其他业务收入”账户。（　　）

6.企业按税后利润的一定比例提取的盈余公积可以用来弥补亏损。（　　）

7.按照权责发生制原则，企业收到货币资金必定意味着本月收入的增加。（　　）

8.按现行企业会计准则的规定，企业在销售商品时产生的现金折扣在实际发生时应冲减企业的销售收入。（　　）

9.企业出售原材料获得的款项扣除其成本后的净额，应当计入营业外收入或营业外支出。（　　）

10.企业实现的收入能够导致所有者权益增加，但导致所有者权益增加的不一定都是收入。（　　）

四、业务处理题

立诚股份公司2022年5月份发生下列经济业务：

（1）接受DL公司投资60 000元存入银行。

（2）接受AD公司投资，其中，设备估价70 000元交付使用，材料价值150 00元验收入库。

（3）自银行取得期限为6个月的借款200 000元存入银行。

（4）上述借款年利率为6%，计算提取本月的借款利息。

（5）收到某外商投资投入的录像设备一台，价值24 000元，已交付使用。

应知应会主观题答案

（6）经有关部门批准将资本公积30 000元转增资本。

（7）用银行存款50 000元偿还到期的银行临时借款。

要求：根据上述资料编制会计分录。

五、复习思考题

1.简要说明企业资金运动的内容以及由此而形成的主要经济业务内容。

2.所有者权益和负债的主要区别是什么？

3.如何对实收资本进行分类？如何确定实收资本的入账价值？

4.说明企业资本公积的主要来源、用途和核算方法。

5. 如何确认和计量长、短期借款的利息？长、短期借款的利息在核算上有什么不同？

6. 甲企业的财务经理经常将购买固定资产的成本直接借记有关的费用类账户，而乙企业的财务经理经常将固定资产的日常修理费借记固定资产账户，这两位财务经理知道这种行为违背了会计准则的要求？但他们还坚持这样做，为什么？说明其可能的理由。

7. 如何确认和计量商品的销售收入？

8. 什么是财务成果？反映企业财务成果的主要指标有哪些？

9. 如何计算企业的营业利润？

10. 企业利润分配的一般顺序是怎样的？

挑战一下

扫码答题

第五章 账户分类

思政目标

价值引领：

◆培养分类管理的科学思维方式。

◆通过知识、技能和方法的迁移，突破固定的思维框架，加深学生对分类整合思想的体验和认识，形成自己的认知结构。

◆树立勇于担当的责任感和使命感，践行“诚信”社会主义核心价值观。

专业融合：

◆通过秦汉时期日成、月要、岁会的会计报告发展，唐宋时期三角账的思想的介绍，扩大学生视野，汲取我国会计文明的智慧。

◆通过总分类账和明细分类账平行登记的原理，树立总与分的辩证统一思想。

能力培养：

◆培养学生辨别事物同一性、相似性与差异性的能力。在处理会计业务的过程中，要注意比较业务的相似性与差异性，观察资金在各个账户之间的运动情况，体会账户的精妙设计对于记录不同经济业务的重要作用。

◆培养多视角认识同一问题的能力。同一账户可以按照不同的分类基础归入不同类型的账户。

◆培养学生“全面视角”和“大局思维”的综合分析能力，触类旁通、举一反三地考虑问题，提高应变能力。

学习目标

1.基础目标：掌握账户按经济内容分类方法，以及总分类账户和明细分类账户平行登记方法。

2.高阶目标：学习和分析实账户与虚账户对分期计算利润和编制财务报表的重要性。

3.挑战目标：通过账户分类的思维，培养学生触类旁通的应用能力，帮助学生将其应用到日常管理和突发公共安全事件的管理中去。

本章重点

账户分类；总分类账户和明细分类账户平行登记的方法。

开篇案例

獐子岛财务造假案

獐子岛
财务造假案

獐子岛集团股份有限公司（简称“獐子岛”），是一家综合性海洋食品企业。从2014年到2019年，獐子岛多次发生“扇贝跑路”事件。

2019年11月，獐子岛披露称，虾夷扇贝出现大面积死亡，构成重大存货减值风险，预计核销存货成本及计提存货跌价准备合计金额2.78亿元，预计将使公司2019年归属母公司的净利润亏损3.5亿元～4.5亿元。而在此前，獐子岛曾两度发生类似的“黑天鹅事件”。2014年10月，獐子岛披露因北海、黄海几十年一遇的异常冷水团让即将进入收获期的虾夷扇贝绝收，导致獐子岛在2014年亏损11.9亿元。时逾三年，獐子岛在2018年2月公告称虾夷扇贝被饿死，使公司2017年全年亏损7.23亿元。獐子岛屡次出现的扇贝“绝收”导致巨额亏损的现象引起证监会的关注，证监会多次对其进行问询与立案调查。证监会调查发现，獐子岛披露的2016—2018年财务报告均存在重大虚假信息。具体而言，2016年，獐子岛公司通过少记成本、营业外支出等多种方式将利润由亏损虚增为盈利，2016年虚增利润1.31亿元，虚增利润占当期利润总额的158.11%。2017年，獐子岛通过夸大亏损幅度，在2017年财务报告中虚增营业成本6 159万元、虚增营业外支出2.06亿元、虚增资产减值损失1 110万元，最终虚减利润2.79亿元，占当期披露利润总额的38.57%。

2020年6月24日，因獐子岛在多项财务报告中存在虚假记载和重大遗漏，证监会依法对獐子岛信息披露违法违规行为做出行政处罚及市场禁入决定，对獐子岛公司给予警告，并处以60万元罚款，对15名责任人员处以3万元至30万元不等罚款，对4名主要责任人处以5年至终身市场禁入处罚。

思考：

想一想獐子岛的造假行为影响了哪些会计账户？

第一节　账户分类的意义

账户分类是一项基本的会计管理工作。企业根据会计信息使用者对信息的需求，在账簿中运用会计科目开设一系列账户。每一个账户根据其特定的核算内容，对某项经济业务中的一个方面的会计数据进行分类记录，只从特定的侧面来反映会计要素的变化及结果，一项经济业务至少会涉及两个会计账户。这些账户之间不能相互替代，因为各自都有其独有的经济性质、用途和结构，组合到一起才能完整地反映某项经济业务。我们都知道，会计要素是对会计对象所作的基本分类，是会计核算对象的具体化，会计科目是对会计要素对象的具体内容进行分类核算的类目。账户是根据会计科目来设置的，会计科目是账户的名称。因此，会计要素、会计科目和会计账户相互之间有着密切联系，其共同目的都是对经济业务进行分类、整理，以提供管理所需要的会计信息。从这个目的出发，我们有必要根据对六个会计要素的科学核算，再进一步就需要按照不同标准对企业设置的账户作进一步的分类，从而提供完整而系统的会计信息。账户的分类就是根据会计运算的需求，研究账户体系中存在共性的点，根据其内在的性质和特性将各类账户联系成一个账户体系。

小思考5-1　会计主体假设

会计对象、会计要素、会计科目和会计账户之间有什么关系？

(一) 账户分类有助于分门别类地反映企业的经济业务

每一个单位的经营活动不同，企业性质不一样，资金运动的内容不同，所涉及的账户体系也就不同。要想有效地反映和监督单位的经营活动，就要从本单位经营活动的实际情况出发，建立能够反映本单位经营活动和经营成果的账户体系。会计工作者首先需要熟悉各种类型的账户，然后结合本单位的经济活动选择设置相应的会计账户进行核算，进而建立适合本单位的账户体系。

企业经济业务虽然错综复杂，但可以系统地划分为三个大类：筹资活动业务、投资活动业务和经营活动业务。企业一般从股东和债权人处取得资金，并将资金投入生产经营或者资产购建等。首先，会计要分清企业资金来源于何处。来自投资者的资金用权益类账户核算，如“实收资本（股本）”“资本公积”账户；来自债权人的资金用负债类账户核算，如“短期借款”“长期借款”账户。其次，会计要划分企业盈利的来源。企业通过日常经营活动赚取的利润，先使用收入类账户和费用类账户进行汇总，经过暂时性账户“本年利润”再转入“利润分配——未分配利润”账户，“利润分配——未分配利润”账户承担着使资产负债表平衡的重担。若是投资赚取的利润，则通过“投资收益”账户进行核算，因为投资收益是企业通过投资优质企业发行的股票、债券等金融资产取得的投资回报，是间接投资带来的利润。

（二）账户分类有利于从不同侧面了解账户设置和运用的规律性

每一个账户都有若干特征，具有相同特征的账户就可以归为一类，每一个账户都可以按不同的标准加以分类，如按照账户所反映的内容是一个标准，按照账户的用途和结构又是另一个标准。

例如，“库存商品”账户从经济内容来看，属于资产类账户，反映制造业企业在生产经营过程中的产成品数量；从用途和结构来看，属于盘存类账户，反映在某一时点企业的库存数；从提供指标的详细程度来看，属于总分类账户，总括地反映企业商品的销售变动及其结存情况。

有些表面相互独立的账户内部存在此消彼长的关系。最典型的就是资产和费用之间的转化。随着资产在生产经营过程中被使用、消耗，资产就转化为企业的费用。例如原材料被生产领用后，会成为产品成本的一部分，记入“生产成本”账户；库存商品出售后转化为已售产品的成本，记入“主营业务成本”账户；固定资产通过计提折旧转化为费用。因此，资产类账户与费用类账户的结构相同。

再如收入类账户和费用类账户，从经济内容来讲，一个代表经济利益的流入，一个代表经济利益的流出；从账户的用途来讲，收入和费用都属于损益类账户，用于核算企业的盈亏情况；从账户结构来讲，它们在借贷记账法下，收入的贷方表示增加，收入的借方表示减少（转出），费用的借方表示增加，费用的贷方表示减少（转出）。

（三）账户分类便于设计会计账簿

不同企业应该根据自己经营活动的特点设计会计账簿，因为不同的经济业务的核算要求也有所不同。例如，我们对资产类的会计要素除了计算有形资产的金额的增减变动以及结余额，还应适当披露有关实物量方面的信息；对于负债和所有者权益类的会计要素，一般披露的是时间和金额方面的信息。另外，对于费用类要素，需要反映的是金额方面的信息以及具体的费用项目的构成。因此，企业在进行会计账页格式设计时，要考虑这些不同的会计信息披露的要求。数量金额式账页格式适用于既要披露金额又要披露实物方面信息的账户；三栏式账页格式适用于只需披露有关时间和金额方面信息的账户；多栏式账页格式则适用于不仅要反映费用的总额，还要反映费用构成的详细情况的账户。

（四）账户分类有利于编制财务报表

会计六要素的增减变动过程及其结果最终是通过会计报表来反映的。编制会计报表所需的数据资料来源于各个对应的账户。为了及时、准确地编制会计报表，要根据特定会计报表所反映的经济内容，明确编制每张会计报表所需的数据资料是来自哪些账户，这些账户能提供什么会计信息。例如，我们需要把有期末余额的资产类账户、负债类账户和所有者权益类账户加以汇总编制资产负债表；把收入类账户、费用类账户当期发生额进行汇总编制当期的利润表。因此，为了正确编制报表，我们需要把握账户分类方法及账户的经济内容、用途和结构，明确为编制会计报表提供数据资料的账户。从这个角度看，资产、负债和所有者权益类账户被称为资产负债表账户，收入、费用类账户则是利润表账户。

第二节 账户分类的原则

账户与账户之间最主要的区别就是账户所反映的经济内容不同，因此账户分类的核心原则是按照经济内容进行分类。账户的经济内容决定了账户的本质，不同类型的账户说明的是不同类型的经济业务，例如资产类账户就是反映企业所拥有或者控制的、可以为企业带来收益的资源；负债类账户则是反映企业在未来需要偿还的债务，同一类型的账户在主要特征方面是相似的，这些经济内容也是账户和会计对象之间的内在关联的体现。在这个账户分类核心原则的基础上，我们可以拓展其他分类。

一、不同类型的账户反映不同类型的经济内容

按照经济内容分类，我们可以直接把会计账户对应六个会计要素，分为资产、负债、所有者权益、收入、费用以及利润类账户。这些账户直接反映具有相应的会计要素特征的经济内容，因此不同类型账户之间的区别非常明显。

二、同一类型账户在重大方面彼此相似

不同类型账户之间的经济内容不同，但是同一类型的账户具有重大的相似特征，即其在提供会计信息方面有共同性。它们之间的共性就是该类账户的共同性标志。为了深入研究账户各自的特性和它们的共同性，应研究和掌握账户的分类标志。

资产类账户中的银行存款、库存商品、债权投资等账户具有相同特征，都是企业拥有的经济资源，未来可以为企业带来收益。

负债类账户的共同特征是属于企业的现时义务，履行义务的结果是经济利益会流出企业，短期借款、应付账款、应付票据等都是该类型的账户。

所有者权益类账户的最突出的特征是这是企业自身的资本，可供企业长期使用，无须偿还，包括实收资本（股本）、资本公积，以及通过企业自身利润形成的盈余公积和未分配利润账户。

收入类账户反映的是企业各类经营业务带来的经济利益，有主营业务收入、其他业务收入、投资收益、营业外收入等账户。伴随着收入的产生也会产生各种费用，费用类账户相应有主营业务成本、其他业务成本、营业外支出、管理费用、财务费用、销售费用等账户，最终会导致企业经济利益的流出。

第三节　账户分类

账户的分类是一项基本的会计管理工作，由于企业的每一个账户只能记录企业资金往来的某一部分，而企业经济活动作为一个整体，单一的账户无法全面地对经济活动及业务往来加以记录，因此需要将各类账户联系成一个完整的体系加以记录反映。最基本的分类是按照经济内容来分，这是理解账户本质的基本途径，也是学习其他账户分类的基础。在此基础之上，按照用途和结构分类是为了正确使用各种账户。在借贷记账法下，不同会计对象增减变动的记账方向是不同的，也就是说对应类别的会计账户结构也会不一样。按照账户提供信息的详细程度分类是为了便于会计信息管理，更确切地了解每类和每个账户具体应核算和监督的内容。按照期末是否有余额进行分类是为了方便编制会计报表，不同的会计报表包含不同的会计要素，明确了账户的经济内容就能正确辨析会计账户和相应会计报表之间的关系。

一、账户按经济内容分类

我们先看最基本的账户分类，即按账户的经济内容对账户进行分类。账户的经济内容，是指账户所反映的会计对象的具体内容。企业的会计对象就是资金运动，包括静态和动态的运动，其中资产、负债、所有者权益构成资金静态运动，而收入、费用和利润则构成资金动态运动。因此，按照经济内容分类建立的账户体系应包括反映资金运动的静态账户和反映资金运动的动态账户两类。这两类账户对应的就是六大会计要素，因此分为六大类账户。现分别说明如下：

（一）资产类账户

资产类账户是以货币为计量单位计量经济资源的增减变动及其结余情况的账户。根据资产流动速度的不同，资产类账户可以细分为反映流动资产的账户和反映非流动资产的账户两类。反映流动资产的账户有“库存现金”“银行存款”“应收账款”“应收票据”“原材料”“库存商品”等账户；反映非流动资产的账户有“长期股权投资”“固定资产”“累计折旧”“无形资产”“长期待摊费用”等账户。

（二）负债类账户

负债类账户是以货币为主要计量单位用来计量企业所承担的债务的增减变动及其结余情况的账户。按照还款期的不同，负债类账户可以细分为反映流动负债的账户和反映非流动负债的账户两类：反映流动负债的账户有“短期借款”“应付账款”“其他应付款”“应付职工薪酬”“应交税费”“应付利息”“应付股利”等账户；反映非流动负债的账户有“长期借款”“应付债券”“长期应付款”等账户。

（三）所有者权益类账户

所有者权益类账户是以货币为计量单位核算企业所有者权益增减变动及其结余情况的账户。根据所有者权益的来源和构成的不同，所有者权益类账户可分为反映所有者原始投入资本的账户和反映经营积累的账户。反映所有者原始投入资本的账户有“实收资本”（或“股本”）、“资本公积”等账户；反映经营积累的账户有“盈余公积”“未分配利润”等账户。

（四）收入类账户

收入类账户是用来反映和监督企业在一定会计期间内所取得的各种收入的账户，这里的收入概念是广义的。按照收入的不同性质和内容，收入类账户可以分为反映营业收入的账户和反映非营业收入的账户，反映营业收入的账户包括“主营业务收入”“其他业务收入”等账户，反映非营业收入的账户有“营业外收入”账户。

（五）费用类账户

费用类账户是用来反映和监督企业在一定会计期间内所发生的、应计入当期损益的各种费用的账户。这里的费用概念是广义的，不仅包括为取得主营业务收入而发生的各项耗费，还包括营业外的支出和所得税费用。也就是说，费用类账户可以分为反映经营费用的账户和反映非经营费用的账户。反映经营费用的账户有“主营业务成本”“税金及附加”“其他业务成本”“销售费用”“管理费用”“财务费用”等账户；反映非经营费用的账户有“营业外支出”账户。

（六）利润类账户

利润类账户是反映企业在一定时期内利润的实现和分配情况的账户。利润类账户可细分为反映利润形成的账户和反映利润分配的账户两类。反映利润形成的账户有“本年利润”账户；反映利润分配的账户有“利润分配”账户。

下面将制造业企业按经济内容分类建立的账户体系的主要构成列示如图5-1所示。

二、账户按用途和结构分类

账户按经济内容分类呈现了一个完整的账户体系，揭示了各类账户所核算的会计对象的具体核算内容，达到了准确分辨账户的经济性质的目的。但是，只按经济内容对账户进行分类，还不能使我们充分理解各种账户的作用和它们向会计信息使用者提供信息的方式。因此，在按经济内容分类的基础上，可以进一步将账户按用途和结构分类。

账户的用途是指通过设置和运用账户可以提供企业经济业务的核算信息和指标。例如，我们设置“库存商品”“周转材料”等实物资产账户的目的是提供这些实物资产的增减变动情况和期末余额核算资料。

账户的结构是指在账户中记录经济业务的发生和会计要素的增减变动，以取得各种

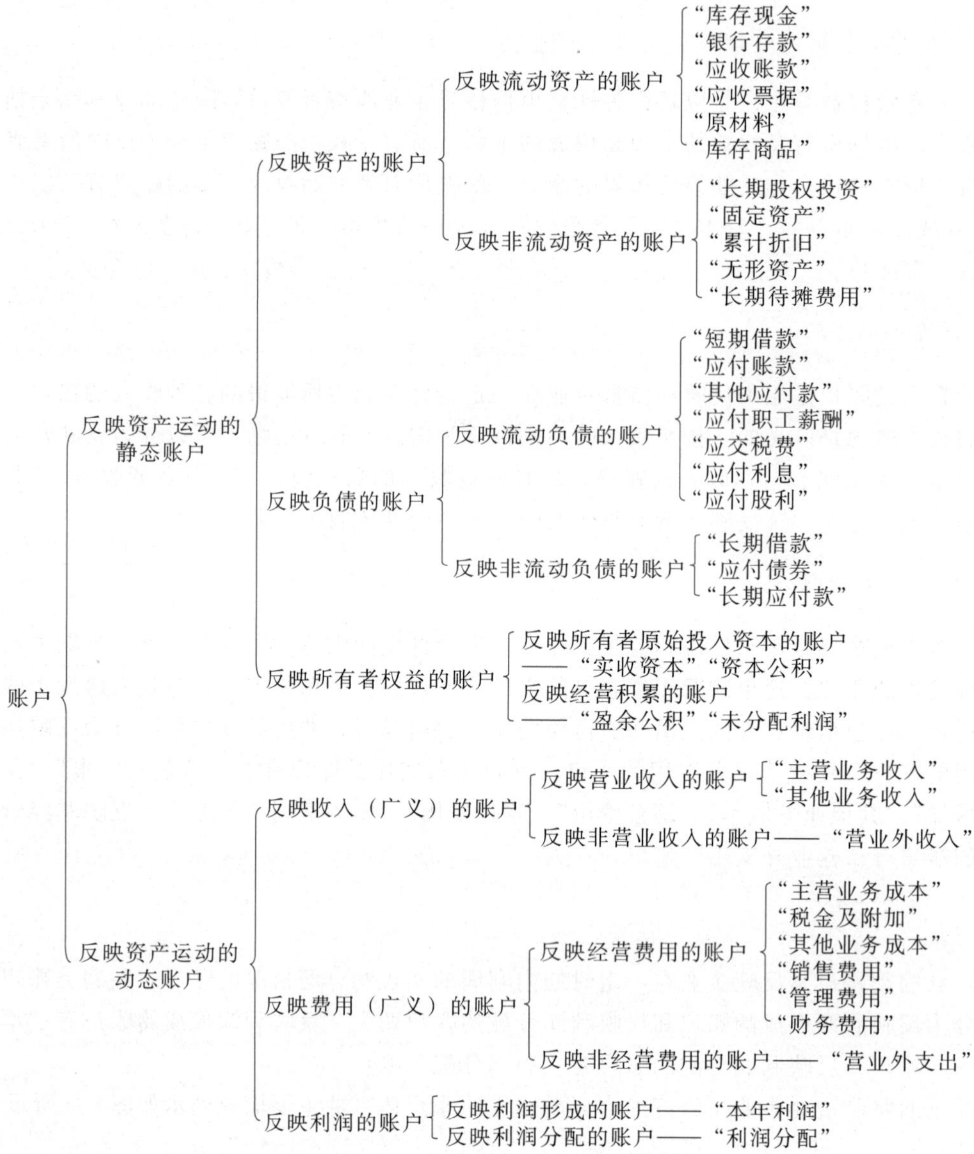

图 5-1 账户按经济内容的分类示意图

必要的核算指标的方式。不同的记账方法对经济业务的记录是有区别的，即反映会计要素的增减变动及其余额（如果有余额的话）的方法不同。现代企业所采用的一般是借贷记账法。在这种方法下，账户的结构具体是指账户的借方和贷方哪一方登记增加额，哪一方登记减少额，期末余额（如果有余额的话）在哪一方，具体表示什么内容。

那么，账户按经济内容分类和按用途和结构分类之间有什么关系？一方面，按账户的用途和结构分类的账户体系与按经济内容分类的账户体系存在一定的差异，以经济内容作为分类标准的同类账户中的不同账户或许具有不同的用途和结构。例如“固定资产”账户和“累计折旧”账户按经济内容分类都是反映资产的账户，但“固定资产”账户是按其原始价值反映固定资产增减变动及其结存情况的账户，增加记借方，减少记贷方。而“累计折旧”账户则是用来反映固定资产由于损耗而引起的价值减少，计提折旧时记贷方，已提折旧减少或注销时记借方，两者增减变动记账方向是相反的。另一方面，也存在账户具有相同或相似用途和结构，但其反映的经济内容完全不相同的情况。总体来说，账户的经济内容直接或间接地影响账户的用途和结构，按用途和结构分类的账户体系是对按经济内容分类的账户体系的必要补充。

以现代制造业企业为例，按用途和结构分类的账户体系具体包括基本账户、调整账户、成本账户和损益计算账户。其中基本账户又可细分为盘存账户、投资权益账户、结算账户和跨期摊配账户；根据账户调整方式不同，调整账户又可分为备抵账户和备抵附加账户；成本账户具体又可分为集合分配账户、成本计算账户和对比账户；损益计算账户具体又可分为收入计算账户、费用计算账户和财务成果计算账户。以下简要说明各类账户的用途、结构和特点：

（一）盘存账户

盘存账户是企业必须设立的基本账户，具体指可以通过实物盘点以核算和监督企业各种资产的具体资产性质的账户。盘存类账户的特点在于可以通过财产清查的方法确定企业资产的实有数，并可以核对账实是否相符。在这类基本账户中，借方记录各项财产物资和货币资金的增加额，贷方记录其减少额；余额总是在借方，表示期末各项财产物资和货币资金的结存数额。盘存账户的基本结构如图5-2所示：

盘存账户

借方	贷方
期初余额：财产物资或货币资金的期初实有数	
本期发生额：财产物资或货币资金的本期增加额	本期发生额：财产物资或货币资金的本期减少额
期末余额：财产物资或货币资金的期末实有数	

图5-2　盘存账户的基本结构

属于盘存账户的有“库存现金”“银行存款”“原材料”“库存商品”“固定资产”等账户。除“库存现金”账户和“银行存款”账户外，企业的其他盘存账户可以通过设置数量金额式明细账提供实物和货币两种指标进行参考。

（二）投资权益账户

投资权益账户是用来核算、监督企业所有者投资增减变动及其结存情况的账户。在这类账户中，贷方记录投资者投资的增加额或其他所有者权益的增值额，借方记录投资者投资的减少额或其他所有者权益的抵减额。若其余额在贷方，表示所有者权益的实有数额。投资权益账户的基本结构如图5-3所示：

投资权益账户

借方	贷方
	期初余额：期初所有者权益余额
本期发生额：本期所有者权益的减少额（抵减数）	本期发生额：本期所有者权益的增加额
	期末余额：期末所有者权益实有数额

图5-3　投资权益账户的基本结构

属于投资权益账户的有“实收资本”“资本公积”“盈余公积”等。

资本公积产生的主要原因在于资本溢价，属于资本的非经营性积累；盈余公积是企业经营活动产生的留存收益形成的公积金，属于资本增值，因此这两部分本质上是投资者对企业的一种权益性投入，故把“资本公积”“盈余公积”账户归入投资权益账户。

投资权益账户的特点是：部分账户如“实收资本”应按照企业的具体投资者设置明细分类账户，细化核算每个投资者实际在企业拥有的所有者权益份额；投资权益账户只提供价值指标。

（三）结算账户

结算账户是用以核算和监督本会计主体同其他单位或个人之间发生的债权、债务结算情况的账户。不同性质的结算业务也使得结算账户有不同的用途和结构，结算账户按用途和结构分类，具体又可分为债权结算账户、债务结算账户和债权债务结算账户三类。

1.债权结算账户

债权结算账户是专门用来核算、监督企业同各个债务单位或个人之间的债权结算的账户。这类账户的借方登记债权的增加额，贷方登记债权的减少额，其余额一般在借方，表示期末尚未收回的债权。债权结算账户的基本结构如图5-4所示：

借方　**债权结算账户**　贷方

借方	贷方
期初余额：债权的期初实有数 本期发生额：债权的本期增加额	本期发生额：债权的本期减少额
期末余额：债权的期末实有数	

图5-4　债权结算账户的基本结构

属于债权结算账户的有“应收账款”“其他应收款”“应收票据”“预付账款”等账户。

2.债务结算账户

债务结算账户是专门用来核算和监督企业同各个债权单位或个人之间的结算业务的账户。这类账户的贷方登记债务的增加额，借方登记债务的减少额，其余额一般在贷方，表示尚未偿还的债务的实有数。债务结算账户的基本结构如图5-5所示：

借方　**债务结算账户**　贷方

借方	贷方
本期发生额：债务的本期减少额	期初余额：债务的期初实有数 本期发生额：债务的本期增加额
	期末余额：债务的期末实有数

图5-5　债务结算账户的基本结构

属于债务结算账户的有“应付账款”“其他应付款”“应付职工薪酬”“应交税费”“应付股利”“短期借款”“长期借款”“应付债券”“长期应付款”等账户。

3.债权债务结算账户

债权债务结算账户是用来核算、监督企业同其他单位或个人之间的往来结算业务的账户。某些与企业经常发生业务往来的单位，有时是企业的债权人，有时是企业的债务人。例如，企业向同一单位销售商品，有些款项是预收的，此时该单位是企业的债权人；有些款项是应收未收的，此时该单位是企业的债务人。为了集中反映企业与某一单位或个人的往来结算情况，可设置同时具有债权债务双重性质的结算账户。在这类账户中，借方登记债权的增加或债务的减少额，贷方登记债务的增加或债权的减少额；若期末余额在借方，为企业债权减掉债务后的净债权，若期末余额在贷方，为企业债务减掉债权后的净债务。债权债务结算账户的基本结构如图5-6所示：

借方　　　　　　　　　　　　**债权债务结算账户**　　　　　　　　　　　　贷方

期初余额：债权大于债务的期初净债权 本期发生额：本期债权的增加或债务的减少额	期初余额：债务大于债权的期初净债务 本期发生额：本期债务的增加或债权的减少额
期末余额：净债权	期末余额：净债务

图5-6　债权债务结算账户的基本结构

当企业的预收、预付款业务不多时，常不单独设置“预收账款”和“预付账款”账户，而是通过“应收账款”和“应付账款”账户核算预收、预付款业务；这样，“应收账款”与“应付账款”账户就成为债权债务结算账户，其借方登记企业债权的增加和债务的减少，贷方登记企业债务的增加和债权的减少；期末余额可能在借方也可能在贷方，在借方时表示企业拥有的债权，属资产性质；在贷方时表示企业拥有的债务，属负债性质。

结算账户的特点是：根据结算业务单位或者个人设置明细分类账户，方便进行结算和对账；结算账户只提供价值指标；结算账户要根据期末余额的方向来判断其性质，当余额在借方时，是债权结算账户，当余额在贷方时，是债务结算账户。这类账户所属的各明细账，有时是借方余额，表示尚未收回的净债权；有时是贷方余额，表示尚未偿还的净债务。总分类账户的余额是债权和债务相互抵减后的结果，因此该账户的余额不能明确反映出企业与其他单位债权债务的实际结算情况。所以，期末一般需要根据总分类账户所属的明细分类账户的余额方向来判断账户的性质，同时将其数额分别列示在资产负债表的资产类和负债类的对应项目中。

（四）跨期摊配账户

跨期摊配账户是用来核算和监督应由若干个成本计算期产品成本共同负担的费用，并将这些费用在各个成本计算期进行分摊的账户，该账户设置的主要目的是满足权责发生制的要求。企业中的部分费用并非由一个会计期间负担，在权责发生制的要求下，需要将这部分的费用按照合理的费用归属期分摊入不同的会计期间，由相对应的会计期间负担这部分的费用。跨期摊配账户的借方登记跨期费用的实际支出数，贷方登记由各个会计期间负担的费用摊销数。跨期摊配账户的基本结构如图5-7所示：

借方　　　　　　　　　　　　**跨期摊配账户**　　　　　　　　　　　　贷方

期初余额：已支付但尚未摊配的待摊费用数 本期发生额：本期增加的待摊费用数	本期发生额：待摊费用的本期摊销数
期末余额：已支付但尚未摊配的待摊费用数	

图5-7　跨期摊配账户的基本结构

跨期摊配账户的特点是只提供价值指标。

(五) 备抵账户

备抵账户亦称抵减账户 (Contra Account), 是作为被抵减对象原始数额的抵减项目, 以确定被调整对象实有数额而设置的账户。其调整可用下列公式表示:

被调整账户余额-备抵账户余额=被调整账户的实际余额

由于备抵账户对被调整账户的调整, 实际上是对被调整账户余额的抵减, 因此, 被调整账户余额的方向与备抵账户的余额方向必定相反。如果被调整账户的余额在借方(或贷方), 则备抵账户的余额一定在贷方(或借方)。例如, 各项资产实际余额=该项资产的账面余额(借方余额)-备抵账户贷方余额。

资产类备抵账户是用来抵减某一资产, 以求得该资产账户实有数额的账户。该类备抵账户有"累计折旧""坏账准备""存货跌价准备""长期股权投资减值准备""固定资产减值准备""无形资产减值准备"等。"累计折旧""固定资产减值准备"账户是用来调整"固定资产"账户的。代入上述公式:

固定资产实际余额 = "固定资产"账户借方余额 - "累计折旧"账户贷方余额 - "固定资产减值准备"账户贷方余额

通过这三个账户余额的对比分析, 可以了解固定资产的资产损耗和减值方面的数据。现以"固定资产""累计折旧""固定资产减值准备"三个账户为例说明被调整账户与备抵账户之间的关系如图5-8所示。

固定资产

期初余额: 700 000	
期末余额: 700 000	

累计折旧

	期初余额: 70 000
	本期发生额: 2 000
	期末余额: 72 000

固定资产减值准备

	本期发生额: 30 000
	期末余额: 30 000

固定资产期末余额	700 000
减: 累计折旧期末余额	72 000
固定资产账面净值	628 000
减: 固定资产减值准备	30 000
固定资产实际余额	598 000

图5-8 被调整账户与备抵账户之间的关系

（六）备抵附加账户

备抵附加账户是指既用来抵减，又用来附加被调整账户的余额，以求得被调整账户实际余额的账户。备抵附加账户的结构特点是：兼具备抵账户与附加账户的双重功能，属于双重性质的账户。但是，备抵附加账户不能对被调整账户同时起两种作用，只能起附加作用或者抵减作用。该账户的余额与被调整账户的余额如果在同一方向，发挥附加作用；如果在不同方向，则发挥抵减作用。

“材料成本差异”账户就是“原材料”账户的备抵附加账户。“材料成本差异”账户的借方登记入库材料形成的超支差异，实际成本等于计划成本加上超支数额。而“材料成本差异”账户的贷方登记入库材料形成的节约差异，实际成本等于计划成本减去节约数额。

“材料成本差异”账户与被调整的“原材料”账户之间的关系如图5-9所示。

材料成本差异——A类

本期发生额：	5 000	本期发生额：	4 000
期末余额：	1 000		

原材料

本期发生额：		本期发生额：	
A类	60 000	A类	40 000
B类	70 000	B类	10 000
期末余额：	80 000		

材料成本差异——B类

本期发生额：	1 000	本期发生额：	6 000
		期末余额：	5 000

“原材料”账户的借方余额（计划成本）	80 000
加：“材料成本差异”账户的借方余额（超支差）	1 000
减：“材料成本差异”账户的贷方余额（节约差）	5 000
原材料的实际成本	76 000

图5-9 “材料成本差异”账户与被调整的“原材料”账户之间的关系

要注意“材料成本差异”账户在转出时正好相反，即“材料成本差异”账户的借方登记发出材料应负担的节约差异，贷方登记转出材料应负担的超支差异。期末余额在借方时，表示企业的库存材料的实际成本大于计划成本，期末余额在贷方时，表示的意思正好相反。

（七）集合分配账户

集合分配账户指在企业日常生产经营过程中，用于归集和分配企业在某个阶段所发生的相关费用的账户。典型的集合分配账户是“制造费用”账户，日常用来归集不能直接计入某个成本核算对象的间接费用，在期末将这一部分的费用全额进行分配，由适当的成本对象进行负担。相比一般的会计账户，集合分配账户主要反映企业具有费用性质的经济活动内容，账户的借方登记费用的发生额，账户的贷方登记费用的分配额，集合分配账户与成本类账户及损益类账户的性质类似，期末一般将余额进行结转且不存在余额。集合分配账户的基本结构如图5-10所示：

借方　　　　集合分配账户	贷方
期初余额：尚未摊配的待摊费用数 本期发生额：汇集经营过程中间接费用的本期发生额	本期发生额：本期分配到有关成本计算对象上的间接费用额
期末余额：已支付但尚未摊配的待摊费用数	

图5-10　集合分配账户的基本结构

（八）成本计算账户

成本计算账户是用以反映和监督企业在某一生产经营阶段，如产品制造、存货采购以及自营建筑工程等发生的全部费用，并借以确定该项目中各成本计算对象的实际总成本和单位成本的账户。"材料采购""生产成本""在建工程"等都属于这一类账户。成本计算账户的借方登记应计入某成本计算对象的全部费用，用于反映该对象实际发生的成本；贷方结转已完成某阶段经营活动的成本，用于反映该阶段已完工的某成本计算对象的实际成本。账户的期末余额通常在借方，用于反映尚未完工的某成本计算对象的实际成本金额。例如，"生产成本"账户借方登记当期发生的全部生产费用，贷方登记当期应结转的完工产品的实际生产成本，账户的月末余额通常在借方，用于反映生产过程中尚未完工的在产品实际生产成本。成本计算账户的基本结构如图5-11所示：

借方　　　　成本计算账户	贷方
期初余额：未转出成本计算对象的实际成本 本期发生额：经营过程中发生的应由成本计算对象承担的费用	本期发生额：转出成本计算对象的实际成本
期末余额：期末未转出成本计算对象的实际成本	

图5-11　成本计算账户的基本结构

成本计算账户既可提供某一计算对象的金额指标，又可提供其实物指标。该账户可以按照各个成本计算对象和成本项目分别设置明细分类账户，进行明细分类核算。

（九）对比账户

对比账户是用来核算经营过程中某一阶段某项经济业务按照两种不同的计价标准进行对比，借以确定其业务成果的账户，典型的对比账户是"材料采购"账户。

企业按计划成本进行材料日常核算就会设置"材料采购"账户，用来核算企业购入材料的实际成本和结转入库材料的计划成本，并据以计算、确定购入材料的成本差异额。借方登记入库材料的实际成本和结转入库材料实际成本小于计划成本的节约差异，贷方登记入库材料的计划成本和结转入库材料的实际成本大于计划成本的超支差异。期末余额在借方，表示在途材料的实际采购成本。对比账户的基本结构（以“材料采购”账户为例）如图5-12所示：

借方　　　　“材料采购”账户	贷方
期初余额：未入库材料的实际成本 本期发生额：期末入库材料的实际成本及转入“材料成本差异”账户贷方的实际成本小于计划成本的节约差	本期发生额：入库材料的计划成本及转入“材料成本差异”账户借方的实际成本大于计划成本的超支差
期末余额：在途材料的实际成本	

图5-12　对比账户的基本结构（以“材料采购”账户为例）

（十）收入计算账户

收入计算账户，是用来核算企业在一定时期（月、季或年）内所取得的各种收入和收益的账户。这类账户主要包括“主营业务收入”“其他业务收入”“投资收益”“营业外收入”等账户。收入计算账户就其结构看，贷方登记企业一定时期取得的各种收入和收益，借方登记本期发生的收入、收益减少额和期末转入“本年利润”账户的收入和收益净额。由于当期实现的全部收入和收益都要在期末转入“本年利润”账户，所以收入计算账户期末无余额。收入计算账户的基本结构如图5-13所示：

借方　　　　收入计算账户	贷方
本期发生额：收入和收益的减少额及期末转入“本年利润”账户的收入和收益净额	本期发生额：本期收入和收益的增加额

图5-13　收入计算账户的基本结构

收入计算账户是为确定生产经营成果而设置的，期末结转到财务成果计算账户后，该类账户无余额，该类账户在进行明细分类核算时一般按商品的类别或者业务类别分项进行明细分类核算。收入计算账户只提供价值指标。

（十一）费用计算账户

费用计算账户，是用来核算和监督企业在一定时期（月、季或年）内发生的应计入当期损益的费用、税金及附加、支出和损失等的账户。这类账户主要包括“主营业务成本”“税金及附加”“其他业务成本”“销售费用”“管理费用”“财务费用”“营业外支出”“所得税费用”等账户。费用计算账户就其结构看，借方登记企业一定时期内发生的成本、费用、税金及附加和损失费用，贷方登记本期发生的费用支出减少或转销数和期末转入“本年利润”账户的费用支出数。由于当期发生的全部费用支出数都要于期末转入“本年利润”账户，该类账户期末无余额。费用计算账户的基本结构如图5-14所示：

借方	费用计算账户 贷方
本期发生额：本期费用支出的增加额	本期发生额：本期费用支出的减少或转销数和期末转入“本年利润”账户的费用支出数

图5-14 费用计算账户的基本结构

费用计算账户也是为确定生产经营成果而设置的，期末结转到财务成果计算账户后，该类账户无余额。该类账户应按业务内容、费用支出项目等设置明细分类账户，进行明细分类核算。费用计算账户只提供价值指标。

（十二）财务成果计算账户

财务成果计算账户，是用来核算和监督企业在一定时期（月、季或年）内实现的最终财务成果的账户。这类账户主要包括“本年利润”等账户。财务成果计算账户就其结构看，贷方登记期末从各收入计算账户转入的本期发生的各项收入数，借方登记期末各费用计算账户转入的本期发生的、与本期内实现的收入和收益相配比的各项费用。期末如为贷方余额，则表示收入大于支出，差额部分为企业当期实现的净利润；期末如为借方余额，则表示费用支出大于收入，差额部分为当期发生的净亏损。年末，将本会计年度实现的全年净利润或发生的全年净亏损，结转到“利润分配”账户，结转后该账户无余额。财务成果计算账户的基本结构如图5-15所示：

借方	财务成果计算账户 贷方
本期发生额：期末从费用计算账户转入的各项成本、费用支出数	本期发生额：期末从收入计算账户转入的各项收入、收益数
期末余额：发生的亏损数	期末余额：实现的利润数
	年末无余额

图5-15 财务成果计算账户的基本结构

财务成果计算账户借方和贷方所登记的内容遵循权责发生制和收入费用配比的要求。配比原则作为会计要素确认要求，说明会计主体的经济活动既然会带来一定的收入，那么也会发生相应的费用，因此财务成果计算账户可以用来确定当期的利润。财务成果计算账户只提供价值指标。

综上所述，按用途、结构分类的账户体系，如图5-16所示。

三、账户按提供指标详细程度分类

账户按其所提供信息的详细程度及其包含关系可分为总分类账户和明细分类账户，前者简称总账，后者简称明细账。

- 账户
  - 基本账户
    - 盘存账户
      - “库存现金”
      - “银行存款”
      - “原材料”
      - “库存商品”
      - “固定资产”
    - 投资权益账户
      - “实收资本”
      - “资本公积”
      - “盈余公积”
    - 结算账户
      - 债权结算账户
        - “应收账款”
        - “其他应收款”
      - 债务结算账户
        - “应付账款”
        - “应付职工薪酬”
        - “应交税费”
        - “短期借款”
        - “长期借款”
      - 债权债务结算账户
        - “预收账款”
        - “预付账款”
    - 跨期摊配账户——“长期待摊费用”
  - 调整账户
    - 备抵账户
      - “坏账准备”
      - “累计折旧”
      - “存货跌价准备”
    - 备抵附加账户——“材料成本差异”
  - 成本账户
    - 集合分配账户——“制造费用”
    - 成本计算账户
      - “生产成本”①
      - “在建工程”
    - 对比账户——“材料采购”②
  - 损益计算账户
    - 收入计算账户
      - “主营业务收入”
      - “其他业务收入”
      - “营业外收入”
    - 费用计算账户
      - “主营业务成本”
      - “税金及附加”
      - “其他业务成本”
      - “销售费用”
      - “管理费用”
      - “财务费用”
      - “营业外支出”
      - “所得税费用”
    - 财务成果计算账户——“本年利润”

图5-16 账户按用途和结构分类示意图

1.总分类账户

总分类账户（Leger Account），是根据总分类科目开设的账户，又称“总账账户”或“一级账户”或者“统御账户”。总分类账户所提供的是综合资料，如“原材料”总分类账户提供的是企业全部材料的增减变化及其结存情况信息。

2.明细分类账户

明细分类账户（Subsidiary Account），是按明细分类账户设置的，运用货币量度，或货币量度与实物量度，或货币量度与劳动量度反映与监督某类会计对象局部或具体情

① “生产成本”账户若期末有余额，也是盘存账户。
② “材料采购”账户既是对比账户，也是成本计算账户。

况的账户。例如，“库存商品”是总分类账户，“库存商品——家电”是明细分类账户。

总分类账户对所属明细分类账户起着控制和统驭作用，是明细分类账户的综合化，明细分类账户对其应属的总分类账户起详细的补充说明作用，是总分类账户的具体化。总分类账户与其所属明细分类账户的核算对象是相同的，它们所提供的核算资料互相补充，只有把二者结合起来，才能既总括又详细地反映同一核算内容。因此，总分类账户和明细分类账户必须平行登记，记录时要以相同方向、相等的金额、在同一会计期间分别计入相关的总分类账户和明细分类账户。

四、账户按是否有余额分类

账户按照是否有期末余额可以分为期末有余额账户与期末无余额账户。期末有余额账户是实账户，期末无余额账户是虚账户，大多数是过渡账户或结算清算账户（如损益类账户）。

1.实账户

实账户（Real Account）是指资产、负债和所有者权益三类账户，即列示在资产负债表中的账户。这类账户期末一般有余额，并随着企业经营活动的持续而递延到下一个会计期间。这些账户不仅反映企业的资产、负债和所有者权益在本期的增减变化，还将这种变化逐期累计记录下来，并将其期末余额转为下期的期初余额，因而又称永久性账户。

同时，实账户的余额是编制资产负债表的基础，资产负债表是反映企业某一特定日期财务状况的会计报表，表中各项目所反映的是企业某一特定日期资产、负债和所有者权益的实有数额，是根据资产类账户、负债类账户和所有者权益类账户的期末余额直接填列或分析计算填列的。资产类账户、负债类账户和所有者权益类账户是编制资产负债表的主要依据。为此，资产类账户、负债类账户和所有者权益类账户亦称为资产负债表账户。

2.虚账户

虚账户（Nominal Account）指损益类账户，即收入类和费用类账户。虚账户在会计期末将本期汇集的借方或贷方发生额分别从其贷方或借方转至“本年利润”账户，结转后均无余额，因而又被称为“临时账户”。虚账户与“实账户”相对应，反映会计主体一定期间的损益情况。虚账户的设立为分期核算会计利润提供了极大的便利。为了将收入类账户和费用类账户结平，需要设置“本年利润”账户加以配合，“本年利润”账户本身也是虚账户，最后也要将其余额结转至永久性账户“利润分配——未分配利润”。

收入、费用在当期的发生额是编制利润表的基础。利润表是反映企业在一定时期财务成果的报表，表中各项目所反映的是企业一定会计期间所取得的收入、发生的费用，以及实现的利润（或亏损），是根据收入类账户、费用类账户和利润类账户的本期发生额直接填列或分析计算填列的。所以，我们也把收入类账户、费用类账户和利润类账户称为利润表账户。

此外，根据成本类账户和制造成本表的关系，还可以把相关账户归类为制造成本表账户。制造成本表反映的是企业在一定时期产品生产成本及其构成。制造成本表属于企业内部使用的报表，直接根据成本类账户的发生额填列，主要项目包括“生产成本”“制造费用”等。

● 思政小课堂　　应收账款贷方余额长期过大隐藏的税务风险

应收账款，是指企业在销售商品时采取赊销政策，给予客户一定信用期，客户可以在收到货物后的一段期限内支付的货款。这是企业的一种促销政策，如果出现贷方余额，则证明企业的商品属于紧俏商品，客户不但不能先拿货后付款，而且还得预先把款项支付给企业，待企业商品准备好后，再向客户发货，这代表企业对行业有很强的话语权，如贵州茅台公司。但是一般企业的应收账款的贷方余额长期占营业收入的比例过高，很可能会被税务机关进行纳税评估。请同学们扫描二维码阅读完整内容，分小组讨论还有哪些行业存在应收账款贷方余额过大的情况，企业应当如何管理应收账款账户规避税务风险？

补充与提示

分析提示：由于应收账款主要对应的账户为“主营业务收入”“其他业务收入”等收入类账户，用以真实地反映企业的收入质量，因此，如果应收账款大幅增加，而相对应的收入类指标与前期相比持平或下降，或借方发生额与“主营业务收入”加“应交税费——应交增值税（销项税额）”贷方发生额的差异较大，此时需要重点关注企业是否有隐瞒或延迟确认销售收入的情况。

本章小结

账户作为对经济业务进行分类、确认、记录的一种手段，每个账户都有特定的核算内容，它们从不同角度、不同环节反映和监督资产、负债和所有者权益的变化，在反映上各自具有特点。但是，反映经济业务的各个账户之间并不是孤立的，其相互联系地组成了一个完整、严密的账户体系。账户的分类是在承认每个不同性质和作用账户的特殊性的基础上，把同类账户加以归纳、总结，科学地划分出账户的共性，以便准确地做好会计记录和会计核算工作。账户可以从不同的角度进行分类，其中最主要的分类是按经济内容和按用途结构进行的分类。账户按经济内容一般可分为资产类、负债类、所有者权类、收入类、费用类和利润类六大类：账户按用途和结构可分为基本账户、调整账户、成本账户和损益计算账户四大类。基本账户具体又可以分为盘存账户、投资权益账户、结算账户和跨期摊配账户；调整账户根据调整方式不同，又可以分为备抵账户和备抵附加账户；成本账户具体又可以分为集合分配账户、成本计算账户和对比账户；损益计算账户具体又可以分为收入计算账户、费用计算账户及账务成果计算账户。

本章主要通过研究账户的分类，掌握各种账户的共性，探讨各账户之间的内在联系，理解各个账户在整个账户体系中的地位和作用，掌握各类账户在提供会计信息方面的规律，以达到正确设置和运用账户的目的。科学地进行账户分类，便于设置完整的账户体系，全面地反映企业的经营活动和资金运动情况；便于设置会计账簿的格式；便于编制会计报表。本章重点介绍了按经济内容及按用途和结构分类的账户体系，这对于我们正确地设置和运用账户来核算、监督经营过程和经营成果，为管理提供有用的会计信息具有重要意义。

拓展学习资料

1.财政部会计准则委员会官网 https：//www.casc.org.cn

2.中国大学MOOC https：//www.icourse163.org

3.国家精品课程资源网 http：//www.jingpinke.com/

4.公开课网 http：//www.openke.net/index.php

应知应会

应知应会
客观题答案

一、单项选择题

1.“生产成本”账户如有借方余额，按其用途结构分类属于（　　）。

A.对比账户　　B.集合分配账户

C.盘存账户　　D.跨期摊配账户

2.下列不属于备抵账户的是（　　）。

A.“存货跌价准备”账户　　B.“累计折旧”账户

C.“坏账准备”账户　　D.“应付利息”账户

3.下列不属于盘存账户的是（　　）。

A.“固定资产”账户　　B.“应收账款”账户

C.“原材料”账户　　D.“库存商品”账户

4.在下列所有者权益账户中，反映所有者原始投资的账户是（　　）。

A.“实收资本”账户　　B.“本年利润”账户

C.“盈余公积”账户　　D.“利润分配”账户

5.“税金及附加”账户按其经济内容分类属于（　　）。

A.负债类账户　　B.费用计算账户　　C.收入类账户　　D.费用类账户

6.下列账户按用途结构分类不属于费用计算账户的是（　　）。

A.“管理费用”账户　　B.“制造费用”账户

C.“财务费用”账户　　D.“销售费用”账户

7.设置“材料成本差异”账户是用来抵减附加（　　）的。

A.“原材料”账户　　B“生产成本”账户

C.“材料采购”账户　　D.“库存商品”账户

8.下列账户中，属于备抵附加账户的是（　　）。

A.“坏账准备”账户　　B.“利润分配”账户

C.“材料成本差异”账户　　D.“累计折旧”账户

9.结算账户的期末余额（　　）。

A.在借方　　B.可能在借方也可能在贷方

C.在贷方　　D.以上都不对

10.下列不是按用途和结构分类的账户是（　　）。

A.成本计算账户　　B.费用类账户

C.财务成果计算类账户　　D.损益计算账户

二、多项选择题

1.不属于费用类账户的有（　　）。

A.“管理费用”账户　　B.“制造费用”账户

C.“应付账款”账户　　D.“销售费用”账户

2.下列账户属于投资权益账户的有（　　）。

A.“实收资本”账户　　B.“应收股利”账户

C.“资本公积”账户　　D.“盈余公积”账户

3.下列账户中可能属于盘存账户的有（　　）。

A.“原材料”账户　　B.“库存商品”账户

C.“银行存款”账户　　D.“固定资产”账户

4.下列账户中期末如有余额表现在借方的有（　　）。

A.债权结算账户　　B.收入计算账户　　C.盘存账户　　D.成本计算账户

5.所谓账户的结构，是指账户提供核算指标的方式，即（　　）。

A.账户期末余额的方向　　B.账户余额表示的内容

C.账户借方核算的内容　　D.账户贷方核算的内容

6.“长期待摊费用”账户按其不同标志分类可能属于（　　）。

A.资产类账户　　B.集合分配账户　　C.费用类账户　　D.跨期摊配账户

7.下列账户中反映流动资产的账户有（　　）。

A.“应收账款”账户　　B.“长期待摊费用”账户

C.“原材料”账户　　D.“库存商品”账户

8.下列账户中属于债权结算账户的有（　　）。

A.“预付账款”账户　　B.“应付账款”账户

C.“应收账款”账户　　D.“应收票据”账户

9.关于“本年利润”账户，下列说法中正确的有（　　）。

A.期末如为贷方余额，表示累积实现的净利润

B.期末如为贷方余额，表示本期实现的利润总额

C.期末如为借方余额，表示累积发生的亏损额

D.年末如为贷方余额，表示未分配利润额

10.下列盘存账户中，通过设置和运用明细账可以提供数量和金额两种指标的有（　　）。

A.“银行存款”账户　　B.“库存现金”账户

C.“原材料”账户　　D.“库存商品”账户

三、复习思考题

1.什么是账户的分类？为什么要对账户进行分类？

2.科学地进行账户分类有哪些作用？

3.账户按照经济内容可以分为哪些类别？

4.资产类账户的结构是什么？哪一类账户结构与其相同？

5.结算账户分为哪几种？其用途结构如何？

6.为什么要设置调整账户？调整账户的特点是什么？

7.什么是实账户？什么是虚账户？

8.收入计算账户、费用计算账户和财务成果计算账户之间存在什么关系？

9.资产负债表账户、利润表账户各包括哪些内容？

挑战一下

扫码答题

第六章 会计凭证

思政目标

价值引领：

◆传承“诚实守信”的传统美德，践行“诚信”社会主义核心价值观。

◆强化“遵纪守法”的法治观念，让“法治”核心价值观深入人心。

专业融合：

◆结合会计处理需有真凭实据的要求，强化学生诚实守信、言必有据的观念。

◆会计凭证的填制、审核、传递、保管等都要按照相关法律规定和客观实际进行，且需耐心细心，引导学生树立遵守规定、求真求实、细致严谨的工作作风。

能力培养：

◆通过真凭实据、合法合规的相关知识学习，培养学生明辨是非的判断力、缜密的逻辑思维和客观公正的优秀品质。

◆结合法律规定及会计领域的变化，培养学生运用“事物是运动、变化、发展的”唯物辩证观进行思考和分析的能力。

学习目标

1.基础目标：掌握会计凭证的分类，会计凭证的填制与审核。

2.高阶目标：融合网络环境下会计凭证、会计法规等内容及规定进行学习与应用。

3.挑战目标：运用法律规定进行会计凭证造假案分析，结合大数据、人工智能等提出防范会计凭证造假的对策。

本章重点

会计凭证的分类；会计凭证的填制与审核。

开篇案例

东方金钰案例

东方金钰
案例

号称“翡翠第一股”的东方金钰（退市前的股票代码：600086）是中国第一家翡翠行业上市公司。证监会发布的文件显示，东方金钰为完成营业收入、利润总额等业绩指标，通过伪造销售合同等方法，虚构与其所控制的瑞丽市姐告宏宁珠宝有限公司，以及普某腊、保某、李某青、凤某、自某堵、张某梅六名自然人名义客户之间的翡翠原石销售交易。

东方金钰在2016年年度报告中虚增营业收入14 169.09万元，虚增营业成本4 665万元，虚增利润总额9 504.09万元，占当年合并利润表利润总额的29.6%；2017年年度报告虚增营业收入29 487.1万元，虚增营业成本11 038.9万元，虚增利润总额18 448.2万元，占当年合并利润表利润总额的59.7%；2018年半年度报告虚增营业收入12 000万元，虚增营业成本4 100万元，虚增应收账款7 720万元，虚增利润总额7 900万元，占2018年半年度报告利润总额的211.48%。

东方金钰及相关人员的违法行为受到了严厉处罚，证监会2020年9月9日发布市场禁入决定书（〔2020〕13号文件）和行政处罚决定书（〔2020〕62号文件）。2021年1月13日，上交所对*ST金钰做出终止上市的决定，市值曾高达150亿元的东方金钰最终被迫退市。

思考：

想一想该公司的翡翠原石销售交易对应的合法合规、真实的会计凭证有哪些？

第一节 会计凭证概述

一、会计凭证的概念

会计凭证（Accounting Document）是记录经济业务事项发生或完成情况的书面证明，是登记会计账簿的依据。会计凭证包括纸质会计凭证和电子会计凭证两种形式。企业须按法律法规及准则规定并且按一定的程序填制和审核会计凭证，根据审核无误的会计凭证进行账簿登记，如实反映企业的经济业务。

二、会计凭证的种类

按照填制程序和用途的不同，会计凭证可以分为原始凭证和记账凭证。

（一）原始凭证

1.原始凭证的概念

原始凭证（Source Document，Original Evidence）是在经济业务发生或完成时取得或填制的会计凭证，是用以记录或证明经济业务的发生或完成情况的书面证明。

企业办理《中华人民共和国会计法》规定的“款项和有价证券的收付”“财物的收发、增减和使用”“债权债务的发生和结算”“资本、基金的增减”“收入、支出、费用、成本的计算”“财务成果的计算和处理”等经济业务事项，必须填制或者取得原始凭证并及时送交会计机构。

2.原始凭证的种类

（1）原始凭证按取得来源不同，可分为自制原始凭证和外来原始凭证。

自制原始凭证，是指由本单位的有关部门或人员，在办理或完成某项经济业务时自制的原始凭证。例如，单位内部使用的产品入库单（见表6-1）、借款单（如图6-1所示）等。

表6-1　产品入库单

制单日期	2021.3.31			仓库	1号仓库	
单据编号	001			完工单编号	123456	
序号	品名	规格型号	单位	入库时间	数量	备注
1	医用外科口罩	XXX	个	2021.3.31	10 000	
2						
3						
4						
5						
合计					10 000	

仓储部经理：赵同心　　　仓管员：钱仓　　　车间管理员：李同心

借 款 单

部门：销售部　　　　　　　　　　　　　　　　　　2021年3月2日

借款用途　出差

借款金额　人民币（大写）壹仟元整　　　　　　¥1 000.00

☑现金　　　☐支票　　　☐电汇

总经理：王守法　　财务主管：陈为民　　部门负责人：张伟　　借款人：李心

图6-1　借款单

单位在购买材料入库、生产产品完工入库等情况下需要填写入库单。在实际工作中每个单位的入库单填写并不完全一样，具体格式、内容视各企业的不同要求而有区别。入库单一般包括入库产品的名称、编号、数量、金额、入库的日期、仓库的名称、相关人员签章等要素。

借款单是指因工作或业务需要在完成相关报销或付款手续之前借款办理业务而填写的单据。借款单一般一式两联，第一联是借款单存根，作为借款人的借款单据，第二联是借款单（代付款凭证），作为借款人向企业借款的借据，并作为办理借款的付款凭证。在填写借款单时，借款单所列相关内容须填写清楚，项目要逐一填写完整，不得有空缺；借款单位、借款事由须具体详细；借款金额大小写要填写一致。

外来原始凭证，是指在经济业务发生或完成时，从其他单位或个人取得的用以证明其经济业务的凭证。例如，来自供货单位开具的发票（如图6-2所示）、银行进账单（如图6-3所示）、机票、火车票等。

4100104140　　　　增值税专用发票　　　　№ 00009011

全国统一发票监制章　广州市　国家税务总局监制

记账联　　　　开票日期：2021年3月4日

购买方	名　　称：中华同心口罩有限公司 纳税人识别号：91*6545647C4D34*78 地 址 、电 话：珠海市高新区7-36 0756-55767*73 开户行及账号：工商银行珠海分行香洲支行150*4567457656*752					密码区	6877789*&^(&% 45*&^) (*&*(% (6^^#% #@# $@ 342vkh% 43223216 + 5456132415? >< $#@ $# + I28 $ + I51#@ $@ $ + I77@ + I103 + I129#@Q $@Q $@#R#564816#r3w4165151@#553# $% #5 + I28&^#$&^+$&^3515618651*^%6516)	
货物或应税劳务、服务名称		规格型号	单位	数量	单价	金额	税率	税额
*医疗仪器器械*环氧乙烷灭菌柜			台	2	300 000.00	600 000.00	13%	78 000.00
合　计						¥600 000.00		¥78 000.00
价税合计（大写）		⊗陆拾柒万捌仟元整						（小写）¥678 000.00
销售方	名　　称：广州医疗器械有限公司 纳税人识别号：91*6893647C4D34*56 地 址 、电 话：广东省广州市海珠区7号 070-57593*78 开户行及账号：交行广州分行684*45678765456*973					备注	广州医疗器械有限公司 91*6893647C4D34*56 发票专用章	

第一联：记账联　销售方记账凭证

收款人：夏向阳　　　复核：刘平　　　开票人：张扬　　　销售方：（章）

4100104140 **增值税专用发票** № 00009011

全国统一发票监制章 国家税务总局监制

抵扣联 开票日期：2021年3月4日

购买方	名　　称：中华同心口罩有限公司 纳税人识别号：91*6545647C4D34*78 地址、电话：珠海市高新区7-36 0756-55767*73 开户行及账号：工商银行珠海分行香洲支行150*4567457656*752	密码区	6877789*&^(&% 45*&^)(*&*(% (6^#% #@# $@ 342vkh% 43223216+5456132415?><$#@$#+ 128$+151#@$@$+177@+1103+1129#@Q$@Q $@#R#564816#r3w4165151@#553# $% #5 + 128&^#$&^+$&^3515618651*^%6516)

货物或应税劳务、服务名称	规格型号	单位	数量	单价	金额	税率	税额
*医疗仪器器械*环氧乙烷灭菌柜		台	2	300 000.00	600 000.00	13%	78 000.00
合　　计					¥600 000.00		¥78 000.00
价税合计（大写）	⊗陆拾柒万捌仟元整				（小写）¥678 000.00		

销售方	名　　称：广州医疗器械有限公司 纳税人识别号：91*6893647C4D34*56 地址、电话：广东省广州市海珠区7号 070-57593*78 开户行及账号：交行广州分行684*45678765456*973	备注	广州医疗器械有限公司 91*6893647C4D34*56 发票专用章

收款人：夏向阳　　复核：刘平　　开票人：张扬　　销售方：（章）

第二联：抵扣联 购买方扣税凭证

4100104140 **增值税专用发票** № 00009011

全国统一发票监制章 广州市 国家税务总局监制

发票联 开票日期：2021年3月4日

购买方	名　　称：中华同心口罩有限公司 纳税人识别号：91*6545647C4D34*78 地址、电话：珠海市高新区7-36 0756-55767*73 开户行及账号：工商银行珠海分行香洲支行150*4567457656*752	密码区	6877789*&^(&% 45*&^)(*&*(% (6^#% #@# $@ 342vkh% 43223216+5456132415?><$#@$#+ 128$+151#@$@$+177@+1103+1129#@Q$@Q $@#R#564816#r3w4165151@#553# $% #5 + 128&^#$&^+$&^3515618651*^%6516)

货物或应税劳务、服务名称	规格型号	单位	数量	单价	金额	税率	税额
*医疗仪器器械*环氧乙烷灭菌柜		台	2	300 000.00	600 000.00	13%	78 000.00
合　　计					¥600 000.00		¥78 000.00
价税合计（大写）	⊗陆拾柒万捌仟元整				（小写）¥678 000.00		

销售方	名　　称：广州医疗器械有限公司 纳税人识别号：91*6893647C4D34*56 地址、电话：广东省广州市海珠区7号 070-57593*78 开户行及账号：交行广州分行684*45678765456*973	备注	广州医疗器械有限公司 91*6893647C4D34*56 发票专用章

收款人：夏向阳　　复核：刘平　　开票人：张扬　　销售方：（章）

第三联：发票联 购买方记账凭证

图6-2　增值税专用发票（第1~3联）

增值税专用发票由基本联次或者基本联次附加其他联次构成，基本联次分为三联：发票联、抵扣联和记账联。发票联是购买方核算采购成本和增值税进项税额的记账凭证；抵扣联是购买方报送主管税务机关认证和留存备查的凭证；记账联是销售方核算销售收入和增值税销项税额的记账凭证。其他联次的用途由一般纳税人自行确定。

ICBC中国工商银行进账单（贷方凭证）

2021年3月30日

出票人	全　称	广州红祥医药有限公司	收款人	全　称	中华同心
	账　号	123456789012345 6888		账　号	123456789012345 6789
	开户银行	工商银行××支行		开户银行	工商银行××支行
金额	人民币（大写）	叁佰柒拾伍万柒仟贰佰伍拾元整	千 百 十 万 千 百 十 元 角 分 ¥ 3 7 5 7 2 5 0 0 0		
票据种类		票据张数			
票据号码					
备注：			复核		记账

此联由收款人开户银行作贷方凭证

图6-3　银行进账单

根据《国家税务总局关于在新办纳税人中实行增值税专用发票电子化有关事项的公告》，为全面落实《优化营商环境条例》，深化税收领域"放管服"改革，加大推广使用电子发票的力度，国家税务总局决定在前期宁波、石家庄和杭州3个地区试点的基础上，在全国新设立登记的纳税人中实行增值税专用发票电子化（简称"电子专票"）。电子专票由各省税务局监制，采用电子签名代替发票专用章，属于增值税专用发票，其法律效力、基本用途、基本使用规定等与增值税纸质专用发票相同。税务机关按照电子专票和纸质专票的合计数，为纳税人核定增值税专用发票领用数量。电子专票和纸质专票的增值税专用发票（增值税税控系统）最高开票限额应当相同。单位和个人可以通过全国增值税发票查验平台（https：//inv-veri.chinatax.gov.cn）对电子专票信息进行查验；可以通过全国增值税发票查验平台下载增值税电子发票版式文件阅读器，查阅电子专票并验证电子签名有效性。

小知识：电子发票真伪验证方法

（2）原始凭证按填制手续和内容不同，可分为一次凭证、累计凭证和汇总凭证。

一次凭证，是指一次填制完成，只记载一项经济业务事项或记载同时发生的若干项同类经济业务事项，且仅一次有效的凭证，如增值税专用发票、领料单（见表6-2）、入库单等。一次凭证使用方便灵活，但凭证数量较多，核算比较麻烦。

表6-2　　领料单

领料部门：生产车间　　领料单号：002　　派工单号：03　　编制日期：2021年3月3日

序号	材料编码	材料名称	单位	材料规格	加工产品	领用数量	领用时间	备注
1		过滤网	吨			30	3月3日	
2		织物	件			84 000	3月3日	
3		聚乙烯无纺布	件			120 000	3月3日	
4		亲肤布	件			110 000	3月3日	
5		辅助材料	个			580 000	3月3日	

仓储部：赵同心　　部门主管：陈为民　　领用人：刘同

累计凭证，是指记录在一定时期内不断重复发生的同类型经济业务，在一张凭证中多次进行才能完成，且多次有效的原始凭证。例如，限额领料单（见表6-3），在有效期内只要领用数量不超过限额就可以连续使用。使用累计凭证，随时登记发生的经济业务并计算出累计数及结余数，期末计算总数后作为记账的依据，有助于减少原始凭证的数量，简化凭证填制的手续。

表6-3　　限额领料单

领料部门：生产车间　　材料类别：过滤网

用途：生产N95口罩　　2021年3月　　仓库：2

<table>
<tr><td rowspan="2">材料编号</td><td colspan="2" rowspan="2">材料名称</td><td rowspan="2">规格</td><td colspan="2" rowspan="2">计量单位</td><td rowspan="2">领用限额</td><td colspan="3">实际领用</td><td rowspan="2">备注</td></tr>
<tr><td>数量</td><td>单价</td><td>金额</td></tr>
<tr><td>0101</td><td colspan="2">过滤网</td><td>#231</td><td colspan="2">吨</td><td>100</td><td>100</td><td>9 000.00</td><td>900 000.00</td><td></td></tr>
<tr><td rowspan="2">日期</td><td colspan="2">请领</td><td colspan="3">实发</td><td colspan="3">退库</td><td colspan="2" rowspan="2">限额结余</td></tr>
<tr><td>数量</td><td>领料负责人签章</td><td>数量</td><td>发料人签章</td><td>领料人签章</td><td>数量</td><td>收料人签章</td><td>退料人签章</td></tr>
<tr><td>3.3</td><td>30</td><td>付同</td><td>30</td><td>钱仓</td><td>刘同</td><td>0</td><td></td><td></td><td colspan="2">70</td></tr>
<tr><td>3.15</td><td>25</td><td>付同</td><td>26</td><td>钱仓</td><td>刘同</td><td>1</td><td>严格</td><td>刘同</td><td colspan="2">45</td></tr>
<tr><td>3.24</td><td>40</td><td>付同</td><td>40</td><td>钱仓</td><td>李同</td><td>2</td><td>严格</td><td>李同</td><td colspan="2">7</td></tr>
</table>

审核人：张礼　　供应部门负责人：李桐　　仓库负责人：赵同心

限额领料单亦称“定额领料单”，是一种多次使用的累计领料凭证，在有效期间（最多为一个月）内，只要领用不超过限额，就可以连续使用。它用于经常领用且规定有领用限额的材料领发业务。限额领料单应在每月开始前，由生产计划部门根据生产作业计划和材料消耗定额，按照材料、用途编制。限额领料单通常一式两联：一联送交仓库据以发料；另一联送交领料部门据以领料。领发材料时，仓库应按单内所列材料品名、规格在限额内发放，同时把实发数量和限额结余数填写在仓库和领料单位持有的两份限额领料单内，并由领发料双方在两份限额领料单内签章。月末，结出实物数量和金额，交由会计部门据以记账。如有结余材料，领料单位应办理退料手续。由于增加产量需要追加限额，或使用不当等原因需要超额领料的，以及采用其他材料代用的，都应经过审批程序，另编领料凭证，并注明原因，仓库才能据以发料。领发代用材料时，还应在限额领料单内填明代用数量，相应减少限额余额，同时注明领料单号数，以备核查。

汇总凭证，也称汇总原始凭证或原始凭证汇总表，是指根据许多同类经济业务的原始凭证按照一定标准加以汇总而重新编制的凭证。例如，月末根据月份内所有的领料单汇总编制的发料凭证汇总表（见表6-4），是企业对于材料领发的一种汇总凭证，也是企业进行材料发出总分类核算的依据。发料凭证汇总表须根据材料领发凭证，按照材料类别和使用单位进行整理汇总。发料凭证汇总表通常在每月月末编制，也可每旬或每周汇总一次，到月底进行加总。汇总原始凭证有助于简化记账凭证的编制工作，但它本身不具备法律效力。

表6-4　　　　　　　　　　　　中华同心发料凭证汇总表

附件2张　　　　　　　　　　　　2021年3月　　　　　　　　　　　　No.4　单位：元

项目	过滤网	织物	聚乙烯无纺布	亲肤布	辅助材料	合计
生产医用口罩	316 000		60 000	55 000	150 000	581 000
生产N95口罩	632 000	84 000	60 000	55 000	430 000	1 261 000
合计	948 000	84 000	120 000	110 000	580 000	1 842 000

会计主管：陈为民　　　　记账：张阳　　　　审核：张礼　　　　填制：张雪

小思考6-1

提示

小思考6-1 累计凭证和汇总凭证

已知：中华同心业务中既涉及累计凭证，又涉及汇总凭证。

提问：累计凭证和汇总凭证如何区分？

（3）原始凭证按格式的不同，可分为专用凭证和通用凭证。

专用凭证，是指由单位自行印制、仅在本单位使用的原始凭证，如领料单、差旅费报销单等。

通用凭证，是指由相关部门统一印制、在特定范围内使用、格式统一的原始凭证，如增值税专用发票。

（二）记账凭证

1. 记账凭证的概念

记账凭证（Accounting Voucher）是由会计人员根据审核无误的原始凭证，按其经济业务的内容加以归类整理，并据以确定会计分录后所填制的会计凭证，作为登记账簿的直接依据。会计人员填制记账凭证要严格按照规定的格式和内容进行。

2. 记账凭证的种类

（1）记账凭证按用途不同，可分为专用记账凭证和通用记账凭证。

专用记账凭证，是指分类反映经济业务的记账凭证。根据反映经济业务的内容不同，专用记账凭证可分为收款凭证、付款凭证和转账凭证三种。

收款凭证是用于记录现金和银行存款收入业务的记账凭证。例如，企业以银行存款的形式收到销货款的经济业务，填制收款凭证，收款凭证已在左上角锁定借方科目，见表6-5。

付款凭证是用于记录现金和银行存款支出业务的记账凭证。例如，员工预借差旅费，企业以库存现金支付，填制付款凭证，付款凭证已在左上角锁定贷方科目，见表6-6。

转账凭证是用来记录不涉及现金和银行存款的经济业务的记账凭证。例如，企业在建工程转入固定资产，填制转账凭证见表6-7。

通用记账凭证，是指用于反映所有经济业务的记账凭证，为各类经济业务共同使用。例如，企业给员工发放工资，填制通用记账凭证见表6-8。

表6-5

收 款 凭 证

借方科目：银行存款　　　　2021年3月5日　　　　银收字第2号

摘要	贷方科目		金额											记账
	总账科目	明细科目	亿	千	百	十	万	千	百	十	元	角	分	
销售商品收款	主营业务收入	一次性医用口罩							2	0	0	0	0	
合计								¥	2	0	0	0	0	

附单据2张

会计主管：陈为民　　记账：张阳　　出纳：曹浩　　审核：张礼　　制单：张雪

表6-6

付 款 凭 证

贷方科目：库存现金　　　　2021年3月8日　　　　现付字第12号

摘要	借方科目		金额											记账
	总账科目	明细科目	亿	千	百	十	万	千	百	十	元	角	分	
员工李心预借差旅费	其他应收款	备用金						2	5	0	0	0	0	
合计							¥	2	5	0	0	0	0	

附单据2张

会计主管：陈为民　　记账：张阳　　出纳：曹浩　　审核：张礼　　制单：张雪

表6-7

转 账 凭 证

2021年3月8日　　　　转字第5号

摘要	总账科目	明细科目	借方金额										贷方金额										记账
			千	百	十	万	千	百	十	元	角	分	千	百	十	万	千	百	十	元	角	分	
在建工程转入固定资产	固定资产	医用口罩生产线			8	4	0	0	0	0	0	0											
	固定资产	N95口罩生产线		1	2	8	0	0	0	0	0	0											
	在建工程	医用口罩生产线													8	4	0	0	0	0	0	0	
	在建工程	N95口罩生产线												1	2	8	0	0	0	0	0	0	
合计			¥	2	1	2	0	0	0	0	0	0	¥	2	1	2	0	0	0	0	0	0	

附单据2张

会计主管：陈为民　　记账：张阳　　审核：张礼　　制单：张雪

表6-8

记 账 凭 证

2021年3月10日　　　　　　　　　　　　　　　记字第5号

摘要	总账科目	明细科目	借方金额										贷方金额										记账
			千	百	十	万	千	百	十	元	角	分	千	百	十	万	千	百	十	元	角	分	
发放工资	应付职工薪酬	工资			3	6	4	9	0	0	0	0											
	银行存款	工商银行珠海分行香洲支行													3	6	4	9	0	0	0	0	
合计				¥	3	6	4	9	0	0	0	0		¥	3	6	4	9	0	0	0	0	

附单据2张

会计主管：陈为民　　记账：张阳　　出纳：曹浩　　审核：张礼　　制单：张雪

（2）记账凭证按填列方式不同，可分为单式记账凭证和复式记账凭证。

单式记账凭证，是指将一笔经济业务涉及的会计科目分别填制的记账凭证，即在一张记账凭证中只填列会计科目的借（贷）方科目。填列借方科目的记账凭证称为借项记账凭证，填列贷方科目的记账凭证称为贷项记账凭证。采用单式记账凭证便于汇总每一会计科目的借方发生额和贷方发生额，便于分工记账；但不能在一张凭证上反映一项经济业务的全貌，且记账凭证的数量和填制工作量较大。单式记账凭证一般适用于业务量较大，会计部门分工比较细的单位。

复式记账凭证，是将一笔经济业务涉及的所有会计科目都在一张凭证中反映的记账凭证。上述专用记账凭证和通用记账凭证都属于复式记账凭证。采用复式记账凭证便于在一张凭证上反映一项经济业务的全貌，并且填写方便，所附的原始凭证集中，便于分析与审核。

（3）记账凭证按填列内容不同，可分为单一记账凭证、汇总记账凭证、科目汇总表。

单一记账凭证，是指只包括一笔经济业务的会计分录的记账凭证。单一记账凭证与单式记账凭证的主要区别在于，前者包括一笔经济业务的借方和贷方会计科目，后者只填列一笔经济业务所涉及会计科目的借（贷）方科目。

汇总记账凭证，是指对一定时期内同类单一记账凭证加以汇总而重新编制的记账凭证，其目的是简化总分类账的登记手续。汇总记账凭证可进一步分为汇总收款凭证、汇总付款凭证、汇总转账凭证。

科目汇总表，是指对一定时期内所有的记账凭证加以汇总而重新编制的记账凭证，其目的也是简化总分类账的登记手续。科目汇总表须定期对全部记账凭证进行汇总，按各个会计科目列示其借方发生额和贷方发生额。根据借贷记账法的基本原理，科目汇总表中各个会计科目的借方发生额合计与贷方发生额合计应相等，因此，科目汇总表具有试算平衡的作用。科目汇总表的一般格式见表6-9。

表6-9 科目汇总表 科汇字第3号

2021年3月 单位：元

序号	科目	期初数		本期发生数			期末余额	
		借方金额	贷方金额	借方金额	贷方金额	本期余额	借方金额	贷方金额
1	库存现金	3 120.00		100 396.00	101 929.00	−1 533.00	1 587.00	
2	银行存数	834 650.00		1 016 080.50	1 283 925.60	−267 845.10	566 804.90	
3	应收票据	72 500.00		725 400.00	170 000.00	555 400.00	627 900.00	
4	应收账款	166 750.00		287 643.00	58 000.00	229 643.00	396 393.00	
5	其他应收款	1 500.00		1 200.00	1 500.00	−300.00	1 200.00	
6	原材料	442 000.00		580 300.00	542 000.00	38 300.00	480 300.00	
7	在途物资	256 876.50		580 000.00	580 000.00	0.00	256 876.50	
8	生产成本	210 000.00		561 580.00	572 000.00	−10 420.00	199 580.00	
9	库存商品	546 000.00		572 000.00	1 100 464.11	−528 464.11	17 535.89	
10	固定资产	1 359 000.00		758 500.00	630 000.00	128 500.00	1 487 500.00	
11	在建工程	27 000.00		3 000.00	3 500.00	−500.00	26 500.00	
12	累计折日		278 000.00	2 400.00	10 872.00	8 472.00		286 472.00
13	应付票据		134 000.00	0	0	0		134 000.00
14	应付账款		3 255 426.50	43 000.00	70 200.00	27 200.00		3 282 626.50
15	应付职工薪酬		44 070.00	112 560.00	128 318.40	15 758.40		59 828.40
16	应交税费		207 900.00	306 075.00	397 425.39	91 350.39		299 250.39
17	合计	3 919 396.50	3 919 396.50	5 650 134.50	5 650 134.50		4 062 177.29	4 062 177.29

第二节 原始凭证

一、原始凭证的基本内容

由于经济业务的内容及经营管理的要求不同，记录经济业务的原始凭证的具体格式和内容也不尽相同。但每一种原始凭证都应当客观地、真实地记录和反映经济业务的发生、完成情况，明确相关单位、部门及人员的经济责任。这些共同的要求决定了原始凭证必须具备以下基本内容：①凭证的名称；②填制凭证的日期；③填制凭证单位名称或者填制人姓名；④经办人员的签名或者盖章；⑤接收凭证单位名称；⑥经济业务内容；⑦数量、单价和金额。

有些原始凭证除了包括上述基本内容以外，为了满足计划、统计、分析等其他业务工作的需要，还会列入一些补充内容。例如，在有些原始凭证上，还要注明与该笔经济业务有关的计划指标、预算项目和经济合同等。

各会计主体根据会计核算和管理的需要，按照原始凭证应具备的基本内容和补充内容，即可设计和印制适合本主体需要的各种原始凭证。但是，为了加强宏观管理，强化监督，防止偷税、漏税，各有关主管部门应当为同类经济业务设计统一的原始凭证格式。例如，由中国人民银行设计统一的银行汇票、本票、支票；由税务部门统一设计的发票、收款收据等。这样不但可使反映同类经济业务的原始凭证内容在全国统一，便于加强监督管理，而且也可以节省各会计主体的印刷费用。

二、原始凭证的填制

（一）原始凭证填制的基本要求

1.记录真实

凭证上记载的经济业务，必须与实际情况相符合，决不允许有任何歪曲或弄虚作假。对于实物的数量、质量和金额，都要经过严格的审核，确保凭证内容真实可靠。从外单位取得的原始凭证如有丢失，应取得原签发单位盖有“财务专用章”的证明，并注明原凭证的号码、所载金额等内容，由经办单位负责人批准后，可代作原始凭证；对于确实无法取得证明的，如火车票、轮船票、飞机票等，可由当事人写出详细情况说明，由经办单位负责人批准后，也可代作原始凭证。

小知识：真凭实据

2.内容完整

凭证中的基本内容和补充内容都要完整地填写，不得漏填或省略不填。如果项目填写不全，则不能作为经济业务的合法证明，也不能作为有效的会计凭证。为了明确经济责任，原始凭证必须由经办部门和人员签章。从外单位取得的原始凭证，必须盖有填制单位的公章；从个人取得的原始凭证，必须有填制人员的签名或者盖章。自制原始凭证必须有经办单位领导人或者其指定的人员签名或者盖章。对外开出的原始凭证，必须加盖本单位公章。

3.手续完备

原始凭证的填制手续，必须符合内部控制的要求，填制手续要完备。购买实物的原始凭证，必须有验收证明。支付款项的原始凭证，必须有收款单位和收款人的收款证明。一式多联的原始凭证，应当注明各联的用途，只能以一联作为报销凭证。一式多联的发票和收据，必须用双面复写纸（发票和收据本身具备复写纸功能的除外）套写，并连续编号，作废时应当加盖“作废”戳记，连同存根一起保存，不得撕毁。发生销货退回的，除填制退货发票外，还必须有退货验收证明；退款时，必须取得对方的收款收据或者汇款银行的凭证，不得以退货发票代替收据。职工因公借款凭据，必须附在记账凭证之后。收回借款时，应当另开收据或者退还借款收据副本，不得退还原借款收据。经上级有关部门批准的经济业务，应当将批准文件作为原始凭证附件。如果批准文件需要单独归档，应当在凭证上注明批准机关名称、日期和文件字号。

4.填制规范

原始凭证上的文字，要按规定书写，字迹要工整、清晰，易于辨认，不得使用未经国务院颁布的简化字；凡填有大写和小写金额的原始凭证，大写与小写金额必须相符。不得涂改、挖补，发现原始凭证有错误的，应当由开出单位重开或者更正，更正处应当加盖开出单位的公章。

财政部发布的《会计基础工作规范》规定，填制会计凭证，字迹必须清晰、工整，并符合下列要求：

（1）阿拉伯数字应当一个一个地写，不得连笔写。阿拉伯金额数字前面应当书写货币币种符号或者货币名称简写和币种符号。币种符号与阿拉伯金额数字之间不得留有空白。凡阿拉伯数字前写有币种符号的，数字后面不再写货币单位。

（2）所有以元为单位（其他货币种类为货币基本单位，下同）的阿拉伯数字，除表示单价等情况外，一律填写到角分；无角分的，角位和分位可写“00”，或者符号“——”；有角无分的，分位应当写“0”，不得用符号“——”代替。

（3）汉字大写数字金额如零、壹、贰、叁、肆、伍、陆、柒、捌、玖、拾、佰、仟、万、亿等，一律用正楷或者行书体书写，不得用0、一、二、三、四、五、六、七、八、九、十等简化字代替，不得任意自造简化字。大写金额数字到元或角为止的，在“元”或者“角”字后应写“整”字或者“正”字；大写金额数字有分的，分字后面不写“整”或者“正”字。

（4）大写金额数字前未印有货币名称的，应当加填货币名称，货币名称与金额数字之间不得留有空白。

（5）阿拉伯金额数字中间有“0”时，汉字大写金额要写“零”字；阿拉伯数字金额中间连续有几个“0”时，汉字大写金额中可以只写一个“零”字；阿拉伯金额数字元位是“0”，或者数字中间连续有几个“0”、元位也是“0”但角位不是“0”时，汉字大写金额可以只写一个“零”字，也可以不写“零”字。

5.连续编号

原始凭证要连续编号，以便查考。如果凭证已预先印定编号，如发票、收据、支票，应按编号连续使用，在需要作废时，应加盖“作废”戳记，与存根一起妥善保管，不得撕毁。原始凭证一般情况下按年月日号来编写，编号一般设置为11位。

6.填制及时

每笔经济业务发生或完成后，经办业务的有关部门和人员必须及时填制原始凭证，做到不拖延、不积压，并要按规定的程序将其送交会计部门。

（二）自制原始凭证的填制

不同的自制原始凭证，其具体填制要求有所不同：

1. 一次凭证

一次凭证应在经济业务实际发生或完成时，由相关人员直接填制完成，如“入库单”“领料单”等。该凭证往往只能反映一项经济业务，或同时反映若干项同一性质的经济业务。

2. 累计凭证

累计凭证应在每次经济业务完成后，由相关人员在同一张凭证上重复填制完成。该凭证能在一定时期内不断重复地反映同类经济业务的完成情况。

3. 汇总凭证

汇总凭证由相关人员对一定时期内反映同类经济业务的原始凭证加以归类、汇总、整理后填制完成，如月末编制的制造费用分配表、利润分配表等。

（三）外来原始凭证的填制

外来原始凭证由其他单位或个人填制，应在经济业务发生或完成时由相关人员填制完成。同自制原始凭证一样，外来原始凭证也必须具备为证明经济业务完成情况和明确经济责任所必需的内容。

三、原始凭证的审核

为了保证原始凭证内容的真实性、合法性、完整性、准确性，防止不符合填制要求的原始凭证影响会计信息的质量，会计部门必须对一切外来的和自制的原始凭证进行严格的审核。《中华人民共和国会计法》第十四条规定：会计机构、会计人员必须按照国家统一的会计制度的规定对原始凭证进行审核，对不真实、不合法的原始凭证有权不予接受，并向单位负责人报告；对记载不准确、不完整的原始凭证予以退回，并要求按照国家统一的会计制度的规定更正、补充。原始凭证的审核内容主要包括以下方面：

（一）审核原始凭证的真实性

审核原始凭证所反映的经济业务是否同实际情况相符合，包括审核凭证日期是否真实、业务内容是否真实、数据是否真实等。

（二）审核原始凭证的合法性、合规性

审核原始凭证反映的经济业务是否符合财政、税收、经济、金融等有关的法律法规，是否符合相关财务会计准则及制度的规定，审核经济业务的内容是否符合单位相关规定，是否履行了规定的手续，有无背离相关规范及制度的要求。

（三）审核原始凭证的合理性

审核原始凭证的合理性，是指审核原始凭证所记录的经济业务是否符合企业生产经营管理活动的需要，是否符合有关计划与预算等。

（四）审核原始凭证的完整性

审核原始凭证的内容是否填写齐全，如单位名称、日期、单价、数量、金额、联次、编号等是否齐全，手续是否完备，有关人员的签字或盖章是否完整。

（五）审核原始凭证的正确性

审核原始凭证中所列数字的计算是否正确，大、小写金额是否相符，填列是否规范，数字和文字是否清晰，是否用复写纸套写，有无涂改、刮擦、挖补等行为。

（六）审核原始凭证的及时性

审核原始凭证的填制日期与经济业务实际发生日期是否一致。经济业务一旦发生或完成，应当及时填制原始凭证，不得随意拖延。

原始凭证的审核，必须依法办事，遵守规定，坚持原则。对于不真实、不合法的原始凭证，会计人员有权不予受理，并要向单位负责人报告；对于记载不准确、不完整的原始凭证应予以退回，并要求按照国家统一的会计制度规定更正、补充。原始凭证经审核无误后，才能作为编制记账凭证和登记账簿的依据。

第三节　记账凭证

一、记账凭证的基本内容

记账凭证的基本内容包括：①记账凭证的名称；②填制凭证的日期和凭证的编号；③经济业务的内容摘要；④记账符号、账户（包括一级、二级或明细账户）名称和金额；⑤所附原始凭证的张数；⑥填制单位的名称及有关人员的签章。

二、记账凭证的填制

（一）记账凭证填制的基本要求

记账凭证应根据审核无误的原始凭证或原始凭证汇总表填制。记账凭证填制正确与否，直接影响整个会计系统最终提供信息的质量。记账凭证的填制应满足以下基本要求：

1.科目准确

必须按会计准则及制度统一规定的会计科目填写，不得任意简化或改动，不得只写科目编号，不写科目名称；二级及明细科目要填列齐全。记账方向和账户对应关系必须清楚；编制复合会计分录，应是“一借多贷”或“一贷多借”，一般不编“多借多贷”的会计分录。记账凭证填完经济业务事项后，如有空行，应自金额栏最后一笔金额数字下的空行处至合计数上的空行处画线注销。

2.连续编号

填制记账凭证时，应当对记账凭证进行连续编号。一笔经济业务需要填制两张以上记账凭证的，可以采用分数编号法编号。例如，第4笔业务需要编制3张记账凭证，可依次编号为$4\frac{1}{3}$号、$4\frac{2}{3}$号和$4\frac{3}{3}$号，分数前的4代表业务序号，表示第4笔业务，分数中的分母3表示该笔业务需要编制3张记账凭证，分子1、2、3则分别代表3张凭证中的第1张、第2张和第3张记账凭证。每月月末最后一张记账凭证的编号旁边要加注“全”字，以免凭证散失。

3.附件齐全

记账凭证所附的原始凭证必须完整无缺，并在凭证上注明所附原始凭证的张数，以便核对摘要及所编会计分录是否正确无误。除结账和更正错误的记账凭证可以不附原始凭证外，其他记账凭证必须附有原始凭证。如果一张原始凭证涉及几张记账凭证，可以把原始凭证附在一张主要的记账凭证后面，在未附原始凭证的记账凭证上注明“原始凭证×张，附于第x号凭证之后”或者附原始凭证复印件，以便日后查阅。

记账凭证可以根据一张原始凭证填制，或者根据若干张同类原始凭证汇总填制，也可以根据原始凭证汇总表填制，但不得将不同内容和类别的原始凭证汇总填制在一张记账凭证上。

一张原始凭证所列支出需要几个单位共同负担的，应当将其他单位负担的部分，开给对方原始凭证分割单进行结算。原始凭证分割单必须具备原始凭证的基本内容：凭证名称、填制凭证日期、填制凭证单位名称或者填制人姓名、有关人员的签名或者盖章、接收凭证单位名称、经济业务内容、数量、单价、金额和费用分摊情况等。

4.摘要简明

记账凭证的摘要应用简明扼要的语言概括出经济业务的主要内容，既要防止简而不明，又要避免过于繁琐。为了满足登记明细分类账的需要，对不同性质的账户，其摘要填写应有所区别。例如，反映原材料等实物资产的账户，摘要中应注明品种、数量、单价；反映库存现金、银行存款或借款的账户，摘要中应注明收付款凭证和结算凭证的号码，以及款项增减原因、收付款单位名称等。

（二）收款凭证的填制要求

收款凭证左上角的“借方科目”按收款的方式填写“库存现金”或“银行存款”；日期填写填制收款凭证的日期；右上角填写填制收款凭证的顺序号；“摘要”填写对所记录的经济业务的简要说明；“贷方科目”填写与收入“库存现金”或“银行存款”相对应的会计科目；“记账”是指该记账凭证已登记账簿的标记，防止经济业务重记或漏记；“金额”是指该项经济业务的发生额；凭证右边“附件×张”是指记账凭证所附原始凭证的张数；凭证下方分别由有关人员签章，以明确经济责任。

（三）付款凭证的填制要求

付款凭证须根据审核无误的有关库存现金和银行存款的付款业务的原始凭证填制。付款凭证的填制方法与收款凭证基本相同，不同的是在付款凭证的左上角应填列贷方科目，即“库存现金”或“银行存款”科目，“借方科目”栏应填写与“库存现金”或“银行存款”相对应的一级科目和明细科目。对于“库存现金”和“银行存款”之间的相互划转业务，为了避免重复记账，一般只填制付款凭证，不填制收款凭证。出纳人员在办理收款或付款业务后，应在原始凭证上加盖“收讫”或“付讫”的戳记，以免重收重付。

（四）转账凭证的填制要求

转账凭证通常根据有关转账业务的原始凭证填制。转账凭证中“总账科目”和“明细科目”栏填写应借、应贷的总账科目和明细科目。借方科目应记金额在同一行的“借方金额”栏填列，贷方科目应记金额在同一行的“贷方金额”栏填列，“借方金额”栏合计数与“贷方金额”栏合计数应相等。对于既涉及收款业务又涉及转账业务的综合性业务，可分开填制不同类型的记账凭证。

（五）记账凭证的错误更正

如果在填制记账凭证时发生错误，应当重新填制。已经登记入账的记账凭证有错误的：①对于科目错误而金额未错的记账凭证，在当年内发现填写错误时，可以用红字填写一张与原内容相同的记账凭证，在摘要栏注明“注销×月×日×号凭证”字样，同时再用蓝字重新填制一张正确的记账凭证，注明“订正×月×日×号凭证”字样。②如果会计科目没有错误，只是金额错误，则分为两种情况：对于实记金额小于应记金额的记账凭证，按照其差额用蓝字填写一张记账凭证，摘要为“补充××年×月×日×号凭证少记金额”；对于实记金额大于应记金额的记账凭证，根据其差额用红字填制一张记账凭证，摘要为“冲销××年×月×日×号凭证多记金额”。③发现以前年度记账凭证有错误的，主要指科目或金额方面有错误的，应当用蓝字填制一张更正的记账凭证，摘要为“更正××年×月×日×号凭证”。

三、记账凭证的审核

记账凭证是登记账簿的直接依据，为了保证账簿记录的正确性，以及会计信息的质量，记账前必须由专人对已编制的记账凭证进行认真、严格的审核。审核的内容主要有以下方面：

首先，审核记账凭证是否附有原始凭证，所附原始凭证是否齐全，内容是否真实；记账凭证的内容与所附原始凭证的内容是否相符，金额是否一致。

其次，审核记账凭证中会计科目是否准确，二级或明细科目是否齐全；账户对应关系是否清晰；金额计算是否准确无误。

最后，审核记账凭证中有关项目是否填列完整，有关人员是否签名盖章。

在审核中若发现记账凭证填制有错误，应查明原因，予以重填或按规定方法及时更正。只有经审核无误的记账凭证，才能据以记账。

知识链接6-1

我国《企业会计准则——基本准则》第十二条规定：企业应当以实际发生的交易或者事项为依据进行会计确认、计量和报告，如实反映符合确认和计量要求的各项会计要素及其他相关信息，保证会计信息真实可靠、内容完整。

第四节　会计凭证的应用与管理

一、会计凭证的传递

会计凭证的传递是指凭证从取得或填制时起，经过审核、记账、装订到归档保管时止，在单位内部各有关部门和人员之间按规定的时间、路线办理业务手续和进行处理的过程。

正确、合理地组织会计凭证的传递，对于及时处理和登记经济业务，协调单位内部各部门、各环节的工作，加强经营管理的岗位责任制，实行会计监督，具有重要作用。例如，对材料收入业务的凭证传递，应明确规定：材料运达企业后，需多长时间验收入库，由谁负责填制收料单，又由谁在何时将收料单送交会计及其他有关部门；会计部门由谁负责审核收料单，由谁在何时编制记账凭证和登记账簿，又由谁负责整理或保管凭证等。这样既可以把材料收入业务从验收入库到登记入账的全部工作在本单位内部进行分工，并通过各部门的协作来共同完成，同时也便于考核经办业务的有关部门和人员是否按照规定的会计手续办事。

会计凭证的传递主要包括凭证的传递路线、传递时间和传递手续三个方面的内容。

1.传递路线

各单位应根据经济业务的特点、机构设置、人员分工情况，以及经营管理上的需要，明确规定会计凭证的联次及其流程。传递路线既要使会计凭证经过必要的环节进行审核和处理，又要避免会计凭证在不必要的环节停留，从而保证会计凭证沿着最简捷、最合理的路线传递。

2.传递时间

会计凭证的传递时间是指各种凭证在各经办部门、环节所停留的最长时间。传递时间应考虑各部门和有关人员在正常情况下办理经济业务所需时间来合理确定。明确会计凭证的传递时间，能防止拖延处理和积压凭证，保证会计工作的正常秩序，提高工作效率。一切会计凭证的传递和处理，都应在报告期内完成，否则将影响会计核算的及时性。

3.传递手续

会计凭证的传递手续是指在凭证传递过程中的衔接手续。传递手续应该做到既完备严密，又简便易行。凭证的收发、交接都应按一定的手续制度办理，以保证会计凭证的安全和完整。电子会计档案应当与其元数据一并移交，特殊格式的电子会计档案应当与其读取平台一并移交。单位之间交接会计档案时，交接双方应当办理会计档案交接手续。档案接收单位应当对保存电子会计档案的载体及其技术环境进行检验，确保所接收电子会计档案的准确、完整、可用和安全。

会计凭证的传递路线、传递时间和传递手续，还应根据实际情况的变化及时加以修改，以确保会计凭证传递的科学化、制度化。

二、会计凭证的保管

会计凭证的保管是指会计凭证记账后的整理、装订、归档和存查工作。会计凭证是各项经济活动的历史记录，是重要的会计档案和经济资料。为便于随时查阅利用，各种会计凭证在办理好各项业务手续并据以记账后，应由会计部门加以整理、归类，并送交档案部门妥善保管。

（一）会计凭证的整理归类

会计部门在记账以后，应定期（一般为每月）将会计凭证加以归类整理，即把记账凭证及其所附原始凭证，按记账凭证的编号顺序进行整理，在确保记账凭证及其所附原始凭证完整无缺后，将其折叠整齐，加上封面、封底，装订成册，并在装订线上加贴封签，以防散失和任意拆装。在封面上要注明单位名称、凭证种类、所属年月和起讫日期、起讫号码、凭证张数等。会计主管或指定装订人员要在装订线封签处签名或盖章，然后入档保管。

原始凭证来自各种不同渠道，内容格式不同，纸张也可能大小不一。如果原给凭证过大、过小、过厚、破损，可以按以下办法处理：可按记账凭证的大小先自下而上折叠，再自右往左折叠，对压在装订线以下的部分用刀片裁开向右折叠；凭证过小的，可在小凭证后面涂匀胶水，平整地粘贴在与记账凭证同样大小的衬纸上，防止装订后看不全凭证的内容，同时要注意装订后不得脱落。对于那些数量过多或随时需要查阅的原始凭证，可以单独装订保管，在封面上注明记账凭证的日期、编号、种类，同时在记账凭证上注明“附件另订”。各种经济合同和重要的涉外文件等凭证，应另编目录，单独登记保管，并在有关记账凭证和原始凭证上注明。

（二）会计凭证的造册归档

每年的会计凭证都应由会计部门按照归档的要求，整理立卷或装订成册。单位会计管理机构临时保管会计档案最长不超过三年，期满后，原则上应由会计部门编造清册移交本单位档案部门保管。档案部门接收的会计凭证，原则上要保持原卷册的封装，个别需要拆封重新整理的，应由会计部门和经办人员共同拆封整理，以明确责任。未设立档案部门的，应在会计部门内部指定专人保管。出纳人员不得兼管会计档案。会计凭证必须做到妥善保管，存放有序，查找方便，并要严防毁损、丢失和泄密。

（三）会计凭证的借阅

会计凭证原则上不得借出，如有特殊需要，须报请批准，但不得拆散原卷册，并应限期归还。需要查阅已入档的会计凭证的，必须办理借阅手续。其他单位因特殊原因需要使用原始凭证的，经本单位负责人批准，可以复制。但向外单位提供的原始凭证复印件，应在专设的登记簿上登记，并由提供人员和收取人员共同签名或盖章。

（四）会计凭证的销毁

会计凭证的保管期限分为永久和定期两类，定期保管期限一般分为10年和30年。会计档案的保管期限，从会计年度终了后的第一天算起。保管期未满，任何人都不得随意销毁会计凭证。按规定销毁会计凭证时，必须开列清单，报经批准后，由档案部门和会计部门共同委派人员监销。在销毁会计凭证前，监销人员应认真清点核对，销毁后，在销毁清册上签名或盖章，并将监销情况报告本单位负责人。

● 思政小课堂

山东龙力生物科技股份有限公司通过删除、修改、伪造大量会计凭证、相关单据，将部分募集资金从募集资金专户转入一般户用于日常经营和归还贷款；通过删除短期借款、长期借款、其他应付款、应付票据等科目中与借款相关记账凭证的方式，编制虚假年度报告和半年度报告。我国监管部门对资本市场违法犯罪行为采取“零容忍”的态度，对操纵上市公司的行为毫不手软。请同学们扫描二维码阅读完整内容，分小组讨论如何从会计相关法律规定方面采取措施减少上市公司删除、修改、伪造会计凭证及相关单证等违法违规行为？

分析提示：结合《中华人民共和国会计法》《会计基础工作规范》《会计档案管理办法》等规定进行分析。

补充与提示

本章小结

本章主要讲述了会计凭证的概念，会计凭证的种类，原始凭证、记账凭证的分类、基本内容及填制与审核，会计凭证的应用与管理。通过学习，学生应掌握会计凭证的种类、会计凭证的填制与审核，了解会计凭证的应用与管理。

本章知识内容思维导图

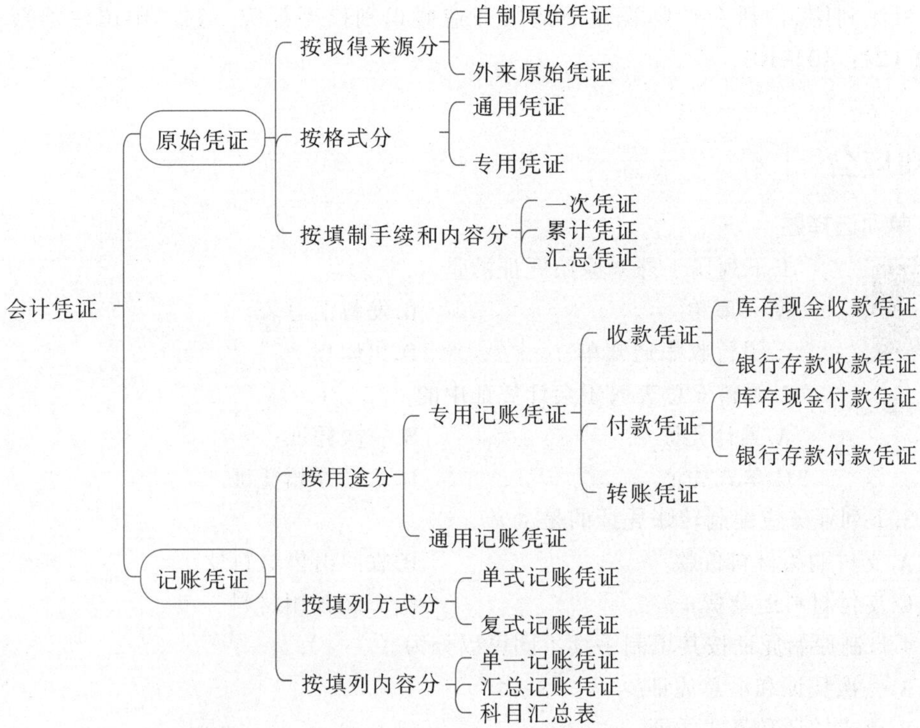

拓展学习资料

1.法制网. 2020年股市大案追踪：抽丝剥茧 东方金钰财务造假证据确凿［EB/OL］.（2021-02-01）. http：//www.legaldaily.com.cn/video/content/2021-02/02/content_8424783.htm

2.中华人民共和国会计法 http：//www.npc.gov.cn/zgrdw/npc/xinwen/2017-11/28/content_2032722.htm

3.财政部，国家档案局.会计档案管理办法［EB/OL］.（2015-12-11）.https：//www. saac. gov. cn / daj / bmgz / 201512 / 49f6b5b209524c8480794a3fbe388d43 / files / fc74e63309eb4fe9b2ed621427e794d3.pdf.

4.财政部，国家档案局.关于规范电子会计凭证报销入账归档的通知［EB/OL］.（2020-03-31）.https：//www.saac.gov.cn/daj/tzgg/202003/8ce4e7837d49494b9e35b74124cf8547.shtml.

5.唐玉，张光辉.基于RPA技术的会计凭证归档流程优化研究——以中交广州航道局有限公司为例［J］. 会计之友，2021（16）：137-142.

6.周俊亭，席彦群，周媛媛，等. 大数据、人工智能与财税服务创新［J］. 中国软科学，2020（08）：69-77.

7.金树颖，王鹏，张子辰.基于区块链技术的会计信息生成路径优化［J］.财会月刊，2020（11）：76-82.

8.沈利刚.注册会计师视角下的财务造假识别模型探究［J］.中国注册会计师，2022（2）：104-107.

应知应会

一、单项选择题

应知应会
客观题答案

1.下列属于外来原始凭证的是（　　）。

A.入库单　　B.发料汇总表

C.银行收账通知单　　D.出库单

2.领料汇总表属于会计凭证中的（　　）。

A.累计凭证　　B.一次凭证

C.单式凭证　　D.汇总原始凭证

3.下列业务应编制转账凭证的是（　　）。

A.支付购买材料价款　　B.收回出售材料款

C.支付材料运杂费　　D.车间领用材料

4.自制原始凭证按其填制手续不同可以分为（　　）。

A.一次凭证和汇总凭证

B.单式凭证和复式凭证

C.收款凭证、付款凭证、转账凭证

D.一次凭证、累计凭证、汇总原始凭证

5.原始凭证的基本内容不包括（　　）。

A.日期及编号　　B.内容摘要

C.实物数量及金额　　D.会计科目

6.原始凭证和记账凭证的相同点是（　　）。

A.反映经济业务的内容相同　　B.编制的时间相同

C.所起作用相同　　D.经济责任的当事人相同

7.将会计凭证划分为原始凭证和记账凭证的依据是（　　）。

A.填制时间　　B.取得来源

C.填制的程序和用途　　D.反映的经济内容

8.企业将现金存入银行应编制（　　）。

A.银行存款付款凭证　　B.库存现金付款凭证

C.银行存款收款凭证　　D.库存现金收款凭证

9.制造费用分配表是（　　）。

A.外来原始凭证　　B.通用记账凭证　　C.自制原始凭证　　D.累计凭证

10.以银行存款归还银行借款的业务，应编制（　　）。

A.转账凭证　　B.收款凭证　　C.付款凭证　　D.以上均可

二、多项选择题

1.记账凭证编制的依据有（　　）。

A.收付款凭证　　B.一次凭证　　C.累计凭证

D.汇总原始凭证　　E.转账凭证

2.企业购入材料，货款已付，材料已验收入库，则编制的全部会计凭证有（　　）。

A.收料单　　B.累计凭证　　C.收款凭证

D.付款凭证　　E.转账凭证

3.下列各项中，属于原始凭证的有（　　）。

A.发出材料汇总表　　B.汇总收款凭证

C.收料单　　D.限额领料单

4.原始凭证审核时应注意（　　）。

A.凭证反映的业务是否合法　　B.所运用的会计科目是否正确

C.凭证上各项目是否填列齐全、完整　　D.各项目的填写是否正确

5.自制原始凭证按其填制程序和内容不同，可以分为（　　）。

A.外来凭证　　B.一次凭证　　C.累计凭证　　D.汇总凭证

6.外来原始凭证的特点有（　　）。

A.从企业外部取得　　B.由企业会计人员填制

C.属于一次凭证　　D.盖有填制单位公章

7.填制原始凭证时应做到（　　）。

A.遵纪守法　　B.记录真实　　C.填写认真　　D.内容完整

8.记账凭证应该是（　　）。

A.由经办业务人员填制的　　B.由会计人员填制的

C.根据审核无误的原始凭证填制的　　D.登记账簿的直接依据

9.下列凭证中，办理银行存款的收、付业务可能涉及的有（　　）。

A.库存现金收款凭证　　B.库存现金付款凭证

C.银行存款收款凭证　　D.银行存款付款凭证

10."收料单"按照不同的标志分类可能属于（　　）。

A.外来原始凭证　　B.自制原始凭证　　C.一次凭证　　D.累计凭证

三、判断题

1.在一项经济业务中，如果既涉及现金和银行存款的收付，又涉及转账业务，应同时填制收、付款凭证和转账凭证。（　　）

2.一次凭证是指只反映一项经济业务的凭证，如"领料单"。（　　）

3.汇总原始凭证是指在会计核算工作中，为简化记账凭证编制工作，将一定时期内若干份记录同类经济业务的记账凭证加以汇总，用以集中反映某项经济业务总括发生情况的会计凭证。（　　）

4.累计凭证是指在一定时期内连续记载若干项同类经济业务，其填制手续是随着经

济业务发生而分次完成的凭证，如“限额领料单”。（ ）

5.汇总记账凭证是登记日记账、明细账的根据。（ ）

6.将记账凭证分为收款凭证、付款凭证、转账凭证的依据是凭证填制的手续和凭证的来源。（ ）

7.根据一定期间的记账凭证全部汇总填制的凭证“科目汇总表”是一种累计凭证。（ ）

8.所有会计凭证都是登记账簿的直接依据。（ ）

9.自制原始凭证都是一次凭证。（ ）

10.为简化核算，可将反映同类交易或者事项的原始凭证，汇总编制一张汇总原始凭证。（ ）

11.企业编制专用记账凭证时，与货币收付无关的业务一律编制转账凭证。（ ）

12.从银行提取现金时，按规定可以编制现金收款凭证。（ ）

13.记账凭证的填制日期应是交易或者事项发生或完成的日期。（ ）

14.汇总记账凭证即记账凭证汇总表，二者的编制方法相同。（ ）

15.登记总账的依据只能是科目汇总表。（ ）

四、简答题

应知应会
主观题答案

1.会计凭证的种类包括哪些？

2.原始凭证的基本内容包括哪些？

3.原始凭证的填制要求包括哪些？

4.记账凭证的基本内容包括哪些？

5.记账凭证的填制要求包括哪些？

6.会计凭证的传递与保管有哪些注意事项？

五、案例分析题

资料：中华同心2021年5月6日从供应商采购原材料，增值税专用发票上注明的原材料金额为200 000元，数量10吨，增值税税额为26 000元，价税合计为226 000元。卖方负责运货，货物经长途运输于2022年5月10日运达中华同心，当日入库。买卖合同中约定，买方于5月31日以银行存款一次性付清货款。

要求：根据上面所给资料，编制相关会计凭证。

挑战一下

扫码答题6

第七章 会计账簿

思政目标

价值引领：

◆不忘初心，牢记使命，遵纪守法，诚实守信。

◆勇于担责，慎思慎独，认真负责，恪尽职守。

专业融合：

◆结合会计账簿的内容、会计账簿的格式及登记要按相关法律规定进行，让学生充分认识到“伪造、变造会计账簿”是法律不允许的，构成犯罪的应依法追究刑事责任，引导其遵纪守法，诚实守信。

◆以不同情形的错账适用不同更正方法引导学生养成慎思慎独、认真负责的职业素养；在账簿登记及保管等方面细心谨慎，认真负责，树立责任心，勇于担当。

能力培养：

◆通过学习法律规定，培养对违法违规行为的辨识能力和专业判断力。

◆以不同账簿之间的联系培养学生部分与整体辩证统一的思想与综合分析能力。

学习目标

1.基础目标：掌握会计账簿的设置、格式、错账更正方法、对账与结账。

2.高阶目标：结合上市公司会计造假案例进行会计账簿相关内容的学习与分析。

3.挑战目标：结合本章所学内容与准则相关规定，从会计账簿的角度分析如何完善准则规定，加强执行效果，从而提升会计信息质量。

本章重点

会计账簿的设置、会计账簿的格式与登记方法、错账更正方法、对账与结账。

开篇案例

金刚玻璃案例

金刚玻璃
案例

金刚玻璃（股票代码：30093）是创业板上市公司，主营业务包括研发设计、生产销售、工程安装；特种安防玻璃产品、太阳能光伏建筑一体化（BIPV）、双玻组件和普通组件（EVA）、精密冷弯防火钢型材等。

经调查发现，金刚玻璃2015年半年度报告虚增营业收入4 138.19万元，虚增利息收入460.87万元，虚增利润4 461.35万元，占当期披露利润总额的512.67%；2015年年度报告虚增营业收入5 458.76万元，虚增利息收入919.54万元，虚增利润6 205.34万元，占当期披露利润总额的1 072.9%；2016年半年度报告虚增收入1 043.3万元，虚增利息收入439.24万元，虚增利润1 482.54万元，占当期披露利润总额的678.57%；2016年年度报告虚增营业收入4 177.61万元，虚增利息收入878.05万元，虚增利润4 987.67万元，占当期披露利润总额的622.26%；2017年半年度报告虚增利息收入408.74万元，虚增利润408.74万元，占当期披露利润总额的35.43%；2017年年度报告虚增利息收入610.71万元，虚增利润610.71万元，占当期披露利润总额的28.04%。

2020年3月24日，中国证监会广东监管局对金刚玻璃下发了《行政处罚及市场禁入事先告知书》，对金刚玻璃财务造假事件拟警告并处罚60万元，对于财务造假过程中的主要参与者前董事长庄某予以警告并处罚金30万元，禁止其10年内进入证券市场；对金刚玻璃前财务总监林某予以警告并处罚金20万元，禁止其5年内进入证券市场。

思考：

金刚玻璃案例涉及哪些账户的会计账簿记录？会计账簿登记有什么要求？

第一节 会计账簿概述

一、会计账簿的含义

会计账簿（Accounting Books）是指以经过审核的会计凭证为依据，全面、系统、连续地记录和反映各项经济业务的簿籍。会计账簿由若干具有专门格式、相互联结的账页组成。账页一旦标明会计科目，这个账页就成为用来记录该科目所核算内容的账户。账页是账户的载体，账簿则是若干账页的集合。在会计核算工作中，每项经济业务发生以后，首先要取得或填制会计凭证，并加以审核确认，然后据以在有关账户中进行登记，即把会计凭证所反映的经济业务内容登记到设立在账簿中的账户，即通常所说的登记账簿，也称记账。

小知识：会计账簿视频

二、会计账簿的作用

设置会计账簿是会计工作的一个重要环节，登记会计账簿则是会计核算的一种专门方法。科学地设置会计账簿和正确地登记会计账簿对于全面完成会计核算工作具有重要意义。

（一）会计账簿提供了系统与完整的会计资料

在会计核算中，通过会计凭证的填制和审核，可以反映和监督每项经济业务的完成情况。然而一张会计凭证只能反映一项或几项经济业务，所提供的信息是零星的、不连续的，不能把某一时期的全部经济活动系统、完整地反映出来。会计账簿既能够提供总括的核算资料，又能够提供详细的资料；既能够提供分类核算资料，又能够提供序时核算资料，进而反映经济活动的轨迹，这对组织加强经济核算、提高管理水平、探索资金运动的规律具有重要的作用。

（二）会计账簿是考核企业经营情况的重要依据

会计账簿可以用于分析企业整个经济活动的运行情况，完整地反映企业的财务状况与经营成果，评价企业的总体经营情况；同时，登记会计账簿可以监督和促进各企业、单位遵纪守法、依法经营。

（三）会计账簿为编制会计报表提供主要资料

企业定期编制的资产负债表、利润表、现金流量表等会计报表的各项数据均来源于会计账簿的记录。企业在编制财务报表及其附注时，对于生产经营状况、利润实现和分配情况、税金缴纳情况、各种财产物资变动情况加以说明，也主要以会计账簿的记录为依据。从这一角度来看，会计账簿的设置和登记是否准确、真实、完整，直接影响财务报告的质量。

三、会计账簿的种类

会计账簿的种类繁多，不同的会计账簿，其用途、形式、内容和登记方法各不相同。为了更好地了解和使用各种会计账簿，有必要对会计账簿进行分类。在实际工作中，人们使用最多的有以下两种分类方法：

（一）会计账簿按照用途分类

会计账簿按照用途的不同可以分为三大类，即序时账簿、分类账簿和备查账簿。

1.序时账簿

序时账簿（Book of Chronological Entry）也称日记账，是按照经济业务完成时间的先后顺序进行逐日逐笔登记的会计账簿。在古代会计中也把它称为“流水账”。日记账又可分为普通日记账和特种日记账。普通日记账是将企业每天发生的所有经济业务，不论其性质如何，按其发生的先后顺序，编成会计分录记入账簿。特种日记账是按经济业务性质单独设置的账簿，只把特定项目按经济业务发生的先后顺序记入账簿，反映其详细情况，如库存现金日记账和银行存款日记账。特种日记账的设置，应根据业务特点和管理需要而定。那些发生频繁、须严加控制的项目应设置特种日记账。

2.分类账簿

分类账簿（Ledger）是对全部经济业务按总分类账和明细分类账进行分类登记的会计账簿。总分类账簿，简称总账，是根据总账科目开设账户，用来分类登记全部经济业务，提供总括核算资料的账簿。明细分类账簿，简称明细账，是根据总账科目所属明细科目开设账户，用以分类登记某一类经济业务，提供明细核算资料的账簿。

3.备查账簿

备查账簿（Memorandum Record）又称辅助登记簿或补充登记簿，是对某些在日记账和分类账等主要账簿中未能记载的会计事项或记载不全的经济业务进行补充登记的账簿，所以备查账簿也叫补充登记簿。备查账簿可以对某些经济业务的内容提供必要的参考资料。备查账簿的设置应视实际需要而定，并非一定要设置，而且没有固定格式。

（二）会计账簿按照形式分类

会计账簿按照形式的不同可以分为订本式账簿、活页式账簿和卡片式账簿等。

1.订本式账簿

订本式账簿（Bound Book），简称订本账，是把具有一定格式的账页加以编号并订成固定本册的账簿。订本账可以避免账页的散失或被抽换，但不能根据需要增减账页。一本订本账同一时间只能由一人记账，不便于会计人员分工协作记账，也不便于计算机打印记账，但特种日记账，如库存现金日记账、银行存款日记账，以及总分类账必须采用订本账形式。

2.活页式账簿

活页式账簿（Loose-leaf Book），简称活页账，是把零散的账页装在账夹内，可以随时增添账页的账簿。活页账可以根据需要灵活添页或排列，但账页容易散乱丢失。活页账由于账页并不事先装订在一起，同一时间可以由若干会计人员分工记账，也便于计算机打印记账。一般明细账采用活页账形式。

3.卡片式账簿

卡片式账簿（Card Book），简称卡片账，是将硬卡片作为账页，存放在卡片箱内保管的账簿。卡片账实际上是一种活页账，为了防止因经常抽取造成破损而采用硬卡片形式。卡片账可以跨年度使用。固定资产明细账常采用卡片账形式。

四、会计账簿的内容

会计账簿的基本内容包括封面、扉页、账页、封底。各单位应按照会计核算的基本要求和会计规范的有关规定：结合本单位经济业务的特点和经营管理的需要，设置必要的账簿，并认真做好账簿登记工作。各种账簿的形式和格式多种多样，但一般应具备下列组成内容：

（1）封面：主要标明账簿的名称，如总分类账簿、库存现金日记账、银行存款日记账。

（2）扉页：标明会计账簿的使用信息，如登记账簿须知、账簿启用和经管人员一览表、科目索引等。

（3）账页：用来记录经济业务事项的载体，其格式根据反映经济业务内容的不同而有所不同。但其基本内容应当包括：①账户的名称，以及一级科目、二级或明细科目。②登记账簿的日期栏。③记账凭证的种类和号数栏。④摘要栏，所记录经济业务内容的简要说明。⑤金额栏，记录经济业务的增减变动和余额。⑥总页次和分户页次栏。

第二节　账簿的设置与启用

一、会计账簿的设置

每一个会计主体需要设置哪些账簿，应当根据经济业务的特点和管理上的需要来确定。设置账簿应当符合以下要求：账簿的设置要能保证系统、全面地反映和监督经济活动的情况，满足经济管理的需要，为经济管理提供总括的和明细的核算资料；账簿的设置要能保证组织严密，各账簿之间既要有明确的分工，又要有密切的联系，考虑人力和物力的节约，力求避免重复或遗漏；账簿的格式应简便适用，便于登记、查找、更正错误和保管。

知识链接7-1

《中华人民共和国会计法》第三条：各单位必须依法设置会计账簿，并保证其真实、完整。

二、会计账簿的启用

启用会计账簿时，应当在账簿封面上写明单位名称和账簿名称。在账簿扉页上附启用表，填写内容包括启用日期、账簿页数、经管账簿的人员（如记账人员、会计机构负责人、会计主管人员等）姓名，并加盖名章和单位公章。记账人员或者会计机构负责人、会计主管人员调动工作时，应当注明交接日期、接办人员或者监交人员姓名，并由交接双方人员签名或者盖章。启用订本式账簿，应当从第一页到最后一页按顺序编定页码，不得跳页、缺号。启用活页式账页，应当按账户顺序编号，并定期装订成册，装订后再按实际使用的账页顺序编定页码，另加目录以记明每个账户的名称和页次。

第三节 会计账簿的格式与登记方法

一、日记账的格式与登记方法

（一）普通日记账的格式与登记方法

普通日记账（General Journal）一般只设置借方和贷方两个金额栏，以便分别记录各项经济业务所确定的账户名称及其借方和贷方的金额，也称为两栏式日记账，或叫分录簿，其格式见表7-1。

表7-1 普通日记账示例 单位：元

2021年		凭证号数	摘要	对应账户	金额		过账
月	日				借方	贷方	
5	6	略	购入材料，价税款未付	在途物资	50 000		
				应交税费	6 500		
				应付账款		56 500	
	20		偿还前欠款	应付账款	56500		
				银行存款		56 500	

采用这种日记账，每天应按照经济业务完成时间的先后顺序，逐笔进行登记。首先，记录经济业务发生的具体时间。其次，在摘要档写下经济业务的简要说明。再次，在对应账户栏里记入应借或应贷的账户名称即会计科目。最后，将借方金额和贷方金额分别记入两个金额栏内。除了上述登记外，每天还应根据日记账中应借和应贷的账户名称和金额登记总分类账。普通日记账中登记经济业务的方法要点如下：

（1）日期栏：登记经济业务发生的日期。年度记入日期栏上端，月、日分两栏登记。只有在更换账页或年度变动时才重新填写年度。

（2）摘要栏：简要说明经济业务的内容。文字应简洁，能概括经济业务全貌。

（3）对应账户栏：登记会计分录的应借、应贷的账户名称（会计科目）。

（4）金额栏：将经济业务对应的金额登记到借方、贷方栏内。

（5）过账栏：日记账中应借、应贷账户及其金额过入总分类账户后，在过账栏内注明“√”，表示已经过账。

（二）特种日记账的格式与登记方法

特种日记账（Special Journal）是专门用来登记某一类经济业务的日记账，它是普通日记账的进一步发展。常用的特种日记账主要有库存现金日记账和银行存款日记账。

1.库存现金日记账的格式与登记方法

库存现金日记账是顺序登记库存现金收、付业务的日记账。它由出纳人员根据审核无误的有关收款凭证和付款凭证序时逐日逐笔登记。其中，根据现金收款凭证（如果是到银行提取现金业务应根据银行存款的付款凭证）登记收入金额，根据现金付款凭证登记支出金额。每日业务终了应分别计算库存现金收入和支出合计数并结出账面余额。其计算公式为：

本日余额=上日余额+本日收入额-本日支出额

结出本日余额后，还应将账面余额数与库存现金实有数相核对检查每日库存现金收支存情况，做到日结日清。对于从银行提取现金这样的业务，为了避免重复记账，可以规定填制减少方的凭证，即银行存款付款凭证，并根据银行存款付款凭证登记库存现金日记账的收入金额。

库存现金日记账除了三栏式外，也可采用多栏式，即在收入和支出栏内进一步设对方科目，亦即在收入栏内设应贷科目（借方为库存现金），在支出栏内设应借科目（贷方为库存现金）。库存现金日记账的格式及登记示例见表7-2。

表7-2　库存现金日记账格式及登记示例

库存现金日记账

2021年		凭证册号	摘要	借方											贷方											核对号	余额										
月	日			亿	千	百	十	万	千	百	十	元	角	分	亿	千	百	十	万	千	百	十	元	角	分		亿	千	百	十	万	千	百	十	元	角	分
4	1		承前页																												1	0	0	0	0	0	0
4	2	2	李心出差借款																	1	0	0	0	0	0							9	0	0	0	0	0
4	2	6	取备用金				1	0	0	0	0	0	0	0																1	0	9	0	0	0	0	0
4	2		本日合计				1	0	0	0	0	0	0	0						1	0	0	0	0	0					1	0	9	0	0	0	0	0
			……																																		
4	30		本月合计				1	0	0	0	0	0	0	0						1	0	0	0	0	0					1	0	9	0	0	0	0	0

库存现金日记账的登记要点如下：

（1）日期栏：登记现金收、付业务发生的实际日期。

（2）凭证册号栏：登记收、付款凭证的种类和编号。

（3）摘要栏：简要说明经济业务的内容。

（4）借方、贷方金额栏：登记收入或支出现金的金额。收入记借方，支出记贷方。

（5）余额栏：在登记每笔现金收入或现金支出金额后，应结出现金余额。每日终了应计算当日现金收入及现金支出的合计数及本日余额（日清）。

2.银行存款日记账的格式与登记方法

银行存款日记账是用来序时反映企业银行存款的增加、减少和结存情况的账簿。该账簿由出纳人员根据银行存款的收款和付款凭证序时逐日逐笔登记，每日终了结出该账户全日的银行存款收入、支出合计数和余额，并定期与银行对账单对账（核对方法是通过编制银行存款余额调节表来进行的，详见本书第八章）。

银行存款日记账的登记方法与库存现金日记账的登记方法基本相同。首先将会计凭证日期、编号、业务内容摘要、金额和其他有关资料逐项登记到账页内，做到数字准确，摘要清楚。注意账簿须按日期顺序连续登记，不得跳行、隔页。必须每天定期结出账户的余额，每一账页登记完毕，接转下页时，应当结出本页合计数及余额，写在本页最后一行和下页第一行有关栏内，并在摘要栏注明“过次页”和“承前页”字样，也可以将本页合计数及余额只写在下一页第一行有关栏内，并在摘要栏注明“承前页”字样。银行存款日记账的格式一般为三栏式，但也可以采用多栏式。三栏式银行存款日记账的格式及登记示例见表7-3。

表7-3　　银行存款日记账格式及登记示例

银行存款日记账

2021年		凭证册号	摘要	凭证结算		借方											贷方											核对号	余额										
月	日			种类	号数	亿	千	百	十	万	千	百	十	元	角	分	亿	千	百	十	万	千	百	十	元	角	分		亿	千	百	十	万	千	百	十	元	角	分
4	1		承前页																													5	0	0	0	0	0	0	0
4	2	2	销售收款	银收	1				6	0	0	0	0	0	0	0															1	1	0	0	0	0	0	0	0
4	2	1	采购付款	银付	1															3	0	0	0	0	0	0	0					8	0	0	0	0	0	0	0
			……																																				
4	30		本月合计						6	0	0	0	0	0	0	0				3	0	0	0	0	0	0	0					8	0	0	0	0	0	0	0

设置特种日记账既能减少根据日记账过入总分类账的过账工作量，能减少登记总账的工作量，还可以根据管理的不同要求设置相关的日记账，而且这些日记账同一时间可以由不同的会计人员进行登记，既便于会计人员分工协作，还可以提高记账效率和明确记账责任。

二、分类账簿的格式与登记方法

分类账簿分为总分类账和明细分类账两种。

（一）总分类账的格式与登记方法

总分类账是按一级会计科目设置，提供总括资料的账簿。总分类账簿只能以货币作为计量单位。其最常用的格式为三栏式账簿，即分为借方金额、贷方金额、余额三栏。

总分类账的登记方法：总分类账可以按记账凭证逐笔登记；也可以根据汇总记账凭证进行登记，如汇总固定期间（一般为十天）的记账凭证，编制汇总记账凭证，再根据汇总记账凭证登记总分类账；还可以根据科目汇总表进行登记，即根据所有记账凭证编制科目汇总表，再根据科目汇总表登记总分类账。总之，其登记方法主要取决于所采用的会计核算组织程序（将在本书第十章介绍）。

三栏式总分类账的格式及登记示例见表7-4、表7-5、表7-6。

表7-4　总分类账的格式及登记示例——按记账凭证登记

总　账

会计科目 应收账款

2021年		凭证册号	摘要	借方											贷方											核对号	借或贷	余额										
月	日			亿	千	百	十	万	千	百	十	元	角	分	亿	千	百	十	万	千	百	十	元	角	分			亿	千	百	十	万	千	百	十	元	角	分
4	1		期初余额																								借			3	0	0	0	0	0	0	0	0
4	5	1	收回借款														1	0	0	0	0	0	0	0	0		借			2	0	0	0	0	0	0	0	0
4	9	2	销售未收款			3	0	0	0	0	0	0	0	0													借			5	0	0	0	0	0	0	0	0
			……																																			
4	30		本月合计			7	0	0	0	0	0	0	0	0			5	0	0	0	0	0	0	0	0		借			5	0	0	0	0	0	0	0	0

表7-5　总分类账的格式及登记示例——按汇总记账凭证登记

总　账

会计科目 应收账款

2021年		凭证册号	摘要	借方											贷方											核对号	借或贷	余额										
月	日			亿	千	百	十	万	千	百	十	元	角	分	亿	千	百	十	万	千	百	十	元	角	分			亿	千	百	十	万	千	百	十	元	角	分
4	1		期初余额																								借			3	0	0	0	0	0	0	0	0
4	15	1	汇总记账凭证			3	0	0	0	0	0	0	0	0			2	0	0	0	0	0	0	0	0		借			4	0	0	0	0	0	0	0	0
4	30	2	汇总记账凭证			4	0	0	0	0	0	0	0	0			3	0	0	0	0	0	0	0	0		借			5	0	0	0	0	0	0	0	0
4	30		本月合计			7	0	0	0	0	0	0	0	0			5	0	0	0	0	0	0	0	0		借			5	0	0	0	0	0	0	0	0

表 7-6　　　　　　　总分类账的格式及登记示例——按科目汇总表登记

总　账

会计科目 应收账款

2021年		凭证册号	摘要	借方											贷方											核对号	借或贷	余额										
月	日			亿	千	百	十	万	千	百	十	元	角	分	亿	千	百	十	万	千	百	十	元	角	分			亿	千	百	十	万	千	百	十	元	角	分
4	1		期初余额																								借			3	0	0	0	0	0	0	0	0
4	30	1	科目汇总表			7	0	0	0	0	0	0	0	0			5	0	0	0	0	0	0	0	0		借			5	0	0	0	0	0	0	0	0
4	30		本月合计			7	0	0	0	0	0	0	0	0			5	0	0	0	0	0	0	0	0		借			5	0	0	0	0	0	0	0	0

小思考 7-1 总分类账登记方法的选择

中华同心2021年3月的经济业务较多，企业规模也比较大。

你认为应选择哪种总分类账登记方法？为什么？

（二）明细分类账的格式与登记方法

明细分类账是登记某类经济业务详细情况的账簿，它既可以反映资产、负债、所有者权益、收入、费用等价值变动情况，又可以反映资产等实物量增减情况。明细分类账的格式主要是根据它所反映的经济业务的特点，以及实物管理的不同要求来设计的。明细分类账应根据原始凭证或原始凭证汇总表登记，也可以根据记账凭证登记。其主要格式有以下三种：

1.三栏式明细账

三栏式明细账主要适用于只反映金额的经济业务，它一般记录只有金额而没有实物量的经济业务如应收账款、应付账款、其他应收款等。三栏式明细账账页中一般设有“日期”“凭证册号”“摘要”“借方”“贷方”“余额”等栏，登记时根据记账凭证依次填入各栏目内容，并结记余额，余额如是0，则“借或贷”栏相应位置写“平”。三栏式明细账的格式及登记示例见表7-7、表7-8。

2.数量金额式明细账

数量金额式明细账在收入、支出、结存三栏内。再增设数量、单价等栏目，分别登记实物的数量和金额。所以，它适用于既需要反映金额，又需要反映数量的经济业务，如原材料、库存商品、自制半成品等科目的明细核算。数量金额式明细账实质上是在三栏式明细账基础上发展起来的，是三栏式明细账的扩展，其格式及登记示例见表7-9。

表 7-7　　三栏式明细账的格式及登记示例——应收账款

应收账款 明细账

会计科目 明信公司

2021年		凭证册号	摘要	借方											贷方											核对号	借或贷	余额										
月	日			亿	千	百	十	万	千	百	十	元	角	分	亿	千	百	十	万	千	百	十	元	角	分			亿	千	百	十	万	千	百	十	元	角	分
4	1		期初余额																								借				6	6	3	3	6	0	0	0
4	22	1	收回货款															6	6	3	3	6	0	0	0		平										θ	
			……																																			
4	30		本月合计				2	0	0	0	0	0	0	0				8	6	3	3	6	0	0	0		平										θ	

表 7-8　　三栏式明细账的格式及登记示例——应付账款

应付账款 明细账

会计科目 广东电子塑胶有限企业

2021年		凭证册号	摘要	借方											贷方											核对号	借或贷	余额										
月	日			亿	千	百	十	万	千	百	十	元	角	分	亿	千	百	十	万	千	百	十	元	角	分			亿	千	百	十	万	千	百	十	元	角	分
4	1		期初余额																								贷				7	4	5	8	0	0	0	0
4	18	1	偿还欠款				5	4	5	8	0	0	0	0													贷				2	0	0	0	0	0	0	0
			……																																			
4	30		本月合计				5	4	5	8	0	0	0	0				2	0	0	0	0	0	0	0		贷				4	0	0	0	0	0	0	0

表 7-9　　数量金额式明细账格式及登记示例　　单位：元

2021年		摘要	收入			发出			结存		
月	日		数量	单价	金额	数量	单价	金额	数量	单价	金额
4	1	月初余额							500	2	1 000
4	6	车间领用				100	2	200	400	2	800
4	10	入库	1 000	2	2 000				1 400	2	2 800
4	12	车间领用				500	2	1 000	900	2	1 800
		……									
4	30	本月发生额及月末余额	1 000	2	2 000	600	2	1 200	900	2	1 800

3.多栏式明细账

多栏式明细账是根据经济业务的特点和经营管理的要求，在某一总分类账项下，对属于一级科目或二级科目的明细科目设置若干栏目，用以在同一张账页上集中反映各有关明细项目的详细资料。它主要适用于费用、成本、收入和利润等科目的明细核算。由于多栏式明细账所记录的经济业务内容不同，所需要核算的指标也不同，因此栏目的设置也不尽相同。多栏式明细账的格式及登记示例见表7-10。

表7-10　多栏式明细账格式及登记示例　单位：元

2021年		凭证		摘要	成本项目			
月	日	种类	号数		直接材料	直接人工	制造费用	合计
4	1			月初余额	20 000	30 000	20 000	70 000
4	30	转	5	本月领用材料	300 000			300 000
4	30	转	20	生产工人薪酬		500 000		500 000
4	30	银付	30	本月电费			60 000	60 000
4	30	转	40	本月制造费用			100 000	100 000
4	30			本月发生额	300 000	500 000	160 000	960 000
4	30	转	80	结转完工产品成本	310 000	520 000	150 000	980 000
4	30			月末余额	10 000	10 000	30 000	50 000

第四节　错账更正方法

一、错账查找方法

错账查找的方法主要有两种：个别检查法和全面检查法。

（一）个别检查法

个别检查法，是指针对错账的数字进行检查的方法，这种方法适用于检查方向记反、数字错位和数字颠倒等造成的记账错误。个别检查法又可以分为差数法、倍数法和除9法三种方法。

1.差数法

差数法就是记账人员首先确定错账的差数，再根据差数去查找错误的方法。这种方法对于发现漏记账目比较有效，也很简便。假如不存在其他错账，则很容易查找到发生的错账。

【例 7-1】若借方漏记（抄）50 000。则借方合计 225 000；贷方合计 275 000，双方差额为 50 000，即可根据 50 000 这个数字直接查找错账。

2. 倍数法

倍数法也叫除 2 法，首先算出借方和贷方的差额，再根据差额的一半来查找错误。这种方法适用于会计账簿因栏次错写而造成方向错误的情况。如果不存在其他错账，则很容易查找到发生的错账。

【例 7-2】若借方 80 000 记（抄）入贷方。则借方合计 615 000；贷方合计 775 000。双方差额为 160 000，160 000÷2 = 80 000，即可根据 80 000 这个数字去查找错账。

3. 除 9 法

除 9 法就是先算出借方与贷方的差额，再除以 9 来查找错误的方法。这种方法适用于数字错位和数字颠倒两种情况。

【例 7-3】若 4 985 颠倒为 4 958。则借方合计 695 000；贷方合计 694 973。双方差额为 27（695 000 - 694 973），27÷9 = 3，求得的商数为被颠倒两数之差（本例为 8 - 5 = 3），即可根据商数的这一特征去查找错账。

（二）全面检查法

全面检查法就是对一定时期的账目进行全面核对的检查方法，具体又分为顺查法和逆查法两种方法。

顺查法是按照记账的顺序，从头到尾依次检查原始凭证、记账凭证、总账、明细账以及会计科目余额表等的检查方法。

逆查法是按照与记账顺序相反的顺序检查账簿的方法，即首先检查科目余额表中数字的计算是否正确，其次检查各账户的计算是否正确，再次核对各账簿与记账凭证是否相符，最后检查记账凭证与原始凭证是否相符。

二、错账更正方法

在发现错账之后，要根据产生错账的不同原因，使用不同的更正方法。

（一）划线更正法

划线更正法是先将错误数字或文字全部划一条红线予以注销，并使原来的字迹仍然清晰可见，然后在红线上方空白处做出正确的记录，并由责任人在更正处盖章，以示负责。

划线更正法适用于结账前或结账时发现账簿记录中文字或金额有错误，而记账凭证没有错误，即文字或数字过账时的笔误及账簿数字计算错误等情况。

【例 7-4】企业用银行存款 3 275 元购买办公用品。记账凭证上编制的分录为：

借：管理费用　　3 275

　贷：银行存款　　3 275

企业记账凭证上的会计分录正确，而账簿上的记录错误："管理费用"账户记为 3 257。

采用划线更正法进行更正，如图7–1所示。其中业务第一行的更正方法正确；第二行的更正方法因数字未完整划掉、未签章，属于不规范的更正方法。

<u>管理费用　明细账</u>

会计科目：管理费用

摘要	借方									贷方								
	百	十	万	千	百	十	元	角	分	百	十	万	千	百	十	元	角	分
购买办 公用品				3 ~~3~~	2 ~~2~~	7 ~~5~~	5 ~~7~~	0 ~~0~~	0 ~~0~~	张礼								
购买办 公用品				 3	 2	7 ~~5~~	5 ~~7~~	★不规范的更正方法 0	 0									

图7–1　划线更正法示例

注意：对错误的数字必须全部划掉，划掉的数字必须保持清晰可见。

（二）红字更正法

红字更正法也叫红字冲销法、红字订正法，应用这种方法时应先用红字填制一张内容与错误的记账凭证完全相同的记账凭证，在摘要栏中注明“更正第×张凭证的错误”，并据以用红字登记入账冲销原有错误记录，再填制一张正确的记账凭证，并据以登记入账。

红字更正法适用于记账凭证填错，并已经登记入账而形成的错账。这种差错，无论在结账前还是在结账后发现，无论是分录所用科目错误还是金额错误，都可以采用此方法更正。

【例7–5】红字更正法用于更正记账凭证会计科目错误并已入账而引发的错账。企业用银行存款2 500元支付广告费，会计分录中，借方会计科目应为“销售费用”，而企业错误记入“管理费用”并且已登记入账。

更正方法分两步：

首先，用红字编制错误分录的记账凭证并记账，冲销错账：

借：管理费用　　2 500（方框）

　贷：银行存款　　2 500（方框）

其次，编制正确分录的记账凭证并记账：

借：销售费用　　2 500

　贷：银行存款　　2 500

注意：对登记没有错误的账户也要更正，不能只更正错误的账户，如例7–5中的“银行存款”账户。

【例7–6】红字更正法用于更正记账凭证上金额写多并已入账而引发的错账。企业用银行存款50元支付办理银行业务手续费，会计人员在会计分录中把金额错记成500元，多记了450元。

更正方法：用红字编制正确分录的记账凭证并记账，金额为正确数字与错误数字二者之差，冲销错账：

借：财务费用　　450（方框）

贷：银行存款 450

注意：将冲销的金额登记到有关账户以后，原来多记部分即被冲销掉，实际记入两个账户的金额变为50元（500－450）。

（三）补充登记法

补充登记法是在科目对应关系正确时，将少记的金额填制一张记账凭证，在摘要栏中注明"补记×字第×号凭证少记数"并据以登记入账，以补充原来少记的金额。

补充登记法适用于记账后发现记账凭证所填的金额小于正确的金额的情况。对于这种错误可以采用红字更正法，也可以采用补充登记法。

【例7-7】企业收到某单位归还的欠款3 500元存入银行。记账凭证上的会计分录把金额错记成350元，会计分录中金额少记。错误的会计分录为：

借：银行存款 350

贷：应收账款 350

更正方法：用蓝字编制正确分录的记账凭证并记账（金额为正确数字与错误数字二者之差），更正错账：

借：银行存款 3 150

贷：应收账款 3 150

注意：重新登记有关账户以后，原来少记的部分被登记入账，实际记入两个账户的金额为3 500元（350＋3 150）。

第五节　对账与结账

一、对账

（一）对账的含义

对账就是核对账目。一般是在会计期间（月份、季度、年度）终了时，检查和核对账证、账账、账实、账表是否相符，以确保账簿记录的正确性。会计人员在填制凭证、登记账簿等一系列工作中出现的差错，以及因管理不善而带来的财产管理中的各种问题和其他一些因素，都可能给账簿记录的真实性、正确性带来影响。为了保证账簿记录的真实、正确、可靠，必须对账簿和账户所记录的有关数据加以检查和核对。

（二）对账的内容

对账的内容一般包括以下几个方面：

1.账证核对

账证核对是指将各种账簿记录与会计凭证进行核对。这种核对主要在日常编制凭证和记账过程中进行，必要时，也可以采用抽查核对和目标核对的方法进行。核对的重点是凭证所记载的业务内容、金额和分录是否与账簿中的记录一致。若发现差错，应重新对账簿记录和会计凭证进行复核，直到查出错误的原因为止，以保证账证相符。

2.账账核对

账账核对是对各种账簿之间的有关数字进行核对。账账核对包括：①总分类账各账户的借方期末余额合计数与贷方期末余额合计数核对相符；②明细分类账各账户的余额合计数与有关的总分类账的余额核对相符；③日记账的余额与总分类账各账户的余额核对相符；④会计部门各种财产物资明细分类账的期末余额与保管或使用部门的财产物资明细分类账的期末余额核对相符；⑤本单位会计部门有关账簿的发生额和余额与外单位相应账簿的发生额和余额核对相符。

3.账实核对

账实核对就是将账面数字和实际的物资、款项进行核对。账实核对包括库存现金日记账账面余额与库存现金实有数相互核对；银行存款日记账账面余额与开户银行出具的银行对账单相互核对；各种材料物资明细账账面余额与材料物资实存数相互核对；各种应收、应付款项明细账账面金额与有关的债权债务单位相互核对。账实核对一般通过财产清查来进行。

4.账表核对

账表核对是指将账簿记录与各种会计报表相互核对。账表核对的主要内容包括以下三个方面：一是核对会计报表中某些数字是否与有关总分类账的期末余额相符；二是核对会计报表中某些数字是否与有关明细分类账的期末余额相符；三是核对会计报表中某些数字是否与有关明细分类账的发生额相符。进行账表核对时，查账人员必须熟悉账与表中的项目或内容之间直接或者间接的钩稽关系，如“库存现金”“银行存款”“其他货币资金”账户余额与资产负债表中的货币资金项目的直接对应关系。如果不了解这些关系，查账人员难以在查账中发现问题。

通过上述的对账工作，能更好地实现账证相符、账账相符、账实相符和账表相符，使会计核算资料真实、正确、可靠。

二、结账

（一）结账的含义

结账就是把在一定时期内所发生的经济业务全部登记入账的基础上，结算出每个账户的本期发生额和期末余额、并将期末余额转入下期或下年新账（期末余额结转到下期即为下期期初余额）。根据会计分期的不同，结账工作相应地可以在月末、季末、年末进行，但不能为减少本期的工作量而提前结账，也不能将本期的会计业务推迟到下期或编制报表之后再进行结账。结账的内容通常包括两个方面：一是结清各类损益类账户，并据以计算确定本期利润；二是结出各资产、负债和所有者权益账户的本期发生额合计数和期末余额。

为了保证结账工作的顺利进行，结账前应该做好一些准备工作，包括检查凭证和账簿的正确性、进行相应的账项调整等。简单地说，结账工作主要由两部分构成：一是结出总分类账和明细分类账的本期发生额和期末余额（包括本期累计发生额），并将余额在本期和下期之间进行结转；二是损益类账户，即收入、成本费用类账户的结转，并计算本期利润或亏损（利润的计算一般在年结时进行）。

结账有利于企业管理者定期总结生产经营情况，对不同会计期间的数据资料进行比较分析，以便发现问题，采取措施及时解决；结账也有利于编制报表，提供报表所需的数据资料，满足与企业有利益关系的投资者、债权人做出正确决策的需求，满足国家的宏观调控要求。另外，企业因撤销、合并而办理账务交接时，也需要办理结账手续。

（二）结账的步骤

第一，检查结账日之前发生的全部经济业务是否都已经登记入账。检查账簿记录的完整性和正确性，不能漏记、重记，也不能错记。值得注意的是，各种收入和费用应该按照权责发生制的要求进行处理。

第二，编制结账分录。在有关经济业务都已经登记入账的基础上，要将各种收入、成本和费用等账户的余额进行结转，编制转账分录，结转到利润账户，再编制利润分配的分录。

第三，计算发生额和余额。计算出各账户的发生额和余额，并进行结转，最终计算出各资产、负债和所有者权益类账户的本期发生额和余额。

（三）结账的方法

对于不同类型的账户，结账方法的要点如下：

第一，对不需按月结计本期发生额的账户，如各项应收、应付款明细账（三栏式账页）与各项财产物资明细账（如原材料、库存商品明细账），每次记账以后都要随时结出余额，每月最后一笔余额是月末余额，即月末余额就是本月最后一笔经济业务记录的同一行内余额。月末结账时，只需在最后一笔经济业务记录之下通栏划单红线，不需要再次结计余额。

第二，对库存现金、银行存款日记账和需要按月结计发生额的收入、费用等明细账，每月结账时，要在最后一笔经济业务记录下通栏划单红线，结出本月发生额和余额，在摘要栏内注明“本月合计”字样，并在下面通栏划单红线。

第三，对于需要结计本年累计发生额的明细账户，每月结账时，应在“本月合计”行下结出自年初起至本月末止的累计发生额，登记在本月发生额下，在摘要栏内注明“本年累计”字样，并在下面通栏画单红线。12月末的“本年累计”就是全年累计发生额，全年累计发生额下通栏划双红线。

第四，总账账户平时只需结出月末余额。年终结账时，为了总括反映全年各项资金运动情况的全貌，核对账目，要将所有总账账户结出全年发生额和年末余额，在摘要栏内注明“本年合计”字样，并在合计数下通栏划双红线。

第五，年度终了结账时，有余额的账户应将其余额结转下年，并在摘要栏注明“结转下年”字样；在下一会计年度新建有关账户的第一行余额栏内填写上年结转的余额，并在摘要栏注明“上年结转”字样，使年末有余额账户的余额如实地在账户中加以反映，以免混淆有余额的账户和无余额的账户。年度结账方法示例见表7-11，年度结账方法及注意事项如图7-2所示：

表7-11　　　　　　　　年度结账方法示例

总　账

会计科目 应收账款

2021年		凭证册号	摘要	借方											贷方											核对号	借或贷	余额										
月	日			亿	千	百	十	万	千	百	十	元	角	分	亿	千	百	十	万	千	百	十	元	角	分			亿	千	百	十	万	千	百	十	元	角	分
4	1		期初余额																								借			3	0	0	0	0	0	0	0	0
4	15	1	汇总记账凭证			3	0	0	0	0	0	0	0	0			2	0	0	0	0	0	0	0	0		借			4	0	0	0	0	0	0	0	0
4	30	2	汇总记账凭证			4	0	0	0	0	0	0	0	0			3	0	0	0	0	0	0	0	0		借			5	0	0	0	0	0	0	0	0
4	30		本月合计			7	0	0	0	0	0	0	0	0			5	0	0	0	0	0	0	0	0		借			5	0	0	0	0	0	0	0	0
			……																																			
12	31		本年累计		3	0	0	0	0	0	0	0	0	0		2	0	0	0	0	0	0	0	0	0		借		1	3	0	0	0	0	0	0	0	0

总　账

会计科目：原材料

2021年		凭证册号	摘要	借方	贷方	核对号	借或贷	余额
月	日							
1	1		上年结转				借	12 500
			……					
12	31		本年合计	332 000	339 500		借	5 000
			结转下年		5 000			
			上年结转	12 500				
				344 500	344 500			

结清账目，求得本年记录平衡

账户若有余额，抄入新年度

2022年		凭证册号	摘要	借方	贷方	核对号	借或贷	余额
月	日							
1	1		上年结转				借	5 000

新年度新账簿第1页第一行

图7-2　年度结账方法及注意事项

第六节　会计账簿的更换与保管

一、会计账簿的更换

会计账簿的更换是指在会计年度终了时，将上年度的账簿更换为下一年度的新账簿。

在每个会计年度结束，新的会计年度开始时，应按会计制度的规定，更换总账、日记账和大部分明细账。少部分明细账还可以继续使用，年初可以不必更换，如固定资产明细账等。

更换账簿时，应将上年度各账户的余额直接记入新的年度相应的账簿中，并在旧账簿中各账户年终余额的摘要栏内加盖“结转下年”戳记。同时，在新账簿中相关账户的第一行摘要栏内加盖“上年结转”戳记，并在余额栏内记入上年余额。

二、会计账簿的保管

会计账簿是会计工作非常重要的历史资料，也是重要的经济档案，在经营管理中发挥着重要作用。因此，每一个企业、单位都应按照国家有关规定：加强对会计账簿的管理，做好账簿的管理工作。

会计账簿的保管应该明确责任、保证账簿的安全和会计资料的完整，防止交接手续不清和可能发生的舞弊行为。在账簿交接保管时，应将该账簿的页数、记账人员姓名、启用日期、交接日期等列表附在账簿的扉页上，并由有关人员签字盖章。账簿要定期（一般为年终）收集，审查核对，整理立卷，装订成册，专人保管，严防丢失和损坏。

会计账簿应按照规定期限保管。各账簿的保管期限一般为30年。保管期满后，要按照会计档案管理办法的规定，由档案管理机构会同有关部门共同鉴定，报经批准后进行处理。

合并、撤销单位的会计账簿，要根据不同情况，分别移交给并入单位、上级主管部门或主管部门指定的其他单位保管，并由交接双方在移交清册上签名盖章。

会计账簿日常应由各自分管的记账人员专门保管，未经领导和会计负责人或有关人员批准，不许非经管人员翻阅、查看、摘抄和复制。会计账簿除非特殊有需要或司法介入要求，一般不允许携带外出。

会计人员应对更换下来的旧账簿应进行整理、分类，对有些缺少手续的账簿，应补办必要的手续，然后装订成册，并编制目录、办理移交手续，按期归档保管。

保管会计账簿既是会计人员应尽的职责，也是会计工作的重要组成部分。

思政小课堂

朱镕基是一位十分受人民爱戴的总理。他严于自律，为人低调，刚到上海赴任，就为自己立下了“五戒”：不题词、不受礼、不吃请、不剪彩、不批条子。

2001年4月，朱镕基前往上海国家会计学院视察，“破戒”为该校题写校训：不做假账；同年10月，朱镕基前往北京国家会计学院进行视察，再度“破戒”题字：诚信为本，操守为重，遵循准则，不做假账。2002年11月19日，中国香港举行第六届世界会计师大会。朱镕基应邀出席，并作了演讲。他再一次“破戒”，为厦门国家会计学院挥毫题写了4个字：不做假账。

三次为会计学院题字“不做假账”，是朱镕基对会计从业人员职业道德底线的重申。假若这种风气无法杜绝，这种繁荣必然是虚假的、脆弱的。要求取国家的健康发展和长足进步，就不能姑息作假的风气。

补充与提示

思考：“不做假账”的题词及其深意，对完善会计账簿相关制度有何意义？

分析提示：结合会计账簿相关内容从信息质量、企业管理、经济发展、监管等角度分析。

本章小结

本章主要讲述了会计账簿的含义、会计账簿的分类，会计账簿的设置与启用，会计账簿的格式与登记方法，错账更正方法，对账与结账，会计账簿的更换与保管。通过学习：应掌握会计账簿的设置、会计账簿的格式与登记方法；熟悉错账的更正方法、对账与结账；了解会计账簿的更换与保管。

本章知识内容思维导图

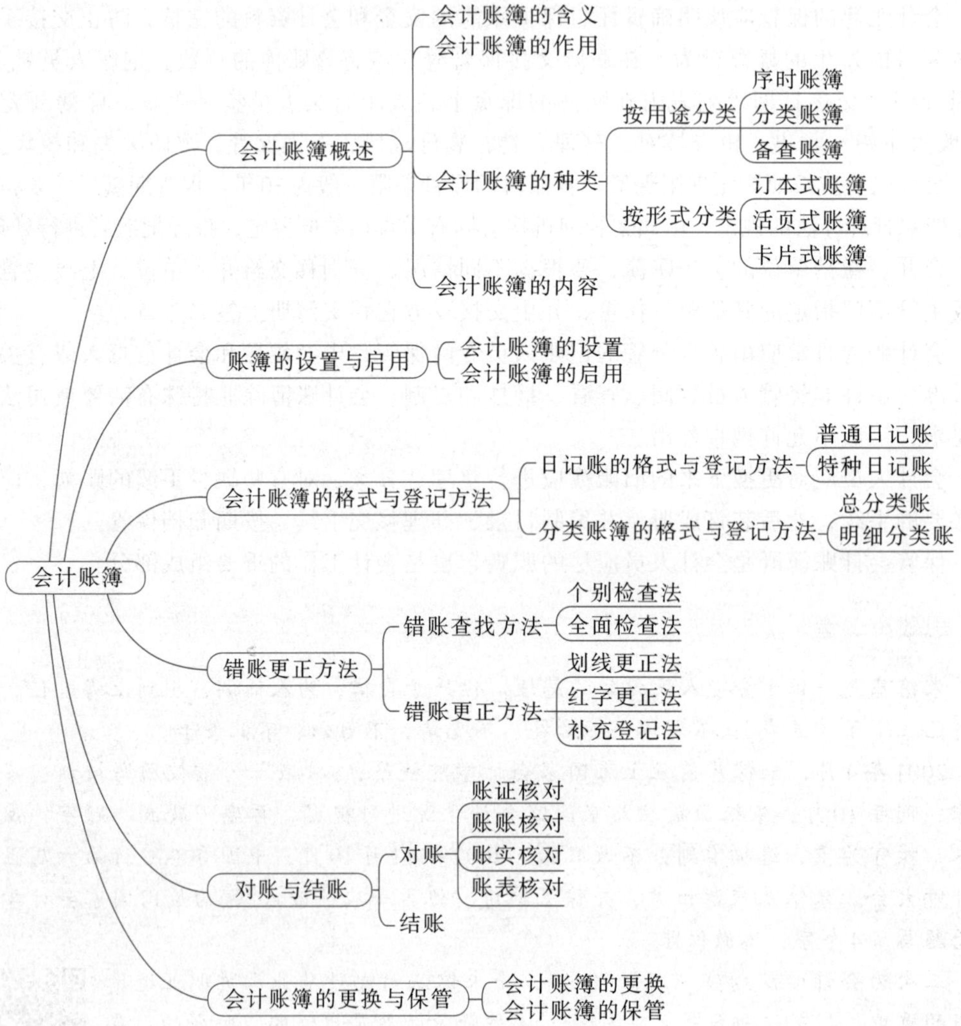

拓展学习资料

1.视频链接：识别财务造假

https：//www.ixigua.com/6961374342072992290?wid_try=1

2.会计司．加快会计数字化转型 支撑会计职能拓展推动会计信息化工作向更高水平迈进——《会计改革与发展“十四五”规划纲要》系列解读之六［EB/OL］.（2022-02-11）．http：//kjs.mof.gov.cn/zhengcejiedu/202202/t20220210_3786841.htm.

3.会计司．贯彻落实全面依法治国新理念新思想新战略扎实推进会计法治建设——《会计改革与发展“十四五”规划纲要》系列解读之七［EB/OL］.（2022-02-28）．http：//kjs.mof.gov.cn/zhengcejiedu/202202/t20220223_3789420.htm.

4.财政部，国家档案局．会计档案管理办法［EB/OL］.（2015-12-11）．https：//www.saac.gov.cn/daj/bmgz/201512/49f6b5b209524c8480794a3fbe388d43/files/fc74e63309eb4fe9b2ed621427e794d3.pdf.

会计档案管理办法

应知应会

应知应会客观题答案

一、单项选择题

1.银行存款日记账的收入方除根据银行存款收款凭证登记外，有时还要根据（　　）登记。

A.银行存款付款凭证　　B.现金收款凭证

C.现金付款凭证　　D.转账凭证

2.下列选项中适用于多栏式明细分类账的是（　　）。

A.主营业务成本明细账　　B.原材料明细账

C.应收账款明细账　　D.产成品明细账

3.总分类账的外表形式是（　　）。

A.订本式　　B.多栏式　　C.活页式　　D.数量金额式

4.下列选项中不适用于三栏式账页的是（　　）。

A.总账　　B.应付账款明细账

C.库存现金日记账　　D.原材料明细账

5.下列选项中适用于数量金额式账页的是（　　）。

A.生产成本明细账　　B.库存商品明细账

C.应收账款明细账　　D.应付账款明细账

6.记账后，如果发现记账错误是由于记账凭证所列示的会计科目和金额错误引起的，可采用的更正错账方法是（　　）。

A.红字更正法　　B.补充登记法　　C.划线更正法　　D.以上方法均可

7.下列选项中必须逐日逐笔登记的账簿是（　　）。

A.明细账　　B.日记账　　C.总账　　D.备查账

8.“生产成本”明细账应该采用的格式是（　　）。

A.三栏式　　B.多栏式　　C.数量金额式　　D.以上都可

9.“应交税费——应交增值税”明细账应该采用的格式是（　　）。

A.借方多栏式　　B.贷方多栏式

C.借方贷方双方多栏式　　D.三栏式

10.期末根据账簿记录计算并记录各账户的本期发生额和期末余额，在会计上称为（　　）。

A.对账　　B.结账　　C.调账　　D.查账

11.下列选项中可以作为编制会计报表直接依据的是（　　）。

A.序时账簿　　B.备查账簿　　C.总分类账簿　　D.日记账

12.序时账簿按其记录内容的不同可以分为（　　）。

A.库存现金日记账和普通日记账　　B.普通日记账和日记总账

C.普通日记账和特种日记账　　D.三栏式日记账和多栏式日记账

二、多项选择题

1.企业到银行提取现金2 000元，此项业务应登记（　　）。

A.库存现金日记账　　B.银行存款日记账

C.总分类账　　D.明细分类账

2.下列选项中，可以作为库存现金日记账登记依据的有（　　）。

A.现金收款凭证　　B.现金付款凭证

C.银行存款收款凭证　　D.银行存款付款凭证

3.红字更正法的方法要点有（　　）。

A.用红字金额填写一张与错误记账凭证完全相同的记账凭证并用红字记账

B.用红字金额填写一张与错误原始凭证完全相同的记账凭证并用红字记账

C.用蓝字金额填写一张与错误原始凭证完全相同的记账凭证并用蓝字记账

D.再用蓝字重填一张正确的记账凭证，登记入账

4.登记账簿的要求有（　　）。

A.账簿书写的文字和数字上方要留适当空白，一般应占格距的二分之一

B.登记账簿要用圆珠笔、蓝黑或黑色墨水书写，不得用铅笔书写

C.登记后，要在记账凭证上签名或盖章，并注明已登账的符号，表示已记账

D.各种账簿按页次顺序连续登记，不得跳行、隔页

5.采用划线更正法，其要点有（　　）。

A.在错误的文字或数字（单个数字）上划一条红线注销

B.在错误的文字或数字（整个数字）上划一条红线注销

C.更正人在划线处盖章

D.将正确的文字或数字用蓝字写在划线的上端

6.多栏式明细账又可以分为（　　）。

A.借方多栏式明细账　　B.贷方多栏式明细账

C.借方贷方双方多栏式明细账　　　　　　D.对方科目多栏式明细账

7.可使用补充登记法更正差错的情况有（　　）。

A.在登记完记账凭证后发现凭证有错误

B.所填金额小于应填金额

C.发现记账凭证中应借、应贷科目有错

D.发现记账凭证中应借、应贷科目无错

8.会计上允许使用的更正错误的方法有（　　）。

A.划线更正法　　B.红字更正法　　C.补充登记法　　D.刮擦挖补

9.总账和明细账之间的登记应该做到（　　）。

A.登记的原始依据相同　　　　　　　　B.登记的金额相同

C.登记的时点相同　　　　　　　　　　D.登记的方向相同

10.对账的内容包括（　　）。

A.账证核对　　B.账表核对　　C.账账核对　　D.账实核对

11.记账后发现记账凭证中应借、应贷会计科目正确，金额发生错误，可以用的更正方法有（　　）。

A.划线更正法　　B.补充登记法　　C.红字更正法　　D.金额更正法

12.年度结束后，对于账簿的保管应该做到（　　）。

A.装订成册　　B.加上封面　　C.统一编号　　D.归档保管

13.登记会计账簿时，下列说法中，正确的有（　　）。

A.要使用蓝黑墨水钢笔书写　　　　　　B.月末结账划线可用红色墨水笔

C.在某些特定条件下可使用铅笔　　　　D.在规定范围内可以使用红色墨水笔

14.在会计账簿扉页上填列的内容包括（　　）。

A.账簿名称　　B.单位名称　　C.账户名称　　D.起止页次

15.下列账簿中，必须采用订本式账簿的有（　　）。

A.库存现金日记账　　　　　　　　　　B.固定资产明细账

C.银行存款日记账　　　　　　　　　　D.管理费用总账

16.总分类账一般采用（　　）。

A.订本式　　B.活页式　　C.三栏式　　D.多栏式

17.可用于更正因记账凭证错误而导致账簿登记错误的错账更正方法有（　　）。

A.划线更正法　　B.红字更正法　　C.补充登记法　　D. 顺查法

18.下列账簿中，应采用多栏式账页格式的有（　　）。

A.原材料明细账　　　　　　　　　　　B.主营业务收入明细账

C.管理费用明细账　　　　　　　　　　D.制造费用明细账

19.收回货款1 500元存入银行，记账凭证中误将金额填为15 000元，并已入账，错账的更正方法不正确的有（　　）。

A.用划线更正法更正

B.用蓝字借记“银行存款”账户1 500元，贷记“应收账款”账户1 500元

C.用红字借记“应收账款”账户15 000元，贷记“银行存款”账户15 000元

D.用红字借记“银行存款”账户13 500元，贷记“应收账款”账户13 500元

20.登记库存现金日记账收入栏的依据有（　　）。

A.累计凭证　　B.现金收款凭证

C.转账凭证　　D.银行存款付款凭证

21.登记银行存款日记账收入栏的依据有（　　）。

A.银行存款收款凭证　　B.现金付款凭证

C.转账凭证　　D.累计凭证

22.活页式账簿的主要缺点有（　　）。

A.使用不灵活，不便于分工　　B.账页易散失

C.账页容易被抽换　　D.不能有效防止记账差错

23.下列应设置备查账簿登记的事项有（　　）。

A.固定资产卡片　　B.本单位已采购的材料

C.临时租入的固定资产　　D.本单位受托加工的材料

24.任何会计主体都必须设置的账簿有（　　）。

A.日记账　　B.备查账　　C.总分类账　　D.明细分类账

三、判断题

1.多栏式日记账实际上是普通日记账的一种特殊形式。（　　）

2.三栏式账簿一般适用于费用、成本等明细账。（　　）

3.企业对受托代销的商品，可以设置备查账簿进行登记。（　　）

4.在整个账簿体系中，日记账和分类账是主要账簿，备查账为辅助账簿。（　　）

5.结账之前，如果发现账簿中所记文字或数字有过账笔误或计算错误，而记账凭证并没有错，可用划线更正法更正。（　　）

6.账簿即会计账户。（　　）

7.就现金业务而言，目前我国企业设库存现金日记账和库存现金总分类账，同时还应设库存现金明细分类账。（　　）

8.总分类账、库存现金及银行存款日记账一般采用活页式账簿。（　　）

9.普通日记账既可以取代记账凭证，也可以取代总分类账。（　　）

10.总分类账可采用三栏式账页，而明细分类账则应根据其经济业务的特点采用不同格式的账页。（　　）

11.三栏式账簿是指具有日期、摘要、金额三个栏目的账簿。（　　）

12.凡是明细账都应使用活页式账簿，以便于根据实际需要，随时添加空白账页。（　　）

13.启用订本式账簿，除在账簿扉页填列“账簿启用和经管人员一览表”外，还要从第一页到最后一页顺序编写页码，不得跳页、缺号。（　　）

14.一张账页记满时，应在该账页最后一行结出余额，并在“摘要”栏注明“过次页”字样。（　　）

15.登记账簿时，发生的空行、空页一定要补充书写，不得注销。（ ）

16.出纳应在库存现金日记账每笔业务登记完毕，即结出余额，并与库存现金进行核对。（ ）

17.账簿中书写的文字和数字上面要留有适当空白，一般应占格距的二分之一，以便于发现错误时进行修改。（ ）

18.会计账簿作为重要的经济档案，因保存期长，必须使用蓝色或黑色的笔书写。（ ）

19.无论分类账簿还是序时账簿，都需要以记账凭证作为记账依据。（ ）

20.月结时，在摘要栏内注明“本月合计”字样，同时在该行下划双红线，以完成月结工作。（ ）

21.库存现金日记账和银行存款日记账期末余额分别同有关总分类账的期末余额核对，属于账账核对。（ ）

22.对账就是在会计期末（月末、季末、年末）将本期内所有发生的经济业务全部登记入账以后，计算出本期发生额和期末余额。（ ）

23.银行存款日记账的账面余额，应同开户银行寄送企业的银行对账单相核对，一般至少一年核对一次。（ ）

24.期末进行试算平衡时，发现所有总分类科目的本期借方发生额合计数与所有总分类科目的本期贷方发生额合计数不相等，则说明科目记录不正确。（ ）

25.账簿只是一个外在形式，账户才是它的真实内容。账簿与账户的关系，是形式和内容的关系。（ ）

四、简答题

1.设置会计账簿的原因是什么？

2.会计账簿按用途可分为哪几类？按外表形式可分为哪几类？其优缺点各是什么？

3.会计人员在记账过程中可能发生哪些错误？

4.明细账有哪几种格式？各适用于哪些经济业务？

5.对账簿的启用和登记有哪些具体要求？

6.错账的更正方法有哪些？每种方法适用的条件是什么？

7.什么是对账？对账包括哪些内容？

8.什么是结账？结账包括哪些内容？

9.怎样进行账簿的更换？

10.对会计账簿的保管有哪些基本要求？

五、案例分析题

1.资料：2021年6月5日，中华同心转让KN95鼻梁夹8万只给陕西西安医疗有限公司，每只售价为0.5元，适用增值税税率为13%。陕西西安医疗有限公司已将货款和税款合计45 200元通过网银汇至中华同心企业账户。会计记账凭证中的分录，贷方会计科目应为“其他业务收入”，而企业错误记入“主营业务收入”并且已登记入账。

要求：请采用相应的错账更正方法对以上错账进行更正处理。

2.资料：2021年6月5日，中华同心转让KN95鼻梁夹8万只给陕西西安医疗有限公司，每只售价为0.5元，适用增值税税率为13%。陕西西安医疗有限公司已将货款和税款合计45 200元通过网银汇至中华同心企业账户。会计记账凭证中的分录，“银行存款”和“其他业务收入”的金额均少记了10 000元，并且已登记入账。

要求：请采用相应的错账更正方法对以上错账进行更正处理。

3.资料：2021年6月5日，中华同心转让KN95鼻梁夹8万只给陕西西安医疗有限公司，每只售价为0.5元，适用增值税税率为13%。陕西西安医疗有限公司已将货款和税款合计45 200元通过网银汇至中华同心企业账户。会计记账凭证中的分录，“银行存款”和“其他业务收入”的金额均多记了10 000元，并且已登记入账。

要求：请采用相应的错账更正方法对以上错账进行更正处理。

挑战一下

扫码答题7

第八章 财产清查

思政目标

价值引领：

◆严守正直、诚实、廉洁的会计工作纪律。

◆养成认真负责、精益求精的会计工作态度。

专业融合：

◆通过财产清查，有助于查明各项财产物资是否完整，有无被不法分子挪用、贪污或盗窃等情况，让学生引以为戒，做到守法合规。

◆通过财产清查方法的具体讲解与学习，以及财产清查不同环节的注意事项，培养学生认真、严谨、细致的工作作风和处事原则。

能力培养：

◆通过对“小金库”等违法违规事项的处理方式，结合反面案例培养学生“明辨是非”的能力。

◆通过库存现金、银行存款、存货、固定资产等财产的清查方法与处理内容的教学，培养学生“抽丝剥茧”的逻辑思维和“融会贯通”的分析能力。

学习目标

1.基础目标：掌握财产清查的方法，财产清查结果的处理。

2.高阶目标：结合信息技术及财务软件学习财产清查的方法及分析。

3.挑战目标：结合财产清查及企业资产管理制度设计，分析财务舞弊造假防范机制。

本章重点

银行存款余额调节表的编制、财产清查结果的处理。

开篇案例

财产清查与“人生清查”

财产清查案例

会计核算中记录的财产物资账面数是企业应有的财产物资，在各个部门存放流转的是企业实存的财产物资。由于各种主客观原因，企业应有的财产物资与实存的财产物资可能不一致，即账面数与实存数存在差异，造成账实不符。因此，企业要定期或不定期进行财产清查，将账面数与实存数进行校对，查找差异，并将账面数进行调整，以与实存数一致，这是确保会计信息真实可靠的客观要求。企业也要分析差异产生的原因，有针对性地提出整改措施，建立健全相关管理制度，提升企业财产管理水平。

人生亦是如此。每个人心中都有一个理想的自我，即应有的自我；同时，每个人也都有一个现实中的自我，即实有的自我。应有的自我与实有的自我存在差距吗？这需要我们定期做好人生清查，将理想中的自我与现实中的自我进行核对反思，如有差距要深入分析原因，及时采取措施进行整改，促进自己不断进步、不断提高。

“曾子一日三省，则随事用力。”春秋时期，孔子的学生曾参勤奋好学，深得孔子的喜爱，同学问他为什么进步那么快。曾参说：“我每天都要多次问自己，替别人办事是否尽力？与朋友交往有没有不诚实的地方？先生教的是否学好？如果发现做得不妥就立即改正。”

人需要不断自查反思，照镜子，正衣冠，及时纠正缺点，在修正“应有的自我”与“实有的自我”中不断前行。

思考：

怎么进行财产清查？您如何对自己进行“人生清查”？

第一节　财产清查概述

一、财产清查的概念

财产清查（Property Verification）是指通过对货币资金、实物资产和往来款项等财产物资进行盘点或核对，确定其实存数，以查明账存数与实存数是否相符的一种会计专门方法。

财产清查的目的是保证账实相符。导致账实不符的常见原因有：①收发计量工具、衡器误差；②会计遗漏登记、重复登记、错误登记或者计算错误；③实物资产的物理属性所导致的误差，如盐的重量会受到空气湿度的影响；④未达账项，即票据传递时差会导致暂时性的账实不符；⑤相关人员的过失或舞弊行为、贪污失职；⑥不可抗力导致的实物资产灭失或毁损。

小知识：
财产清查

知识链接8-1

我国《会计基础工作规范》第六十二条规定：各单位应当定期对会计账簿记录的有关数字与库存实物、货币资金、有价证券、往来单位或者个人等进行相互核对，保证账证相符、账账相符、账实相符。对账工作每年至少进行一次。

二、财产清查的意义

（一）提高会计资料的准确性

通过财产清查，可以查明各项财产物资的实有数量，确定实有数量与账面数量之间的差异，查明原因和责任，以便采取有效措施，消除差异，改进工作，从而保证账实相符，提高会计资料的准确性。

（二）保障财产物资的安全完整性

通过财产清查，可以查明各项财产物资的保管情况是否良好，有无因管理不善造成霉烂、变质、损失浪费，或者被非法挪用、贪污盗窃的情况，以便采取有效措施，改善管理，有助于保障各项财产物资的安全完整性。

（三）提高资金的使用效益

通过财产清查，可以查明各项财产物资的库存和使用情况，合理安排生产经营活动，充分利用各项财产物资，提高资金的使用效益。

三、财产清查的种类

财产清查可按清查的范围、清查的时间和清查的执行单位不同进行分类。

（一）全部清查与局部清查

按照清查的范围不同，财产清查可分为全部清查和局部清查两种。

1. 全部清查

全部清查是指对全部财产进行盘点和核对。就制造业企业清查对象来说，一般包括货币资金、存货、固定资产、债权资产及对外投资等。

全部清查的范围广、时间长、工作量大，参加的人员也多，有时还会影响企业生产经营的正常进行。所以一般在以下几种情况下采用全部清查：①年终决算之前，为确保年终决算会计信息的真实和准确，需要进行一次全部清查；②企业关停并转或改变其隶属关系需要进行全部清查；③中外合资合营需要进行全部清查；④开展清产核资，需要进行全部清查；⑤单位主要负责人调离工作，需要进行全部清查。

2. 局部清查

局部清查是指根据需要对企业的一部分财产进行的清查。例如，对库存现金应每日盘点一次；对银行存款至少每月同银行核对一次；各种材料、在产品和产成品除年度清查外，应有计划地每月重点抽查，尤其对贵重的财产物资应至少每月清查一次；对债权资产，应在会计年度内至少核对1—2次。

（二）定期清查与不定期清查

按照清查的时间不同，财产清查可分为定期清查和不定期清查两种。

1. 定期清查

定期清查是指根据计划安排的时间对财产进行的清查。定期清查一般在财产管理制度中进行规定，一般适用于结账前进行的清查，如月末、季末、半年末、年末结账前进行的清查。定期清查可以是局部清查，也可以是全面清查。一般情况下，月末、季末进行局部清查，主要是对材料、商品、产成品、在产品、库存现金、银行存款、债权债务等项目进行清查；年末进行全面清查，对各项财产物资、货币资金、债权债务进行清查。

2. 不定期清查

不定期清查是指根据需要所进行的临时清查。不定期清查通常在以下几种情况下进行：①更换财产物资保管员和现金出纳员时；②发生非常损失时；③有关单位对本企业进行审计时等。

（三）内部清查与外部清查

按照清查的执行单位不同，财产清查可分为内部清查和外部清查两种。

1. 内部清查

内部清查也称为“自查”，是指由本企业的有关人员对本企业的财产所进行的清查。

2.外部清查

外部清查是指由企业外部的有关部门或人员根据国家法律或制度的规定对企业所进行的财产清查。

四、财产清查的一般程序

（一）建立财产清查小组

为了使财产清查能够有效地进行，保证财产清查的工作质量，财产清查时须成立专门的财产清查小组，可在主管经理和总会计师的领导下，成立由财会、设备、技术、生产及行政等有关部门组成的财产清查小组。

（二）制订清查工作计划，做好清查前准备

财产清查小组要制订清查工作计划，明确清查范围，明确财产清查工作的时间、步骤、方法等，配备有能力的财产清查人员。有关部门人员须做好以下清查前准备工作：①会计部门要在财产清查之前将所有的经济业务登记入账并结出余额，做到账账相符、账证相符，为财产清查提供可靠的依据；②财产物资保管部门要在财产清查前对各项财产物资的增减变动办好凭证手续，全部登记入账，结出各账户余额，并与会计部门的有关财产物资核对相符，同时将各种财产物资排列整齐，挂上标签、标明品种、规格及结存数量，以便进行实物盘点；③财产清查人员还要准备好有关计量器具，以及各种必要的凭证、表格等资料。

（三）实施财产清查

财产清查时应本着先清查数量、核对有关账簿记录等，后认定质量的原则进行，谨慎、仔细、全面、准确地进行财产清查。

（四）汇总与分析清查结果，撰写清查结果报告

企业应派人检查和督促清查工作，及时解决清查工作中出现的问题，在清查工作结束后，汇总与分析清查结果，总结清查工作的经验和教训，撰写清查工作的总结报告，并提出财产清查结果的处理意见。

第二节　存货的盘存制度

财产清查的重要环节是盘点财产物资，尤其是存货的实存数量。为保证财产清查工作顺利进行，企业应建立科学而适用的存货盘存制度。在实际工作中，存货的盘存制度有永续盘存制和实地盘存制两种。

一、永续盘存制

（一）永续盘存制的概念

永续盘存制亦称账面盘存制，是通过设置存货明细账逐笔或逐日地登记收入数、发出数，并随时计算出结存数的一种存货盘存制度。采用这种方法，存货明细账按品种规格设置，在明细账中除登记收、发、结存数量外，通常还要登记金额。采用永续盘存制，对存货仍需进行实地盘点，至少每年实地盘点一次，以验证账实是否相符。

（二）永续盘存制下的账簿组织

在永续盘存制下，各企业存货核算的账簿组织不尽相同。就库存商品而言，通常除品种外还要按大类核算。一般的账簿组织如下：会计部门设"库存商品"总分类账，其下按商品大类设置二级账户进行金额核算，在二级账户下按每种商品设置明细分类账进行金额、数量双重计量。仓储部门按每种商品分户设置保管账和保管卡，保管账由记账员根据收、发货单登记收、发数量，进行数量控制。保管卡挂在每种商品的堆垛存放处，由保管员根据收、发货单逐笔登记数量，以控制实存商品。

存货核算的这种总账、二级账、明细账的设置，可以进行逐级控制，相互核对，起到随时反映库存情况和保护存货安全完整的作用。在这种账簿组织下，一旦库存实物发生差错，比较容易及时发现，从而便于加强对存货的日常管理。

（三）期末存货的计价和本期发出存货成本的计算

若企业商品购进价格保持不变，期末存货的计价是十分简单的，但是在实际工作中，同一商品的购进价格在会计期内往往不同，因此期末存货就存在一个按什么价格计算的问题，在永续盘存制下存货明细账能随时反映商品的结存数量和销售数量，至于存货的计价方法，则主要有先进先出法、加权平均法和个别计价法等。

1.先进先出法

先进先出法是假设先入库的存货先发出，即按照存货入库的先后顺序，用先入库存货的成本确定发出存货成本的一种方法。采用先进先出法对存货进行计价，可以将发出存货的计价工作分散在平时进行，减轻期末的计算工作量；期末存货的计价标准为后入库存货的价格，从而使反映在资产负债表上的存货价值比较接近当前市价。但在物价上涨时，本期发出存货成本要比当前市价低，从而使本期利润偏高，需多缴所得税。

【例8-1】中华同心4月某库存商品口罩的期初结存和完工入库、出库情况见表8-1。

根据先进先出法对案例中所述发出商品成本及期末结存商品成本的计算如下：

本期发出商品的成本=300 000×1+200 000×1+300 000×0.8+200 000×0.8+100 000×1.1=1 010 000（元）

期末结存商品的成本=300 000×1.1=330 000（元）

中华同心存货采用先进先出法计价，库存商品明细分类账的登记结果见表8-2。

表 8-1 库存商品口罩4月的期初结存和完工入库、出库情况 单位：元

月	日	项目	数量	单价	金额
4	1	期初结存	500 000	1	500 000
	8	销售出库	300 000		
	15	完工入库	500 000	0.8	400 000
	20	销售出库	200 000		
	24	销售出库	300 000		
	28	完工入库	400 000	1.1	440 000
	30	销售出库	300 000		
	30	期末结存	300 000		

表 8-2 先进先出法库存商品明细分类账

库存商品明细账

单位：元

2021年		摘要	收入			发出			结存		
月	日		数量	单价	金额	数量	单价	金额	数量	单价	金额
4	1	期初结存							500 000	1	500 000
4	8	销售出库				300 000	1	300 000	200 000	1	200 000
4	15	完工入库	500 000	0.8	400 000				200 000	1	600 000
									500 000	0.8	
4	20	销售出库				200 000	1	200 000	500 000	0.8	400 000
4	24	销售出库				300 000	0.8	240 000	200 000	0.8	160 000
4	28	完工入库	400 000	1.1	440 000				200 000	0.8	600 000
									400 000	1.1	
4	30	销售出库				200 000	0.8	160 000	300 000	1.1	330 000
						100 000	1.1	110 000			
4	30	本期销售成本				1 100 000		1 010 000			
4	30	期末结存							300 000	1.1	330 000

2.加权平均法

加权平均法是把可供发出的存货总成本平均分配给所有可供发出的存货的计价方法。本期发出存货成本和期末存货成本都要按这一平均单价计算。在平均单价的计算过程中考虑了各批存货的数量因素，即批量越大的存货，对平均单价的影响也越大。由于数量对单价起权衡轻重的作用，故由此计算的平均单价称为加权平均单价。永续盘存制下存货计价的加权平均法，又分为一次加权平均法和移动加权平均法两种。

（1）一次加权平均法。

采用一次加权平均法，对于本月发出的存货，平时只登记数量，不登记单价和金额，按月末一次计算的加权平均单价，计算本期发出存货成本和期末存货成本。一次加权平均法计算比较简单，计算出的期末存货成本和本期发出存货成本都比较稳定，但由于计价工作集中在月末进行，所以平时不能从账簿中看到存货发出和结存的金额，从而不便于加强存货资金的日常管理。一次加权平均单价的计算公式如下：

$$\text{加权平均单价} = \frac{\text{期初结存存货成本} + \text{本期入库存货成本}}{\text{期初结存存货数量} + \text{本期入库存货数量}}$$

以【例8-1】为例，按一次加权平均法计算本期发出商品成本和期末结存商品成本如下：

加权平均单价=（500 000+400 000+440 000）/（500 000+500 000+400 000）≈0.9571（元/只）

本期发出商品成本=1 100 000×0.9571=1 052 810（元）

期末结存商品成本=300 000×0.9571=287 130（元）

或=500 00+400 000+440 000−1 052 810=287 190（元）

期末结存商品成本两种算法的金额差异为加权平均单价保留四位小数所致。

存货采用一次加权平均法计价，库存商品明细分类账的登记结果见表8−3。

表8−3　一次加权平均法库存商品明细分类账

库存商品明细账　单位：元

2021年		摘 要	收入			发出			结存		
月	日		数量	单价	金额	数量	单价	金额	数量	单价	金额
4	1	期初结存							500 000	1	500 000
4	8	销售出库				300 000			200 000		
4	15	完工入库	500 000	0.8	400 000				700 000		
4	20	销售出库				200 000			500 000		
4	24	销售出库				300 000			200 000		
4	28	完工入库	400 000	1.1	440 000				600 000		
4	30	销售出库				300 000			300 000		
4	30	本期销售成本				1 100 000	0.9571	1 052 810			
4	30	期末结存							300 000	0.9571	287 190

（2）移动加权平均法。

采用移动加权平均法，当每次入库存货单价与结存单价不同时，就需要重新计算一次加权平均单价，并据此计算下次入库前的发出存货成本和结存存货成本。采用移动加权平均法，可以随时结转销售成本，随时提供存货明细账上的结存数量和金额，有利于对存货进行数量、金额的日常控制。但这种方法由于每次进货后都要计算一次加权平均单价，势必会增加会计核算工作量。移动加权平均单价的计算公式为：

$$\text{移动加权平均单价}=\frac{\text{本次入库前结存成本}+\text{本次入库存货成本}}{\text{本次入库前结存数量}+\text{本期入库存货数量}}$$

按【例8−1】中的数据，用移动加权平均法计算本期发出商品成本和期末结存商品成本如下：

第一批商品入库后的加权平均单价=（200 000+400 000）/（200 000+500 000）≈0.8571（元/只）

第二批商品入库后的加权平均单价=（171 450+440 000）/（200 000+400 000）

≈1.0191（元/只）

本期发出商品成本=300 000×1+（200 000+300 000）×0.8571+300 000×1.0191

=300 000+428 550+305 730=1 034 280（元）

期末结存商品成本=500 000+400 000+440 000−1 034 280=305 720（元）

存货采用移动加权平均法计价，库存商品明细分类账的登记结果见表8−4。

3.个别计价法

个别计价法又称个别认定法，是指每次发出存货的成本按其购入或生产的实际成本分别计价的方法。采用个别计价法需要逐一确认各批发出存货和期末存货的购进或生产批别，分别以购入或生产时确定的单位成本来计算确定各批发出和期末存货的成本。这种方法的优点是成本计算准确，符合实际情况。其缺点是发出存货成本确认的工作繁重。个别计价法适用于容易辨认、品种数量不多且单位成本较高的存货计价。

表 8-4　　　　移动加权平均法库存商品明细分类账

库存商品明细账　　　　单位：元

2021年		摘 要	收入			发出			结存		
月	日		数量	单价	金额	数量	单价	金额	数量	单价	金额
4	1	期初结存							500 000	1	500 000
4	8	销售出库				300 000	1	300 000	200 000	1	200 000
4	15	完工入库	500 000	0.8	400 000				700 000	0.8571	600 000
4	20	销售出库				200 000	0.8571	171 420	500 000	0.8571	428 580
4	24	销售出库				300 000	0.8571	257 130	200 000	0.8571	171 450
4	28	完工入库	400 000	1.1	440 000				600 000	1.0191	611 450
4	30	销售出库				300 000	1.0191	305 730	300 000	1.0191	305 720
4	30	本期销售成本				1 100 000		1 034 280			
4	30	期末结存							300 000	1.0191	305 720

按【例 8-1】中的数据，逐一确认各批发出存货的批别如下：4 月 8 日销售出库的 300 000 只库存商品为期初结存；4 月 20 日销售出库的 200 000 只库存商品为 4 月 15 日完工入库的商品；4 月 24 日销售出库的 300 000 只库存商品为 4 月 15 日完工入库的商品；4 月 30 日销售出库的 300 000 只库存商品中，有 100 000 只为期初结存，有 200 000 只为 4 月 28 日完工入库的商品。

按个别计价法计算本期发出商品成本和期末结存商品成本如下：

本期发出商品成本=300 000×1+200 000×0.8+300 000×0.8+100 000×1+200 000×1.1=1 020 000（元）

期末结存商品成本=100 000×1+200 000×1.1=320 000（元）

或　　　　=500 000+400 000+440 000−1 020 000=320 000（元）

存货采用个别计价法计价，库存商品明细分类账的登记情况见表 8-5。

表 8-5　　　　个别计价法库存商品明细分类账

库存商品明细账　　　　单位：元

2021年		摘 要	收入			发出			结存		
月	日		数量	单价	金额	数量	单价	金额	数量	单价	金额
4	1	期初结存							500 000	1	500 000
4	8	销售出库				300 000	1	300 000	200 000	1	200 000
4	15	完工入库	500 000	0.8	400 000				200 000	1	600 000
									500 000	0.8	
4	20	销售出库				200 000	0.8	160 000	200 000	1	440 000
									300 000	0.8	
4	24	销售出库				300 000	0.8	240 000	200 000	1	200 000
4	28	完工入库	400 000	1.1	440 000				200 000	1	640 000
									400 000	1.1	
4	30	销售出库				100 000	1	320 000	100 000	1	320 000
						200 000	1.1		200 000	1.1	
4	30	本期销售成本				1 100 000		1 020 000			
4	30	期末结存							100 000	1	320 000
									200 000	1.1	

（四）永续盘存制的优缺点及适用范围

永续盘存制的优点：在存货明细账中，可以随时反映出每种存货的收入、发出和结存情况，并能进行数量和金额的双重控制；明细账的结存数量可以与实际盘存数进行核对，如发生库存溢余或短缺，可查明原因，及时纠正；还可以随时与预定的最高和最低库存限额进行比较，取得库存积压或不足的信息，便于及时采取相应对策。

永续盘存制的缺点：存货的明细分类核算工作量较大，成本较高。

永续盘存制的适用范围：永续盘存制在控制和保护财产物资安全完整方面比实地盘存制具有明显的优势，所以适用范围比较广，一般企业均可采用。

二、实地盘存制

（一）实地盘存制的概念及其一般程序

1.实地盘存制的概念

实地盘存制是在期末通过盘点实物来确定存货的数量，并据以计算出期末存货成本和本期发出存货成本的一种存货盘存制度。它用于商品流通企业时，又称“以存计销制”或“盘存计销制”；用于制造业企业时，又称“以存计耗制”或“盘存计耗制”。采用这一方法，平时只登记存货的购进或收入数，不登记发出，期末通过盘点实物确定实存数，采用倒挤的方法，倒扎计算出存货的发出数。

2.实地盘存制的一般程序

实地盘存制的程序通常为：

（1）确定期末存货数量。每期期末实地盘点存货确定存货的实际结存数量。

（2）计算期末存货成本。某种存货成本等于该项存货的数量乘以适当的单位成本，将各种存货成本相加，即为存货总成本。

（3）计算本期可发出存货成本。本期可发出存货成本也称本期销售存货或耗用存货成本，等于期初结存存货成本加本期入库存货成本。

（4）计算本期发出存货成本。本期发出存货成本等于本期可发出存货成本减期末结存存货成本，计算公式为：

本期发出存货成本=期初结存存货成本+本期入库存货成本−期末结存存货成本

期末结存存货成本=期末存货实地盘存数×单价

（二）期末存货数量的确定

在实地盘存制下，期末存货数量的确定一般分为以下两个步骤：

1.进行实地盘点，确定盘存数

存货的盘点方法因存货性质而异。盘点时间通常在本期营业或生产活动结束，下期营业或生产活动开始以前。盘存结果应填列在存货盘存表中。

2.调整盘存数，确定存货结存数

整理临近会计期末的购销单据或收发凭证，在盘存数的基础上，考虑有关影响因素，调整求得存货实际结存数量。在制造业企业中，对于企业已经付款但尚未收到的商品即在途商品、已经出库但尚未记录销售的商品，以及已记录销售但尚未提走的商品都要进行调整，以计算出实际库存数量。其计算公式如下：

存货结存数量=存货盘点数量+在途商品数量+已提未销数量-已销未提数量

（三）期末存货的计价和本期发出存货成本的计算

实地盘存制下的存货计价方法主要有先进先出法、一次加权平均法和个别计价法。现举例说明各种存货计价方法的具体运用。

以【例8-1】的期初结存和完工入库相关数据为例，在实地盘存制下平时未登记发出数，4月期末实地盘点库存商品数量为280 000只，则可以倒扎计算出4月存货发出数为1 120 000只（500 000+500 000+400 000-280 000）。采用实地盘存制时，在存货入库时登记收入数，实地盘点后按照盘点数登记结存数，根据期初结存、盘点数、收入数倒扎计算出本期发出数，因此实地盘存制下存货的短缺损失隐含在发出存货的成本中。

现分别采用先进先出法、一次加权平均法和个别计价法计算实地盘存制下期末结存商品的成本和本期发出商品的成本。

1.按先进先出法计算

期末结存商品成本=280 000×1.1=308 000（元）

本期发出商品成本=500 000+400 000+440 000-308 000=1 032 000（元）

2.按一次加权平均法计算

加权平均单价=（500 000+400 000+440 000）/（500 000+500 000+400 000）≈0.9571（元/只）

期末结存商品成本=280 000×0.9571=267 988（元）

本期发出商品成本=500 000+400 000+440 000-267 988=1 072 012（元）

3.按个别计价法计算

若期末结存的280 000只商品中有80 000只是期初结存的存货，有200 000只是4月28日完工入库的存货，则：

期末结存商品成本=80 000×1+200 000×1.1=300 000（元）

本期发出商品成本=500 000+400 000+440 000-300 000=1 040 000（元）

（四）实地盘存制的优缺点及适用范围

实地盘存制的优点：不需要每天记录存货的发出和结存数量，核算工作简单，工作量小。

实地盘存制的缺点：手续不够严密，不能通过账簿随时反映和监督各项财产物资的收、发、结存情况，反映的数字不够准确。倒轧出的各项存货的销售或耗用成本成分复杂，除了正常销售或耗用外，可能存在多发、少发、物资毁损、盗窃、丢失等情况，而这些隐藏在本期的发出商品中，因而不便于对存货进行控制和监督，影响成本计算的准确性。

实地盘存制的适用范围：实地盘存制适用于品种多、价值低、交易频繁的商品存货，以及数量不稳定、损耗大、难以控制的鲜活商品等相关存货。

注意：在不同计价方法下，一定期间的发出存货、期末结存成本的计算结果不同，并且直接影响各期的成本、费用及利润水平（经营成果），影响企业期末资产的确定（财务状况）。为使各期信息具有可比性，在发出存货计价方法的选择使用上必须遵守一致性原则。

小思考 8-1

小思考 8-1

提示

某企业主要生产水果罐头，其存货包括一些水果原材料、水果罐头半成品及产成品等。受市场及季节等因素影响，公司存货数量波动较大。

讨论：该公司应选择哪种存货盘存制度？为什么？

第三节 财产清查的内容与方法

财产清查是一项涉及面广、业务量大的会计工作。为了保证财产清查的工作质量，提高工作效率，达到财产清查的目的，在财产清查时应针对不同的清查内容采用不同的方法。

一、货币资金的清查

货币资金的清查包括对库存现金、银行存款和其他货币资金的清查。

（一）库存现金清查

库存现金清查的基本方法是实地盘点法。它是通过将库存现金的盘点实有数与库存现金日记账的余额进行核对，来查明账实是否相符的方法。库存现金清查可分为以下两种情况：

第一种情况：出纳员自查。在日常的工作中，现金出纳员每日清点库存现金实有数额，并及时与库存现金日记账的余额相核对。这种清查实际上是现金出纳员的工作职责。

第二种情况：专门人员清查。在由专门清查人员进行的清查工作中，为了明确经济责任，出纳员必须在场。清查人员要认真审核收付款凭证和账簿记录，检查经济业务的合理和合法性。此外，清查人员还应检查企业是否有以“白条”（即不符合有关制度要求的借据）充抵现金的现象。

库存现金盘点结束后，应根据盘点的结果，填制库存现金盘点报告表。该表是重要的原始凭证，既有实物财产清查盘存单的作用，又有实存账存对比表的作用。库存现金盘点报告表填制完毕，应由盘点人和出纳员共同签章。库存现金盘点报告表的格式见表8-6。

表8-6 库存现金盘点报告表

单位名称：中华同心 2021年4月30日

实存金额	账存金额	实存与账存对比		备注
		盘盈	盘亏	
25 000.50	25 375.50		375	出纳原因，由其赔偿

盘点人员签章：陈为民 出纳员签章：曹浩

（二）银行存款清查

银行存款清查通常采用银行存款日记账与开户银行提供的对账单核对的方法。核对前，首先把清查日止所有银行存款的收、付业务登记入账，对发生的错账、漏账应及时查清更正。然后再与银行的对账单逐笔核对，若二者余额相符，一般说明无错误；若发现二者不相符，则可能存在未达账项。

所谓未达账项，是指在企业和银行之间由于凭证的传递时间不同，导致双方记账时间不一致，即一方已接到有关结算凭证并已经登记入账，另一方由于尚未接到有关结算凭证而尚未入账的款项。概括说来，未达账项有两大类型：一是企业已经入账而银行尚未入账的款项；二是银行已经入账而企业尚未入账的款项。具体有以下四种情况：①企业已收款入账，银行未收款入账的款项；②企业已付款入账，银行未付款入账的款项；③银行已收款入账，企业未收款入账的款项；④银行已付款入账，企业未付款入账的款项。

上述任何一种未达账项存在，都会使企业银行存款日记账余额与银行提供的对账单余额不符。在与银行对账时，应首先查明有无未达账项，如果存在未达账项，可编制银行存款余额调节表予以调整。银行存款余额调节表的编制应在企业银行存款日记账余额和银行对账单余额的基础上，分别加减未达账项。调整后的双方余额应该相符，并且是企业当时实际可以动用的款项，即：

企业银行存款日记账余额+银行已收企业未收款项-银行已付企业未付款项=银行对账单余额+企业已收银行未收款项-企业已付银行未付款项

【例8-2】中华同心2021年4月30日银行存款日记账的余额为112 000元，银行对账单的余额为138 000元，经核对发现存在以下未达账项：

（1）企业将收到的销货款5 000元存入银行，企业已登记银行存款增加，而银行尚未登记增加。

（2）企业开出转账支票37 000元支付购料款，企业已登记银行存款减少，而银行尚未登记减少。

（3）收到某单位汇来的购货款30 000元，银行已登记增加，企业尚未登记增加。

（4）银行代企业支付水电费36 000元，银行已登记减少，企业尚未登记减少。

根据上述资料编制银行存款余额调节表，见表8-7。

表 8-7 银行存款余额调节表

2021 年 4 月 30 日

项目	金额	项目	金额
企业银行存款日记账余额	112 000	银行对账单余额	138 000
加：银行已收企业未收	30 000	加：企业已收银行未收	5 000
减：银行已付企业未付	36 000	减：企业已付银行未付	37 000
调节后的日记账余额	106 000	调节后的对账单余额	106 000

表 8-7 中的调节后的对账单余额只表明企业可以实际动用的银行存款数，并非企业银行存款的实际数。银行存款余额调节表只是银行存款清查的一种形式，它只起到对账及核查的作用，不能作为调节账面余额的原始凭证，银行存款日记账的登记必须在收到有关原始凭证后再进行。

二、实物财产的清查

实物财产是指具有实物形态的各种财产包括原材料、半成品、在产品、产成品、低值易耗品、包装物和固定资产等。

（一）实物财产的清查方法

不同品种的实物财产，由于其实物形态、体积、重量、堆放方式等不同，因而它们采用的清查方法也有所不同。常用的实物财产清查方法包括以下几种：

1.实地盘点法

实地盘点法是指通过点数、对磅量尺等方法来确定财产的实有数额。这种方法一般适用于机器设备、包装好的原材料、在产品和库存商品等的清查。

2.技术推算法

技术推算法是指利用技术方法对财产的实存数进行推算的一种方法。这种方法又称“估堆”，一般适用于散装的、大量成堆且难以逐一清点其实存数的各种资产，如煤盐、化肥、饲料等的清查。

3.抽样盘存法

抽样盘存法是指采用抽取一定数量样品的方式对实物资产的实有数进行估算确定的一种方法。这种方法一般适用于数量多、重量和体积比较均衡的实物财产的清查。

4.函证核对法

函证核对法是指通过向对方发函的方式对实物资产的实有数进行确定的一种方法。这种方法一般适用于委托外单位加工或保管的实物资产的清查。

（二）实物财产清查使用的凭证

为了明确经济责任，进行财产清查时，有关实物财产的保管人员必须在场，并参加盘点工作。对各项财产的盘点结果，应如实准确地登记在盘存单上，并由有关参加盘点人员同时签章。盘存单是财产盘点结果的书面证明，也是反映实物财产实有数额的原始凭证。盘存单的一般格式见表8-8。

表8-8　　盘存单

单位名称：中华同心　　盘点时间：2021年4月30日

财产类别：存货　　存放地点：2号仓库　　编号：002

序号	名称	规格型号	计量单位	实存数量	单价	金额	备注
1	一次性医用口罩	#257852	只	290 000	0.8	232 000	
2	一次性医用口罩	#257214	只	300 000	0.9	270 000	

盘点人签章：赵同心　　保管人签章：钱仓

盘点完毕将盘存单中所记录的实存数与账面结存数相核对，如发现实物盘点结果与账面结存结果不相符，应根据盘存单和有关账簿记录，填制“实存账存对比表”，以确定实物财产的盘盈数或盘亏数。实存账存对比表是记录财产清查结果的原始凭证，也是分析盈亏原因，明确经济责任，以及进行账务处理的重要依据。实存账存对比表的格式与库存现金盘点报告表基本相似，这里不再赘述。

三、应收款的清查

对各种应收款的清查，应采取询证核对法，即同对方核对账目的方法。清查单位应在其各种往来款项记录准确的基础上，编制客户往来款项对账单，寄发或派人送交对方单位进行核对。各单位客户往来款项对账单的具体格式不尽相同，客户往来款项对账单的格式与内容参考如下：

客户往来款项对账单

广东东莞纺织有限公司：

根据本公司账簿记录，截至2021年4月30日，我公司欠贵公司款项合计人民币250 000元（大写：人民币贰拾伍万元整）。请核对后将回联单寄回。

清查单位：中华同心（盖章）

2021年4月30日

请沿此虚线裁开，将以下回联单寄回！

客户往来款项对账单（回联）

清查单位：中华同心

你单位寄来的客户往来款项对账单已经收到，经核对相符无误。

广东东莞纺织有限公司（盖章）

2021 年 5 月 6 日

第四节 财产清查结果的处理

一、财产清查结果的处理步骤

企业对财产清查的结果，应当按照国家有关会计准则、制度的规定进行处理。财产清查中发现的盘盈和盘亏等问题，首先要核准金额，然后按规定的程序报经主管领导批准后，才能进行会计处理。主要步骤如下：

（一）核准金额，查明原因

在对财产清查结果进行具体的处理之前，应对有关原始凭证中所记录的盈亏数据进行全面的核实，即核准货币资金、财产物资和债权资产的盈亏金额，并对各项差异的性质及其原因进行分析，以便针对不同原因所造成的盈亏确定处理方法，提出处理意见，报送有关领导和部门批准。

（二）调整账簿记录，做到账实相符

在核准金额、查明原因的基础上，为了做到账实相符，保证会计信息真实正确，对财产清查中发现的盘盈或盘亏，应及时进行批准前的会计处理，即根据实存账存对比表等原始凭证编制记账凭证，并据以调整账簿记录。

（三）进行批准后的账务处理

在有关领导或部门对所呈报的财产清查结果处理意见做出批示后，企业应严格按照批复意见编制有关的记账凭证，登记有关账簿，及时进行批准后的账务处理。

二、财产清查结果的会计处理

为了反映和监督各单位在财产清查过程中查明的各种财产的盈亏或毁损及报经批准后的转销数额，企业应设置“待处理财产损溢”账户。该账户属于双重性质账户，下设“待处理流动资产损溢”和“待处理固定资产损溢”两个明细分类账户，以进行明细分类核算。该账户借方登记各项财产的盘亏或毁损数额，以及各项盘盈财产报经批准后的转销数；贷方登记各项财产的盘盈数额和各项盘亏或毁损财产报经批准后的转销数。企业的各项盘盈、盘亏必须于期末结账前处理完毕，所以该账户期末无余额。

（一）库存现金清查结果的会计处理

库存现金清查中发现库存现金短缺或盈余时，除了设法查明原因外，还应及时根据库存现金盘点报告表进行会计处理。

【例8-3】中华同心在库存现金清查中发现长款320元。其会计处理如下：

（1）批准前：

借：库存现金　　320

　贷：待处理财产损溢——待处理流动资产损溢　　320

（2）经反复核查，未查明原因，报经批准转作营业外收入：

借：待处理财产损溢——待处理流动资产损溢　　320

　贷：营业外收入　　320

【例8-4】中华同心在库存现金清查中发现短款375元。其会计处理如下：

（1）批准前：

借：待处理财产损溢——待处理流动资产损溢　　375

　贷：库存现金　　375

（2）经查，该短款属于出纳员的责任，应由该出纳员赔偿：

借：其他应收款　　375

　贷：待处理财产损溢——待处理流动资产损溢　　375

（二）存货清查结果的会计处理

1.存货盘盈的会计处理

当存货盘盈时，应根据实存账存对比表将盘盈存货的价值记入“原材料”“生产成本”“库存商品”等账户的借方，同时记入“待处理财产损溢——待处理流动资产损溢”账户的贷方；报经批准后，冲减管理费用。

【例8-5】中华同心在财产清查中盘盈过滤网0.1吨，经查明是由于收发计量差错所造成的，按每吨30万元入账。其会计处理如下：

（1）批准前：

借：原材料——过滤网　　30 000

　贷：待处理财产损溢——待处理流动资产损溢　　30 000

（2）批准后冲减管理费用：

借：待处理财产损溢——待处理流动资产损溢　　30 000

　贷：管理费用　　30 000

2.存货盘亏的会计处理

当存货盘亏或毁损时，经批准以前应先记入“待处理财产损溢——待处理流动资产损溢”账户的借方，同时记入有关存货账户的贷方。批准后，再根据造成亏损的原因，分别进行账务处理：

（1）属于自然损耗产生的定额内的合理损耗，经批准后记入“管理费用”账户。

（2）属于超定额短缺，能确定过失人责任的，应由过失人负责赔偿；属于保险责任范围的，应向保险公司索赔。扣除过失人或保险公司赔款和残料价值后的余额，应记入“管理费用”账户。

（3）属于非常损失所造成的存货毁损，扣除保险公司赔款和残料价值后的余额，应记入“营业外支出”账户。

【例8-6】中华同心盘亏医用口罩10 000只，单位成本每只0.8元。经查明，盘亏属于定额内合理损耗。其会计处理如下：

（1）批准前：

借：待处理财产损溢——待处理流动资产损溢　8 000

　贷：库存商品——医用口罩　8 000

（2）批准后：

借：管理费用　8 000

　贷：待处理财产损溢——待处理流动资产损溢　8 000

【例8-7】中华同心盘亏隔离布0.01吨，每吨不含税成本120 000元，增值税税率为13%。经查明，盘亏是由于工作人员失职造成的。材料毁损应由过失人赔偿1 000元，毁损材料残值200元。其会计处理如下：

（1）批准前：

借：待处理财产损溢——待处理流动资产损溢　1 356

　贷：原材料——隔离布　1 200

　　应交税费——应交增值税（进项税额转出）　156

（2）批准后：

①由过失人赔偿：

借：其他应收款　1 000

　贷：待处理财产损溢——待处理流动资产损溢　1 000

②残料作价入库：

借：原材料——隔离布　200

　贷：待处理财产损溢——待处理流动资产损溢　200

③扣除过失人的赔款和残值后的盘亏数，记入“管理费用”账户：

借：管理费用　156

　贷：待处理财产损溢——待处理流动资产损溢　156

【例8-8】中华同心盘亏材料过滤网一批，实际成本为4 000元，增值税税率为13%。经查明，盘亏属于非常事故造成的损失，保险公司应给予2 500元的赔偿。其会计处理如下：

（1）批准前：

借：待处理财产损溢——待处理流动资产损溢　4 520

　贷：原材料——过滤网　4 000

　　应交税费——应交增值税（进项税额转出）　520

（2）批准后：

①应由保险公司赔偿部分：

借：其他应收款——保险公司　　2 500

　贷：待处理财产损溢——待处理流动资产损溢　　2 500

②计入营业外支出部分：

借：营业外支出　　2 020

　贷：待处理财产损溢——待处理流动资产损溢　　2 020

（三）固定资产清查结果的会计处理

在固定资产清查过程中，如果发现有盘亏的固定资产，应查明原因，填制固定资产盘亏报告表并写出书面报告，报经企业主管领导批准后才能记入“营业外支出”账户。在批准之前，只能作为待处理财产损溢处理。

对于盘亏的固定资产，企业应按盘亏固定资产的净值借记“待处理财产损溢——待处理固定资产损溢”账户，按已提折旧额借记“累计折旧”账户，按原值贷记“固定资产”账户。经批准后，应按盘亏固定资产的净值借记“营业外支出”账户，贷记“待处理财产损溢——待处理固定资产损溢”账户。

对于盘盈的固定资产，企业应作为前期差错处理。报经批准前，通过“以前年度损益调整”账户核算。批准后，转入留存收益。

【例8-9】中华同心在财产清查中盘亏设备一台，其原价为500 000元，累计折旧为300 000元。其会计处理如下：

（1）批准前：

借：待处理财产损溢——待处理固定资产损溢　　200 000

　　累计折旧　　300 000

　贷：固定资产　　500 000

（2）批准后：

借：营业外支出　　200 000

　贷：待处理财产损溢——待处理固定资产损溢　　200 000

（四）应收款项清查结果的会计处理

在财产清查过程中，如发现有长期应收而收不回的款项，即坏账损失，经批准应予以转销。坏账损失不需要通过“待处理财产损溢”账户进行核算。转销方法通常采用备抵法，备抵法是指按期估计坏账损失，形成坏账准备，当某一应收款项全部或部分被确认为坏账时，应根据其金额冲减坏账准备，同时转销相应的应收款项金额的一种核算方法。估计坏账损失的方法有应收款项余额百分比法、账龄分析法和销货百分比法等，这里主要采用比较常用的应收款项余额百分比法。

采用备抵法，企业需设置“坏账准备”账户。企业计提坏账准备时借记“信用减值损失”账户，贷记“坏账准备”账户；实际发生坏账时借记“坏账准备”账户，贷记

“应收账款”等账户。如果确认并转销的坏账以后又收回的，则应按收回的金额，借记“应收账款”等账户，贷记“坏账准备”账户，以恢复企业债权、冲回已转销的坏账准备金额；同时，借记“银行存款”账户，贷记“应收账款”等账户，以反映款项收回情况。“坏账准备”账户平时（1—11月）期末余额可能在借方，也可能在贷方，但其年末余额在贷方。

【例8-10】中华同心2019年年末应收账款余额为6 000 000元，2020年6月发生坏账30 000元。2020年年末应收账款余额为7 000 000元，2021年1月份收回一笔已转销的坏账20 000元。2021年年末应收账款余额为8 000 000元。注：假设从2020年年末开始计提坏账准备。

该企业各年坏账准备提取比例均为应收账款余额的5%。其有关会计处理如下：

（1）2019年年末提取坏账准备300 000元（6 000 000×5%）。

借：信用减值损失　　300 000

　贷：坏账准备　　300 000

（2）2020年6月发生坏账30 000元。

借：坏账准备　　30 000

　贷：应收账款　　30 000

（3）2020年年末补提坏账准备80 000元（7 000 000×5%-300 000+30 000）。

借：资产减值损失　　80 000

　贷：坏账准备　　80 000

（4）2021年1月收回已转销坏账20 000元。

借：应收账款　　20 000

　贷：坏账准备　　20 000

借：银行存款　　20 000

　贷：应收账款　　20 000

（5）2021年年末补提坏账准备30 000元（8 000 000×5%-350 000-20 000）。

借：信用减值损失　　30 000

　贷：坏账准备　　30 000

思政小课堂

补充与提示

一则裁判文书显示，温氏集团全资子公司芜湖温氏畜牧有限公司的出纳方某通过收取公司客户、养户及员工现金而不缴存公司账户等方式，在3年8个月的时间里侵占资金高达1 200余万元。方某的侵占手法大致为：（1）把公司的钱放到自己账户，收取公司客户、养户及员工现金而不缴存公司账户，或者缴存个人账户后不转入公司账户。（2）掩盖公司账实不符的事实，使用个人银行卡在POS机刷卡再撤销以获取POS机刷卡小票入账、年末编造虚假未达账项、虚构对供应商付款。最终纸还是包不住火：2018年8月，温氏集团清查小组发现，芜湖温氏畜牧有限公司的账面余额和银行账户实际余额有较大差异。

思考：为什么出纳员侵占公司资产上千万元，3年才被发现呢？该案例对公司财产管理有何警示与教训？

分析提示：结合财产清查的相关内容与规定进行分析。

本章小结

本章主要讲述财产清查的概念、财产清查的意义、财产清查的种类、存货的盘存制度、财产清查的内容与方法，以及财产清查结果的处理。通过学习，学生应掌握存货的盘存制度、银行存款余额调节表的编制、财产清查结果的处理；理解财产清查的意义，了解新时代背景下财产清查的方法。

本章知识内容思维导图

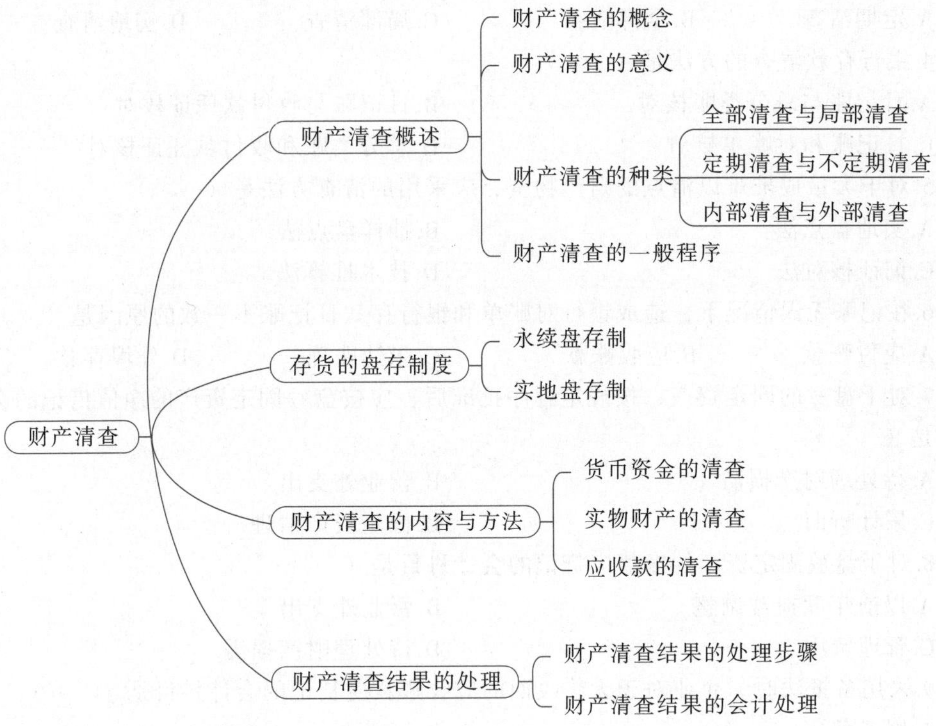

拓展学习资料

1. 佚名. 财产清查账务处理口诀［EB/OL］.（2022-03-31）. https：//baijiahao.baidu.com/s?id=1728714677060389810&wfr=spider&for=pc.

2. 视频链接：中华人民共和国监察法动漫微视频 https：//www.xinpianchang.com/a11072660

3. 王剑. 如何运用区块链技术防范上市公司财务造假［J］. 国际商务财会，2020（6）：49-51.

4.张炳慧，黄霞. 财产清查结果的账务处理［J］. 农村财务会计，2020（9）：7-9.

应知应会

一、单项选择题

应知应会
客观题答案

1.实地盘存制与永续盘存制的主要区别是（　　）。

A.盘点的目的不同　　B.盘点的方法不同

C.盘点的工具不同　　D.盘点结果处理不同

2.现金清查的方法是（　　）。

A.技术推算法　　B.实地盘点法

C.外调核对法　　D.与银行账单核对

3.一般而言，单位撤销、合并时，要进行（　　）。

A.定期清查　　B.全部清查　　C.局部清查　　D.实地清查

4.银行存款清查的方法是（　　）。

A.日记账与总分类账核对　　B.日记账与收付款凭证核对

C.日记账和对账单核对　　D.总分类账和收付款凭证核对

5.对于大量成堆难以清点的财产物资，应采用的清查方法是（　　）。

A.实地盘点法　　B.抽样盘点法

C.询证核对法　　D.技术推算法

6.在记账无误情况下，造成银行对账单和银行存款日记账不一致的原因是（　　）。

A.应付账款　　B.应收账款　　C.未达账项　　D.外埠存款

7.对于盘亏的固定资产，按规定程序批准后，应按盘亏固定资产的净值借记的会计科目是（　　）。

A.待处理财产损溢　　B.营业外支出

C.累计折旧　　D.固定资产清理

8.对于盘盈固定资产的净值应贷记的会计科目是（　　）。

A.以前年度损益调整　　B.营业外支出

C.管理费用　　D.待处理财产损溢

9.采用备抵法时，企业对于无法收回的应收账款应贷记的会计科目是（　　）。

A.财务费用　　B.坏账准备

C.待处理财产损溢　　D.营业外支出

10.“待处理财产损溢”账户期末（　　）。

A.余额在借方　　B.余额在贷方

C.一般没有余额　　D.可能在借方，也可能在贷方

二、多项选择题

1.财产物资的盘存制度有（　　）。

A.收付实现制　　B.权责发生制　　C.永续盘存制　　D.实地盘存制

2.财产清查按照清查的时间可分为（　　）。

A.全部清查　　B.局部清查　　C.定期清查　　D.不定期清查

3.企业进行全部清查的情况有（　　）。

A.年终决算后　　B.清产核资时

C.关停并转时　　D.单位主要负责人调离时

4.银行存款余额调节表是（　　）。

A.原始凭证　　B.银行存款清查的方法

C.只起到对账作用　　D.盘存表的表现形式

5.常用的实物财产清查方法包括（　　）。

A.实地盘点法　　B.技术推算法　　C.函证核对法　　D.抽样盘存法

6.采用实地盘点法进行清查的项目有（　　）。

A.固定资产　　B.银行存款　　C.库存现金　　D.库存商品

7.核对账目法适用于（　　）。

A.固定资产的清查　　B.银行存款

C.预付账款的清查　　D.短期借款的清查

8.编制银行存款余额调节表时，计算调节后的余额应以企业银行存款日记账余额（　　）。

A.加企业未入账的收入款项　　B.加银行未入账的收入款项

C.加双方都未入账的收入款项　　D.减企业未入账的支出款项

9.财产清查结果的处理步骤是（　　）。

A.核准数字，查明原因　　B.调整凭证，做到账实相符

C.调整账簿，做到账实相符　　D.进行批准后的账务处理

10.对于盘亏的财产物资，经批准后进行账务处理可能涉及的借方账户有（　　）。

A.管理费用　　B.营业外支出　　C.营业外收入　　D.其他应收款

三、判断题

1.采用先进先出法，在物价上涨时，会低估企业的当期利润和存货价值；反之，会高估企业当期利润和存货价值。（　　）

2.采用加权平均法，平时无法反映发出和结存存货的单价及金额，因而不利于加强对存货的管理。所以，它只是理论上的一种方法，一般不为企业所采用。（　　）

3.对在银行存款清查时出现的未达账项，可编制银行存款余额调节表来调整，该表是调节账面余额的原始凭证。（　　）

4.存货发出的计价方法不同，不仅会影响企业资产负债表中的负债和损益项目，同时也会影响企业资产负债表中的资产项目。（　　）

5.实地盘存制是平时根据会计凭证在账簿中登记各种财产的增加数和减少数，在期末时再通过盘点实物来确定各种财产的数量，并据以确定账实是否相符的一种盘存制度。（　　）

6.未达账项是指在企业和银行之间，由于凭证的传递时间不同，导致记账时间不一致，即一方已接到有关结算凭证并登记入账，而另一方尚未接到有关结算凭证而未入账

的款项。（ ）

7.为了反映和监督各单位在财产清查过程中查明的各种资产的盈亏及报经批准后的转销数额，应设置“待处理财产损溢”账户，该账户属于负债类账户。（ ）

8. 无论永续盘存制还是实地盘存制，对各项财产物资进行实地清查盘点的目的都是账实核对。（ ）

9. 盘点现金时，出纳人员必须在场，以明确经济责任。（ ）

10. 企业每月都应进行一次全面清查。（ ）

四、简答题

1.财产清查有哪些种类？

2.永续盘存制和实地盘存制有什么不同？各自的优缺点是什么？

3.如何进行现金、银行存款清查？

4.现金、银行存款清查的结果如何处理？

5.如何进行应收账款、应付账款清查？

6.应收账款、应付账款清查的结果如何处理？

7.如何进行固定资产清查？

8.固定资产清查的结果如何处理？

挑战一下

扫码答题8

第九章 财务报表的列报

思政目标

价值引领：

◆培养诚信为本、操守为重的职业道德品质。

◆养成客观公正、严谨细致的工作作风。

专业融合：

◆遵循原则，尊重数据。

◆保证财务报表的质量，充分发挥财务报表的作用。

能力培养：

◆具备编制真实、准确、完整反映企业状况的财务报表的能力。

◆培养结合相关规定及方法进行财务报表分析的能力。

学习目标

1.基础目标：了解财务报表的含义和编制财务报表的目的，了解编制财务报表的一般要求以及财务报表主要提供的内容、财务报表的种类。

2.高阶目标：理解资产负债表、利润表、现金流量表、所有者权益变动表的用途及结构，以及财务报表附注的主要内容。

3.挑战目标：掌握资产负债表、利润表、现金流量表、所有者权益变动表的编制方法。

本章重点

资产负债表、利润表、现金流量表、所有者权益变动表、财务报表附注的基本概念与编制原理。

开篇案例

如何编制财务报表

如何编制财务报表

2021年年初，中注协书面约谈某会计师事务所，提示业绩异常波动的上市公司年报审计风险。中注协相关负责人指出，上市公司业绩异常波动可能表明其所处的经济环境、行业状况或自身经营情况有重大变化，或具有较强的不确定性，管理层可能存在业绩压力，审计风险较高。

通过财务报表分析，可以发现公司业绩是否存在异常波动，但是财务报表分析是用来发现问题的，不是用来解决问题的，不能以结果倒推原因。财务报表数据是企业经营活动的结果，但造成该结果的原因有很多种，不能通过财务报表数据的波动，去臆断企业的经营活动。也就是说，可以说“由于公司发生了某某活动，因而某报表项目发生了某某变动”，而不能说“某报表项目发生某某变动，这表明公司发生了某某活动”。报表项目出现“异常波动”时，要通过询问、查阅等方法寻找相互印证的证据，再审慎得出结论，而不能简单地臆断、猜测。

报表分析是发现问题的第一步，是寻找证据的起点，不能通过报表分析草率下结论，财务报表分析必须与公司业务调查紧密结合。业务活动变化是财务报表数据变动的最主要原因，报表分析一般先于业务调查，即先通过报表分析发现问题，再结合业务调查解决问题。除了分析财务报表数据，非报表信息的搜集分析也很重要，尤其是对市场、业务数据的分析。分析非财务信息可以验证财务数据的合理性，了解公司现阶段所处的竞争格局和行业地位，以便公司对未来发展进行预测以及做出关键决策。

思考：

怎样编制财务报表才可能真实、准确、完整地反映企业的状况？

第一节　财务报表概述

一、财务报表的定义和构成

财务报表是反映企业一定时期资金、利润状况的会计报表。财务报表是财务报告的主要部分，至少包括“四表一注”：①资产负债表；②利润表；③现金流量表；④所有者权益（或股东权益，下同）变动表；⑤附注。

以上组成部分对财务报表具有同等的重要程度。需要注意的是，董事会报告、管理分析及财务情况说明书等列入财务报告或年度报告的资料不属于财务报表的组成部分。

二、财务报表列报的基本要求

财务报表项目应当以总额列报，资产和负债、收入和费用不能相互抵销，即不得以净额列报，但企业会计准则另有规定的除外。以下三种情况不属于抵销，可以以净额列示：

（1）一组类似交易形成的利得和损失以净额列示，但具有重要性的除外；

（2）资产或负债项目按扣除备抵项目后的净额列示；

（3）非日常活动、发生具有偶然性、并非企业主要业务的项目。

第二节　资产负债表

一、资产负债表的内容及结构

（一）资产负债表的内容

资产负债表是反映企业在某一特定日期财务状况的财务报表。它反映企业在某一特定日期所拥有或控制的经济资源、所承担的现时义务和所有者对净资产的要求权。

（二）资产负债表的结构

资产=负债+所有者权益，资产负债表的结构见表9-1。

二、资产和负债按流动性列报

根据财务报表列报准则的规定，资产负债表上资产和负债应当按照流动性分别分为流动资产和非流动资产、流动负债和非流动负债列示。

表 9-1　　　　　　　　　　　　　　　　**资产负债表**　　　　　　　　　　　　　　　　会企 01 表

编制单位：　　　　　　　　　　　　　　　年　　月　　日　　　　　　　　　　　　　　单位：元

资产	期末余额	上年年末余额	负债和所有者权益（或股东权益）	期末余额	上年年末余额
流动资产：			流动负债：		
货币资金			短期借款		
交易性金融资产			交易性金融负债		
衍生金融资产			衍生金融负债		
应收票据			应付票据		
应收账款			应付账款		
应收款项融资			预收款项		
预付款项			合同负债		
其他应收款			应付职工薪酬		
存货			应交税费		
合同资产			其他应付款		
持有待售资产			持有待售负债		
一年内到期的非流动资产			一年内到期的非流动负债		
其他流动资产			其他流动负债		
流动资产合计			流动负债合计		
非流动资产：			非流动负债：		
债权投资			长期借款		
其他债权投资			应付债券		
长期应收款			其中：优先股		
长期股权投资			永续债		
其他权益工具投资			租赁负债		
其他非流动金融资产			长期应付款		
投资性房地产			预计负债		
固定资产			递延收益		
在建工程			递延所得税负债		
生产性生物资产			其他非流动负债		
油气资产			非流动负债合计		
使用权资产			负债合计		
无形资产			所有者权益（或股东权益）：		
开发支出			实收资本（或股本）		
商誉			其他权益工具		
长期待摊费用			其中：优先股		
递延所得税资产			永续债		
其他非流动资产			资本公积		
非流动资产合计			减：库存股		
			其他综合收益		
			专项储备		
			盈余公积		
			未分配利润		
			所有者权益（或股东权益）合计		
资产总计			负债和所有者权益（或股东权益）总计		

（一）资产和负债流动性的划分

1.资产的流动性划分

资产满足下列条件之一的，应当归类为流动资产：

（1）预计在一个正常营业周期中变现、出售或耗用；

（2）主要为交易目的而持有；

（3）预计在资产负债表日起一年内（含一年）变现；

（4）自资产负债表日起一年内，交换其他资产或清偿负债的能力不受限制的现金或现金等价物。

2.负债的流动性划分

负债满足下列条件之一的，应当归类为流动负债：

（1）预计在一个正常营业周期中清偿；

（2）主要为交易目的而持有；

（3）自资产负债表日起一年内到期应予以清偿；

（4）企业无权自主地将清偿推迟至资产负债表日后一年以上。

（二）资产负债表日后事项对流动负债与非流动负债划分的影响

1.资产负债表日起一年内到期的负债

对于在资产负债表日起一年内到期的负债，企业有意图且有能力自主地将清偿义务展期至资产负债表日后一年以上的，应当归类为非流动负债；不能自主地将清偿义务展期的，即使在资产负债表日后、财务报告批准报出日前签订了重新安排清偿计划协议，从资产负债表日来看，此项负债仍应当归类为流动负债。

2.违约长期债务

企业在资产负债表日或之前违反了长期借款协议，导致贷款人可随时要求清偿的负债，应当归类为流动负债。这是因为，在这种情况下，债务清偿的主动权并不在企业，企业只能被动地无条件归还贷款，而且该事实在资产负债表日已存在，所以该负债应当作为流动负债列报。但是，如果贷款人在资产负债表日或之前同意提供在资产负债表日后一年以上的宽限期，企业能够在此期限内改正违约行为，且贷款人不能要求随时清偿，在资产负债表日，此项负债并不符合流动负债的判断标准，应当归类为非流动负债。

三、资产负债表的填列方法

（一）资产负债表“期末余额”栏的填列方法

1.根据总账科目余额填列

（1）以下项目应根据总账科目的余额填列：“其他权益工具投资”“递延所得税资产”“长期待摊费用”“短期借款”“应付票据”“持有待售负债”“交易性金融负债”“租赁负债”“递延收益”“递延所得税负债”“实收资本（或股本）”“其他权益工具”“库

存股”“资本公积”“其他综合收益”“专项储备”“盈余公积”等。

（2）部分项目则应根据几个总账科目的期末余额计算填列：“货币资金”项目应根据“库存现金”“银行存款”“其他货币资金”三个总账科目余额的合计数填列；“其他应付款”项目应根据“其他应付款”“应付利息”“应付股利”三个总账科目余额的合计数填列。

2.根据明细账科目的余额分析计算填列

（1）“开发支出”项目应根据“研发支出”科目中“资本化支出”明细科目期末余额填列。

（2）“应付账款”项目应根据“应付账款”所属明细科目贷方余额和“预付账款”所属明细科目贷方余额合计数填列。

（3）“预收款项”项目应根据“预收账款”所属明细科目贷方余额和“应收账款”所属明细科目贷方余额合计数填列。

（4）“交易性金融资产”项目应根据“交易性金融资产”科目的明细科目期末余额分析填列。

自资产负债表日起超过一年到期且预期持有超过一年的以公允价值计量且其变动计入当期损益的非流动金融资产，在“其他非流动金融资产”项目中填列。

（5）“其他债权投资”项目应根据“其他债权投资”科目的明细科目余额分析填列。

（6）“应收款项融资”项目应根据“应收票据”“应收账款”科目的明细科目期末余额分析填列。

（7）“应交税费”项目包括企业按照税法规定应缴纳的企业所得税、增值税等税费，根据其余额性质在资产负债表分析填列。

（8）“应付职工薪酬”项目应根据“应付职工薪酬”科目的明细科目期末余额分析填列。

3.根据总账科目和明细账科目余额分析计算填列

（1）“长期借款”项目应根据“长期借款”总账科目余额扣除“长期借款”科目所属的明细科目中将在资产负债表日起一年内到期且企业不能自主地将清偿义务展期的部分后的金额填列。

（2）“应付债券”项目应根据“应付债券”总账科目余额扣除“应付债券”科目所属的明细科目中将在资产负债表日起一年内到期且企业不能自主地将清偿义务展期的部分后的金额填列。

（3）“其他非流动负债”项目应根据有关科目的期末余额减去将于一年内（含一年）到期偿还数后的金额填列。

4.根据有关科目余额减去其备抵科目余额后的净额填列

（1）“持有待售资产”“长期股权投资”“商誉”等项目应根据相关科目的期末余额减去相应减值准备后的余额填列。

（2）“在建工程”项目应根据“在建工程”和“工程物资”科目的期末余额减去“在建工程减值准备”和“工程物资减值准备”科目的期末余额后的金额填列。

（3）“固定资产”项目应根据“固定资产”和“固定资产清理”科目的期末余额，减去“累计折旧”和“固定资产减值准备”科目的期末余额后的金额填列。

（4）“无形资产”“投资性房地产”“生产性生物资产”“油气资产”项目应根据相关科目的期末余额减去相关的累计折旧（摊销、折耗）后的金额填列，已计提减值准备的，还应减去相应的减值准备。

（5）“长期应收款”项目应根据“长期应收款”科目的期末余额减去相应的“未实现融资收益”科目和“坏账准备”科目所属相关明细科目期末余额后的金额填列。

（6）“长期应付款”项目应根据“专项应付款”和“长期应付款”科目的期末余额减去相应的“未确认融资费用”科目期末余额后的金额填列。

（7）“使用权资产”项目应根据“使用权资产”科目的期末余额减去“使用权资产累计折旧”和“使用权资产减值准备”科目的期末余额后的金额填列。

（8）“应收融资租赁款”的余额在“长期应收款”项目中填列，其中自资产负债表日起一年内（含一年）到期的部分在“一年内到期的非流动资产”中填列。

5.综合运用上述填列方法分析填列

（1）“应收票据”项目应根据“应收票据”科目的期末余额减去“坏账准备”科目中相关坏账准备期末余额后的金额分析填列。

（2）“应收账款”项目应根据“应收账款”科目的期末余额减去“坏账准备”科目中相关坏账准备期末余额后的金额分析填列。

（3）“其他应收款”项目应根据“其他应收款”“应收利息”“应收股利”科目的期末余额合计数减去“坏账准备”科目中有关坏账准备期末余额后的金额填列。

（4）“预付款项”项目应根据“预付账款”和“应付账款”科目所属各明细科目的期末借方余额合计数减去“坏账准备”科目中相关坏账准备期末余额后的金额填列。

（5）“债权投资”项目应根据“债权投资”科目的相关明细科目的期末余额减去“债权投资减值准备”科目中的相关减值准备的期末余额后的金额分析填列。

（6）“合同资产”和“合同负债”项目应根据“合同资产”科目和“合同负债”科目的明细科目期末余额分析填列，同一合同下的合同资产和合同负债应当以净额列示。

（7）“存货”项目应根据“材料采购”“原材料”“发出商品”“库存商品”“周转材料”“委托加工物资”“生产成本”“受托代销商品”等科目的期末余额及“合同履约成本”科目的明细科目中初始确认时摊销期限不超过一年或一个正常营业周期的期末余额合计数，减去“受托代销商品款”“存货跌价准备”科目期末余额及“合同履约成本减值准备”科目后的金额填列。材料采用计划成本核算，以及库存商品采用计划成本核算或售价核算的企业，还应加或减材料成本差异、商品进销差价。

（8）“其他非流动资产”项目应根据有关科目的期末余额减去将于一年内（含一年）收回数后的金额，及“合同取得成本”科目和“合同履约成本”科目的明细科目中初始确认时摊销期限在一年或一个正常营业周期以上的期末余额，减去“合同取得成本减值准备”科目和“合同履约成本减值准备”科目中相应的期末余额后的金额填列。

（二）资产负债表“上年年末余额”栏的填列方法

资产负债表中的“上年年末余额”栏通常根据上年末有关项目的期末余额填列，且与上年末资产负债表“期末余额”栏相一致。

如果企业发生了会计政策变更、前期差错更正，应当对“上年年末余额”栏中的有关项目进行相应调整。

如果企业上年度资产负债表规定的项目名称和内容同本年度不一致，应当对上年年末资产负债表相关项目的名称和数字按照本年度的规定进行调整，填入“上年年末余额”栏。

【例9-1】甲股份有限公司2021年12月31日的资产负债表（上年年末余额略）及2022年12月31日的科目余额表分别见表9-2和表9-3。根据上述资料，编制甲股份有限公司2022年12月31日的资产负债表，见表9-4。

表9-2　　资产负债表　　会企01表

编制单位：甲股份有限公司　　2021年12月31日　　单位：元

资产	期末余额	上年年末余额	负债和所有者权益（或股东权益）	期末余额	上年年末余额
流动资产：			流动负债：		
货币资金	1 406 300		短期借款	300 000	
交易性金融资产	15 000		交易性金融负债	0	
衍生金融资产	0		衍生金融负债	0	
应收票据	246 000		应付票据	200 000	
应收账款	299 100		应付账款	953 800	
应收款项融资	0		预收款项	0	
预付款项	100 000		合同负债	0	
其他应收款	5 000		应付职工薪酬	110 000	
存货	2 580 000		应交税费	36 600	
合同资产	0		其他应付款	51 000	
持有待售资产	0		持有待售负债	0	
一年内到期的非流动资产	0		一年内到期的非流动负债	1 000 000	
其他流动资产	100 000		其他流动负债	0	
流动资产合计	4 751 400		流动负债合计	2 651 400	
非流动资产：			非流动负债：		
债权投资	0		长期借款	600 000	
其他债权投资	0		应付债券	0	
长期应收款	0		其中：优先股	0	
长期股权投资	250 000		永续债	0	
其他权益工具投资	0		租赁负债	0	
其他非流动金融资产	0		长期应付款	0	
投资性房地产	0		预计负债	0	
固定资产	1 100 000		递延收益	0	
在建工程	1 500 000		递延所得税负债	0	
生产性生物资产	0		其他非流动负债	0	
油气资产	0		非流动负债合计	600 000	
使用权资产	0		负债合计	3 251 400	

续表

资产	期末余额	上年年末余额	负债和所有者权益（或股东权益）	期末余额	上年年末余额
无形资产	600 000		所有者权益（或股东权益）：		
开发支出	0		实收资本（或股本）	5 000 000	
商誉	0		其他权益工具	0	
长期待摊费用	0		其中：优先股	0	
递延所得税资产	0		永续债	0	
其他非流动资产	200 000		资本公积	0	
非流动资产合计	3 650 000		减：库存股	0	
			其他综合收益	0	
			专项储备	0	
			盈余公积	100 000	
			未分配利润	50 000	
			所有者权益（或股东权益）合计	5 150 000	
资产总计	8 401 400		负债和所有者权益（或股东权益）总计	8 401 400	

表 9-3

科目余额表

2022 年 12 月 31 日

单位：元

科目名称	借方余额	科目名称	贷方余额
库存现金	2 000	短期借款	50 000
银行存款	786 135	应付票据	100 000
其他货币资金	7 300	应付账款	953 800
交易性金融资产	0	应付职工薪酬	180 000
应收票据	66 000	应交税费	226 731
应收账款	600 000	其他应付款	50 000
坏账准备	－1 800	应付利息	0
预付账款	100 000	应付股利	32 215.85
其他应收款	5 000	一年到期的非流动负债	0
材料采购	275 000	长期借款	1 160 000
原材料	45 000	股本	5 000 000
周转材料	38 050	盈余公积	124 770.40
库存商品	2 122 400	利润分配（未分配利润）	190 717.75
材料成本差异	4 250		
其他流动资产	90 000		
长期股权投资	250 000		
固定资产	2 401 000		
累计折旧	－170 000		
固定资产减值准备	－30 000		
工程物资	150 000		
在建工程	578 000		
无形资产	600 000		
累计摊销	－60 000		
递延所得税资产	9 900		
其他非流动资产	200 000		
合计	8 068 235	合计	8 068 235

表 9-4　　资产负债表　　会企01表

编制单位：甲股份有限公司　　2022年12月31日　　单位：元

资产	期末余额	上年年末余额	负债和所有者权益（或股东权益）	期末余额	上年年末余额
流动资产：			流动负债：		
货币资金	795 435	1 406 300	短期借款	50 000	300 000
交易性金融资产	0	15 000	交易性金融负债	0	0
衍生金融资产	0	0	衍生金融负债	0	0
应收票据	66 000	246 000	应付票据	100 000	200 000
应收账款	598 200	299 100	应付账款	953 800	953 800
应收款项融资	0	0	预收款项	0	0
预付款项	100 000	100 000	合同负债	0	0
其他应收款	5 000	5 000	应付职工薪酬	180 000	110 000
存货	2 484 700	2 580 000	应交税费	226 731	36 600
合同资产	0	0	其他应付款	82 215.85	51 000
持有待售资产	0	0	持有待售负债	0	0
一年内到期的非流动资产	0	0	一年内到期的非流动负债	0	1 000 000
其他流动资产	90 000	100 000	其他流动负债	0	0
流动资产合计	4 139 335	4 751 400	流动负债合计	1 592 746.85	2 651 400
非流动资产：			非流动负债：		
债权投资	0	0	长期借款	1 160 000	600 000
其他债权投资	0	0	应付债券	0	0
长期应收款	0	0	其中：优先股	0	0
长期股权投资	250 000	250 000	永续债	0	0
其他权益工具投资	0	0	租赁负债	0	0
其他非流动金融资产	0	0	长期应付款	0	0
投资性房地产	0	0	预计负债	0	0
固定资产	2 201 000	1 100 000	递延收益	0	0
在建工程	728 000	1 500 000	递延所得税负债	0	0
生产性生物资产	0	0	其他非流动负债	0	0
油气资产	0	0	非流动负债合计	1 160 000	600 000
使用权资产	0	0	负债合计	2 752 746.85	3 251 400
无形资产	540 000	600 000	所有者权益（或股东权益）：		
开发支出	0	0	实收资本（或股本）	5 000 000	5 000 000
商誉	0	0	其他权益工具	0	0
长期待摊费用	0	0	其中：优先股	0	0
递延所得税资产	9 900	0	永续债	0	0
其他非流动资产	200 000	200 000	资本公积	0	0
非流动资产合计	3 928 900	3 650 000	减：库存股	0	0
			其他综合收益	0	0
			专项储备	0	0
			盈余公积	124 770.40	100 000
			未分配利润	190 717.75	50 000
			所有者权益（或股东权益）合计	5 315 488.15	5 150 000
资产总计	8 068 235	8 401 400	负债和所有者权益（或股东权益）总计	8 068 235	8 401 400

第三节　利润表

一、利润表的内容及结构

（一）利润表的内容

利润表是综合反映企业一定时期经营成果的报表，列示各种收入与费用、成本相配比的结果，借以反映企业在一定时期实现的利润。其有关项目一般根据有关账户的发生额填列。

（二）利润表的结构

常见的利润表结构主要有单步式和多步式两种。在我国，企业大多采用多步式利润表，见表9-5。

表9-5　　利润表　　会企02表

编制单位：　　年　月　日　　单位：元

项目	本期金额	上期金额
一、营业收入		
减：营业成本		
税金及附加		
销售费用		
管理费用		
研发费用		
财务费用		
其中：利息费用		
利息收入		
加：其他收益		
投资收益（损失以“-”号填列）		
其中：对联营企业和合营企业的投资收益		
以摊余成本计量的金融资产终止确认收益（损失以“-”号填列）		
净敞口套期收益（损失以“-”号填列）		
公允价值变动收益（损失以“-”号填列）		
信用减值损失（损失以“-”号填列）		
资产减值损失（损失以“-”号填列）		
资产处置收益（损失以“-”号填列）		

续表

项目	本期金额	上期金额
二、营业利润（亏损以“-”号填列）		
加：营业外收入		
减：营业外支出		
三、利润总额（亏损总额以“-”号填列）		
减：所得税费用		
四、净利润（净亏损以“-”号填列）		
（一）持续经营净利润（净亏损以“-”号填列）		
（二）终止经营净利润（净亏损以“-”号填列）		
五、其他综合收益的税后净额		
（一）不能重分类进损益的其他综合收益		
1.重新计量设定受益计划变动额		
2.权益法下不能转损益的其他综合收益		
3.其他权益工具投资公允价值变动		
4.企业自身信用风险公允价值变动		
……		
（二）将重分类进损益的其他综合收益		
1.权益法下可转损益的其他综合收益		
2.其他债权投资公允价值变动		
3.金融资产重分类计入其他综合收益的金额		
4.其他债权投资信用减值准备		
5.现金流量套期储备		
6.外币财务报表折算差额		
……		
六、综合收益总额		
七、每股收益		
（一）基本每股收益		
（二）稀释每股收益		

二、利润表的填列方法

利润表中的综合收益，是指企业在某一期间除与所有者以其所有者身份进行的交易之外的其他交易或事项所引起的所有者权益变动。综合收益总额项目反映净利润与其他综合收益扣除所得税影响后的净额的合计金额。利润表相关项目的计算过程，见表9-6。

表 9-6　　　　　　　　利润表相关项目的计算过程

项目	计算过程
营业收入	营业收入=主营业务收入+其他业务收入
营业利润	营业利润=营业收入-营业成本-税金及附加-销售费用-管理费用-研发费用-财务费用+其他收益±投资收益（损失）±净敞口套期收益（损失）±公允价值变动收益（损失）-信用减值损失-资产减值损失±资产处置收益
利润总额	利润总额=营业利润+营业外收入-营业外支出
净利润	净利润=利润总额-所得税费用

（一）净利润

净利润是指企业当期利润总额减去所得税费用后的金额，即企业的税后利润。所得税费用是指企业将实现的利润总额按照所得税法规定的标准向国家计算缴纳的税金。它是企业利润总额的扣减项目。净利润是一个企业经营的最终成果，是衡量一个企业经营效益的主要指标。

（二）其他综合收益的税后净额

其他综合收益的税后净额反映企业根据企业会计准则规定未在损益中确认的各项利得和损失扣除所得税影响后的净额，其他综合收益项目应当根据相关会计准则的规定分为下列两类列报。

1.不能重分类进损益的其他综合收益项目

本项目包括重新计量设定受益计划变动额、权益法下不能转损益的其他综合收益、其他权益工具投资公允价值变动、企业自身信用风险公允价值变动等。

2.将重分类进损益的其他综合收益项目

该项目包括权益法下可转损益的其他综合收益、其他债权投资公允价值变动、金融资产重分类计入其他综合收益的金额、其他债权投资信用减值准备、现金流量套期储备、外币财务报表折算差额等。

【例 9-2】甲股份有限公司 2022 年度有关损益类科目本年累计发生净额见表 9-7，编制甲股份有限公司 2022 年度利润表，见表 9-8。

表 9-7　　　　　　损益类科目 2022 年度累计发生净额　　　　　　单位：元

科目名称	借方发生额	贷方发生额
主营业务收入		1250 000
主营业务成本	750 000	
税金及附加	2 000	
销售费用	20 000	
管理费用	157 100	
财务费用	41 500	
资产减值损失	30 900	
投资收益		31 500
营业外收入		50 000
营业外支出	19 700	
所得税费用	112 596	

表9-8　　　　　　　　　　　　　利润表　　　　　　　　　　　　　会企02表

编制单位：甲股份有限公司　　　　2022年12月31日　　　　　　　　　单位：元

项　目	本期金额	上期金额（略）
一、营业收入	1 250 000	
减：营业成本	750 000	
税金及附加	2 000	
销售费用	20 000	
管理费用	157 100	
财务费用	41 500	
加：投资收益（损失以“-”号填列）	31 500	
公允价值变动收益（损失以“-”号填列）	0	
资产减值损失（损失以“-”号填列）	-30 900	
二、营业利润（亏损以“-”号填列）	280 000	
加：营业外收入	50 000	
减：营业外支出	19 700	
三、利润总额（亏损总额以“-”号填列）	310 300	
减：所得税费用	112 596	
四、净利润（净亏损以“-”号填列）	197 704	
五、每股收益	（略）	
（一）基本每股收益		
（二）稀释每股收益		

第四节　现金流量表

一、现金流量表的内容及结构

（一）现金流量表的内容

现金流量表，是指反映企业在一定会计期间现金和现金等价物流入和流出的报表。现金及现金等价物包括库存现金、银行存款、其他货币资金以及现金等价物。

1.库存现金

库存现金是指企业持有可随时用于支付的现金，与会计核算中“库存现金”科目所包括的内容一致。

2.银行存款

银行存款是指企业在银行或其他金融机构随时可以用于支付的存款，与会计核算中“银行存款”科目所包括的内容基本一致。它们的区别在于：存在银行或其他金融机构的款项中不能随时用于支付的存款不应作为现金流量表中的现金，如不能随时支取的定期存款。但提前通知银行或其他金融机构便可支取的定期存款，则包含在现金流量表的现金概念中。

3.其他货币资金

其他货币资金是指企业存在银行有特定用途的资金或在途中尚未收到的资金，如外埠存款、银行汇票存款、银行本票存款、信用证保证资金、在途货币资金等。

4.现金等价物

现金等价物是指企业持有的期限短、流动性强、易于转换为已知金额现金、价值变动风险很小的投资。现金等价物的主要特点是流动性强，并可随时转换成现金。

（二）现金流量表的结构

我国企业现金流量表采用报告式结构，分类反映经营活动产生的现金流量、投资活动产生的现金流量和筹资活动产生的现金流量，最后汇总反映企业某一期间现金及现金等价物的净增加额，见表9-9。

二、现金流量表的填列方法

根据企业业务活动的性质和现金流量的来源，现金流量可以分为三类，即经营活动产生的现金流量、投资活动产生的现金流量和筹资活动产生的现金流量。

（一）经营活动产生的现金流量

经营活动，是指企业投资活动和筹资活动以外的所有交易和事项，包括销售商品或提供劳务、购买商品或接受劳务、收到返还的税费、经营性租赁、支付工资、支付广告费用、缴纳各项税款等。

1.销售商品、提供劳务收到的现金

本项目反映企业销售商品、提供劳务实际收到的现金（含销售收入和应向购买者收取的增值税销项税额），主要包括：本期销售商品、提供劳务本期收到的现金，前期销售商品、提供劳务本期收到的现金，本期预收的商品款、劳务款等，本期发生销货退回而支付的现金应从销售商品、提供劳务收入款项中扣除。企业销售材料和代购代销业务收到的现金，也应在本项目中反映。

表9-9　　　　　　　　　　　现金流量表　　　　　　　　　　　会企03表

编制单位：　　　　　　　　　　年　月　　　　　　　　　　　单位：元

项目	本期金额	上期金额
一、经营活动产生的现金流量：		
销售商品、提供劳务收到的现金		
收到的税费返还		
收到其他与经营活动有关的现金		
经营活动现金流入小计		
购买商品、接受劳务支付的现金		
支付给职工以及为职工支付的现金		
支付的各项税费		
支付其他与经营活动有关的现金		
经营活动现金流出小计		
经营活动产生的现金流量净额		
二、投资活动产生的现金流量：		
收回投资收到的现金		
取得投资收益收到的现金		
处置固定资产、无形资产和其他长期资产收回的现金净额		
处置子公司及其他营业单位收到的现金净额		
收到其他与投资活动有关的现金		
投资活动现金流入小计		
购建固定资产、无形资产和其他长期资产支付的现金		
投资支付的现金		
取得子公司及其他营业单位支付的现金净额		
支付其他与投资活动有关的现金		
投资活动现金流出小计		
投资活动产生的现金流量净额		
三、筹资活动产生的现金流量：		
吸收投资收到的现金		
取得借款收到的现金		
收到其他与筹资活动有关的现金		
筹资活动现金流入小计		
偿还债务支付的现金		
分配股利、利润或偿付利息支付的现金		
支付其他与筹资活动有关的现金		
筹资活动现金流出小计		
筹资活动产生的现金流量净额		
四、汇率变动对现金及现金等价物的影响		
五、现金及现金等价物净增加额		
加：期初现金及现金等价物余额		
六、期末现金及现金等价物余额		

2.收到的税费返还

本项目反映企业收到返还的各种税费，如收到的增值税、所得税等返还款。

3.收到其他与经营活动有关的现金

本项目反映企业除上述各项目外，收到的其他与经营活动有关的现金，如罚款收入、投资性房地产租金收入、流动资产损失中由个人赔偿的现金收入、除税费返还外的其他政府补贴收入等。

4.购买商品、接受劳务支付的现金

本项目反映企业购买商品、接受劳务支付的现金（包括支付的增值税进项税额），主要包括：本期购买商品、接受劳务本期支付的现金，本期支付前期购买商品、接受劳务的未付款项和本期预付款项。本期发生购货退回而收到的现金应从购买商品、接受劳务支付的款项中扣除。

5.支付给职工以及为职工支付的现金

本项目反映支付给职工的工资、薪金等，不包括支付给离退休人员的工资和在建工程人员的工资。

6.支付的各项税费

本项目不包括计入固定资产价值的实际支付的耕地占用税，也不包括本期退回的增值税、所得税。

7.支付其他与经营活动有关的现金

本项目反映企业除上述各项目外，支付的其他与经营活动有关的现金，如罚款支出、差旅费、业务招待费、保险费等。

（二）投资活动产生的现金流量

投资活动，是指企业长期资产的购建和不包括在现金等价物范围内的投资及其处置活动，包括取得和收回投资、购建和处置固定资产、购买和处置无形资产等。

1.收回投资收到的现金

本项目反映企业出售、转让或到期收回除现金等价物以外的以公允价值计量且其变动计入当期损益的金融资产、以摊余成本计量的金融资产、以公允价值计量且其变动计入其他综合收益的金融资产、长期股权投资等收到的现金。本项目不包括债权性投资收回的利息、收回的非现金资产，以及处置子公司及其他营业单位收到的现金净额。债权性投资收回的本金，在本项目反映，债权性投资收回的利息，在“取得投资收益收到的现金”项目中反映。

2.取得投资收益收到的现金

本项目反映企业因股权性投资而分得的现金股利和因债权性投资而取得的利息收入。股票股利由于不产生现金流量，不在本项目中反映。属于现金等价物范围的债权性投资，其利息收入在本项目反映。

3.处置固定资产、无形资产和其他长期资产收回的现金净额

本项目反映企业出售固定资产、无形资产和其他长期资产（如投资性房地产）所取

得的现金，减去为处置这些资产而支付的有关税费后的净额。

4.处置子公司及其他营业单位收到的现金净额

本项目反映企业处置子公司及其他营业单位所取得的现金减去子公司或其他营业单位持有的现金和现金等价物以及相关处置费用后的净额。如本项目为负数，则在“支付其他与投资活动有关的现金”项目反映。

5.收到其他与投资活动有关的现金

购买股票和债券时，支付实际价款中包含的已宣告但尚未领取的现金股利或已到付息期但尚未领取的债券利息，在实际收到时计入本项目。

6.购建固定资产、无形资产和其他长期资产支付的现金

本项目主要包括购建厂房、机器设备、土地使用权支付的款项等。

7.投资支付的现金

本项目反映企业进行权益性投资和债权性投资所支付的现金，包括企业取得的除现金等价物以外的以公允价值计量且其变动计入当期损益的金融资产、以摊余成本计量的金融资产、以公允价值计量且其变动计入其他综合收益的金融资产、长期股权投资支付的现金以及佣金、手续费等交易费用。

8.取得子公司及其他营业单位支付的现金净额

本项目反映企业取得子公司及其他营业单位购买出价中以现金支付的部分，减去子公司及其他营业单位持有的现金和现金等价物后的净额。

9.支付其他与投资活动有关的现金

本项目包括企业购买股票和债券时，实际支付的价款中包含的已宣告但尚未发放的现金股利或已到付息期但尚未领取的债券利息。

（三）筹资活动产生的现金流量

筹资活动，是指导致企业资本及债务规模和构成发生变化的活动，包括发行股票或接受投入资本、分派现金股利、取得和偿还银行借款、发行和偿还公司债券等。

1.吸收投资收到的现金

本项目反映企业以发行股票等方式筹集资金实际收到的款项净额（发行收入减去发行费用后的净额）。发行股票支付的审计、咨询等费用，在“支付的其他与筹资活动有关的现金”项目反映。

2.取得借款收到的现金

本项目反映企业举借各种短期、长期借款而收到的现金，以及发行债券实际收到的款项净额（发行收入减去发行费用后的净额）。

3.收到其他与筹资活动有关的现金

本项目反映企业除上述各项目外，收到的其他与筹资活动有关的现金。

4.偿还债务支付的现金

本项目反映企业以现金偿还债务的本金，包括：归还金融企业的借款本金、偿付企业到期的债券本金等。企业偿还的借款利息、债券利息，在“分配股利、利润或偿付利

息支付的现金”项目反映。

5.分配股利、利润和偿付利息支付的现金

本项目反映企业实际支付的现金股利、支付给其他投资单位的利润或用现金支付的借款利息、债券利息。

6.支付其他与筹资活动有关的现金

本项目反映企业除上述项目外，支付的其他与筹资活动有关的现金，如以发行股票、债券等方式筹集资金而由企业直接支付的审计、咨询等费用，以分期付款方式购入固定资产、无形资产等各期支付的现金等。

第五节 所有者权益变动表

一、所有者权益变动表的内容

（一）所有者权益变动表的内容

所有者权益是指企业资产扣除负债后由所有者享有的剩余权益。所有者权益包括实收资本（或股本）、其他权益工具、资本公积、库存股、其他综合收益、专项储备、盈余公积和未分配利润等。所有者权益变动表是反映构成所有者权益的各组成部分当期增减变动情况的报表。

综合收益和与所有者（或股东）的资本交易导致的所有者权益的变动，应当分别列示。

（二）所有者权益变动表的结构

企业应当以矩阵的形式列示所有者权益：一方面，列示导致所有者权益变动的交易或事项，按所有者权益变动的来源对一定时期所有者权益变动情况进行全面反映；另一方面，按照所有者权益各组成部分（包括实收资本、资本公积、其他综合收益、盈余公积、未分配利润、库存股等）及其总额列示相关交易或事项对所有者权益的影响。

企业会计准则规定，企业需要提供比较所有者权益变动表，所有者权益变动表还就各项目再分为“本年金额”和“上年金额”两栏。

二、所有者权益变动表的填列方法

（一）上年年末余额

上年年末余额，反映上年资产负债表中实收资本（或股本）、资本公积、库存股、盈余公积、未分配利润等的年末余额。

(二) 会计政策变更、前期差错更正

会计政策变更、前期差错更正分别反映采用追溯调整法处理的会计政策变更的累积影响金额和采用追溯重述法处理的会计差错更正的累积影响金额。

(三) 本年增减变动金额

本年增减变动金额反映：①净利润，反映企业当年实现的净利润（或净亏损）金额；②直接计入所有者权益的利得和损失，反映企业当年直接计入所有者权益的利得和损失金额。

(四) 所有者投入和减少资本

所有者投入和减少资本分别反映：①所有者投入资本，反映企业接受投资者投入形成的实收资本（或股本）和资本溢价或股本溢价；②其他权益工具持有者投入资本，反映企业发行的除普通股以外分类为权益工具的金融工具持有者投入资本的金额。该项目应根据金融工具类科目的相关明细科目的发生额分析填列。

(五) 其他综合收益结转留存收益

其他综合收益结转留存收益主要反映：①企业指定为以公允价值计量且其变动计入其他综合收益的非交易性权益工具投资终止确认时，之前计入其他综合收益的累计利得或损失从其他综合收益中转入留存收益的金额；②企业指定为以公允价值计量且其变动计入当期损益的金融负债终止确认时，之前由于企业自身信用风险变动而计入其他综合收益的累计利得或损失从其他综合收益中转入留存收益的金额。该项目应根据“其他综合收益”科目的相关明细科目的发生额分析填列。

第六节 财务报表附注

一、财务报表附注概述

财务报表附注是对资产负债表、利润表、现金流量表和所有者权益变动表等报表中列示项目的文字描述或明细资料，以及对未能在这些报表中列示项目的说明等。

二、财务报表附注披露的要求和主要内容

(一) 附注披露的要求

附注相关信息应当与资产负债表、利润表、现金流量表和所有者权益变动表等报表中列示的项目相互参照，以便使用者联系相关联的信息，并由此从整体上更好地理解财务报表。企业在披露附注信息时，应当定量、定性信息相结合，按照一定的结构对附注

信息进行系统合理的排列和分类，以便使用者理解和掌握。

（二）附注的主要内容

附注应当按照如下顺序至少披露下列内容：

1.企业的基本情况

（1）企业注册地、组织形式和总部地址。

（2）企业的业务性质和主要经营活动。

（3）母公司以及集团最终母公司的名称。

（4）财务报告的批准报出者和财务报告批准报出日，或者以签字人的签字日期为准。

（5）营业期限有限的企业，还应当披露有关营业期限的信息。

2.财务报表的编制基础

财务报表的编制基础是指财务报表是在持续经营基础上还是非持续经营基础上编制的。企业一般在持续经营基础上编制财务报表，清算、破产属于非持续经营基础。

3.遵循企业会计准则的声明

企业应当声明编制的财务报表符合企业会计准则的要求，真实完整地反映了企业的财务状况、经营成果和现金流量等有关信息，以此明确企业编制财务报表所依据的制度基础。如果企业编制的财务报表只是部分地遵循了企业会计准则，附注中不得做出这种表述。

4.重要会计政策和会计估计的说明

（1）重要会计政策的说明。企业应当披露采用的重要会计政策，并结合企业的具体实际披露重要会计政策的确定依据和财务报表项目的计量基础。其中，会计政策的确定依据主要是指企业在运用会计政策过程中所作的重要判断，这些判断对在报表中确认的项目金额具有重要影响。例如，企业如何判断与租赁资产所有权相关的几乎全部风险和报酬已转移给企业从而符合融资租赁的标准，投资性房地产的判断标准是什么等。财务报表项目的计量基础包括历史成本、重置成本、可变现净值、现值和公允价值等会计计量属性等。

（2）重要会计估计的说明。企业应当披露重要会计估计，并结合企业的具体实际披露其会计估计所采用的关键假设和不确定因素。重要会计估计的说明，包括可能导致下一个会计期间内资产、负债账面价值重大调整的会计估计的确定依据等。例如，固定资产可收回金额的计算需要根据其公允价值减去处置费用后的净额与预计未来现金流量的现值两者之间的较高者确定，在计算资产预计未来现金流量的现值时需要对未来现金流量进行预测，并选择适当的折现率，企业应当在附注中披露未来现金流量预测所采用的假设及其依据，所选择的折现率为什么是合理的等。又如，对于正在进行的诉讼提取准备，企业应当披露最佳估计数的确定依据。

5.会计政策和会计估计变更及差错更正的说明

企业应当按照会计政策、会计估计变更和差错更正准则及其应用指南的规定，披露会计政策和会计估计变更及差错更正的有关情况。

6.报表重要项目的说明

企业应当以文字和数字描述相结合的方式，尽可能以列表形式披露重要报表项目的构成或当期增减变动情况，并且报表重要项目的明细金额合计应当与报表项目金额相衔接。在披露顺序上，一般应当按照资产负债表、利润表、现金流量表、所有者权益变动表的顺序及其报表项目列示的顺序。

7.其他需要说明的重要事项

这主要包括或有和承诺事项、资产负债表日后非调整事项、关联方关系及其交易等。

8.有助于财务报表使用者评价企业管理资本的目标、政策及程序的信息

这主要包括企业资本管理的说明信息、资本结构的定量数据摘要信息等。

● 思政小课堂

补充与提示

近期，证监会公布了2021年资本市场20起典型违法案例，其中胜通集团信息披露违法违规案是一起债券市场财务造假的典型案例。证监会调查发现，胜通集团连续5年财务造假，累计虚增利润119亿元。公开资料显示，胜通集团主营业务是钢帘线和化工业务，曾经被誉为山东的“钢帘线大王”。2011年以来，胜通集团在证券交易所债券市场和银行间债券市场累计发行债券136.5亿元。但在2018年，胜通集团及其子公司多笔到期债务违约，偿债能力不足，向法院申请破产，引发市场广泛关注。目前，证监会已对其进行行政处罚。请同学们扫描二维码阅读完整内容，分小组讨论上述案例给我们的启示。

分析提示：思考企业应该如何建立与会计信息质量相关的内部控制。

本章小结

本章主要讲述了财务报表的基本概念，学生应重点掌握资产负债表、利润表、现金流量表、所有者权益变动表、财务报表附注的编制方法。

应知应会

一、单项选择题

应知应会客观题答案

1.下列各项中，反映企业在某一特定日期财务状况的会计报表是（　　）。

A.现金流量表　　B.资产负债表

C.利润表　　D.所有者权益变动表

2.某企业期末“工程物资”科目借方余额为100万元，“发出商品”科目借方余额为80万元，“原材料”科目借方余额为100万元，“生产成本”科目借方余额为50万元，“制造费用”科目借方余额为20万元，“材料成本差异”科目贷方余额为10万元，“存货跌价准备”科目贷方余额为5万元。假定不考虑其他因素，该企业期末资

产负债表中“存货”项目的金额为（　　）万元。

A.170　　B.165　　C.265　　D.235

3.某企业2022年12月31日应收票据的账面余额为500万元，已提坏账准备50万元，应付票据的账面余额为100万元，其他应收款的账面余额为30万元，应收账款的借方余额为520万元，已提坏账准备30万元。预收账款的借方余额为40万元。该企业2022年12月31日资产负债表中“应收票据及应收账款”项目列示的金额为（　　）万元。

A.980　　B.520　　C.150　　D.500

4.下列有关利润表的相关说法中，正确的是（　　）。

A.利润表是反映企业在一定会计期间经营成果的会计报表

B.我国编报利润表时采用单步式结构

C.营业外收支构成利润表中营业利润的一部分

D.综合收益总额是企业利润总额与其他综合收益税后净额的合计金额

5.下列各项中，不属于“筹资活动产生的现金流量”的是（　　）。

A.收回债券投资所收到的现金　　B.向投资者支付现金股利

C.融资租入固定资产各期支付的租金　　D.发行债券支付的利息

6.某公司年末结账前“应收账款”科目所属明细科目中有借方余额50 000元，贷方余额20 000元；“预付账款”科目所属明细科目中有借方余额13 000元，贷方余额5 000元；“应付账款”科目所属明细科目中有借方余额50 000元，贷方余额120 000元；“预收账款”科目所属明细科目中有借方余额3 000元，贷方余额10 000元；“坏账准备”科目余额为0。则年末资产负债表中“应收账款”项目和“应付账款”项目的期末数分别为（　　）。

A.30 000元和70 000元　　B.53 000元和125 000元

C.63 000元和53 000元　　D.47 000元和115 000元

二、多项选择题

1.企业应当按照权责发生制编制的财务报表有（　　）。

A.现金流量表　　B.资产负债表

C.利润表　　D.所有者权益变动表

2.关于资产负债表，下列表述中正确的有（　　）。

A.资产负债表是反映企业在某一特定日期财务状况的财务报表

B.资产负债表是反映企业在某一特定日期财务状况、经营成果和现金流量的报表

C.资产负债表反映企业在某一特定日期所拥有或控制的经济资源、所承担的现时义务和所有者对净资产的要求权

D.资产负债表采用账户式结构

3.下列各项中，影响经营活动现金流量的项目有（　　）。

A.发行长期债券收到的现金　　B.偿还应付购货款

C.应收票据贴现收到的现金　　D.缴纳的企业所得税

4.下列各项中，应在现金流量表中“投资活动产生的现金流量”项目下列示的有（　　）。

A.收回投资收到的现金

B.取得子公司及其他营业单位支付的现金净额

C.分配股利、利润或偿付利息支付的现金

D.偿还债务支付的现金

5.下列各项中，属于企业筹资活动现金流量的有（　　）。

A.吸收投资收到的现金

B.发行股票时以现金支付的审计、咨询费

C.向股东分配现金股利

D.处置子公司收到的现金净额

6.下列各项中，应作为资产负债表中资产列报的有（　　）。

A.委托加工物资　　B.受托代销商品

C.融资租入固定资产　　D.经营租入固定资产

三、计算分析题

1.甲公司2022年12月31日相关科目的余额见表9-10：

表9-10　科目余额表　单位：万元

科目名称	借方余额	贷方余额
应收账款	500	
其中：A公司	400	
B公司	150	
C公司		50
预付账款	50	
其中：甲公司	100	
乙公司		50
坏账准备——应收账款		20
应付账款		150
其中：丙公司		200
丁公司	50	
预收账款		100
其中：D公司		160
E公司	60	

要求：

（1）计算甲公司2022年12月31日资产负债表中“应收账款”项目期末余额应填列的金额。

（2）计算甲公司2022年12月31日资产负债表中“应付账款”项目期末余额应填列的金额。

（3）计算甲公司2022年12月31日资产负债表中“预收款项”项目期末余额应填列的金额。

（4）计算甲公司2022年12月31日资产负债表中“预付款项”项目期末余额应填列的金额。

应知应会
主观题答案

挑战一下

扫码答题9

第十章 账务处理程序

思政目标

价值引领：

◆坚持“实事求是”的基本原则，培养“勤恳踏实”的专业精神。

◆树立勇于担当的责任感和使命感，践行“敬业”社会主义核心价值观。

专业融合：

◆根据会计信息的“相关性、可靠性”质量要求，培育客观、公正的职业素养。

◆增强学生的人文素养以及职业责任感、使命感和自豪感。

能力培养：

◆明确自身职责，在记账中见生动，算账中见趣味，报账中见智慧。

◆做投资人、纳税人和股东财产的守护者、“合法财产不可侵犯”理念的捍卫者和“取之于民用之于民”精神的践行者。

◆养成良好的专业素养和职业习惯，时刻遵照职业守则、遵循会计准则和遵守法律规则。

学习目标

1. 基础目标：掌握账务处理程序的概念、分类及基本流程。

2. 高阶目标：熟悉各种账务处理程序的优缺点、适用范围并能结合案例进行学习与分析。

3. 挑战目标：根据实际合理选择账务处理程序，在实践中能准确有效应用。

本章重点

账务处理程序的概念，各种账务处理程序的优缺点、适用范围及具体应用。

开篇案例

账务处理程序的选择

账务处理
程序的选择

R餐饮公司有着数十年的经营史，公司总部坐落在粤港澳大湾区城市珠海，该公司是珠海地区较早涉足珠澳特色的餐饮企业之一。目前，公司在大湾区已拥有数十家直营店和加盟店。多年来，公司一直致力于特色餐饮事业的发展，以诚信的经营理念、完善的服务、独特的口味在市场赢得一席之地。

由于公司规模不断扩大、业务量增多，财务部门急需招聘一批会计人员。财务主管出了一道题目：要求应聘会计人员针对本公司的情况，在对公司的经济业务进行确认、记录、计量和报告时选择最合适的账务处理程序并进行设计。有人提议采用记账凭证账务处理程序，有人提议采用科目汇总表账务处理程序，还有人提议采用汇总记账凭证账务处理程序。

思考：

如果你是应聘者，请你为该公司设计最合适的账务处理程序，并说明设计理由。

第一节 账务处理程序概述

一、账务处理程序的概念及分类

（一）账务处理程序的概念

账务处理程序也称会计核算组织程序或会计核算形式，是指会计凭证组织、账簿组织和记账程序相互结合的形式。会计凭证组织是指会计凭证的种类、格式和各种凭证之间的相互关系。账簿组织是指账簿的种类、账页格式和各种账簿之间的相互关系。记账程序是指采用一定的记账方法，从填制凭证、登记账簿到编制会计报表的步骤和方法。对账务处理程序的基本含义和流程，可结合图10-1（账务处理程序示意图）加以理解。

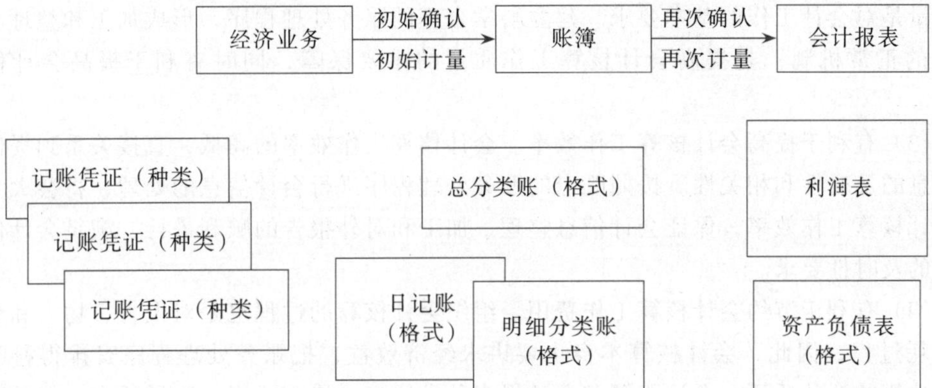

图10-1 账务处理程序示意图

（二）账务处理程序的分类

在我国会计核算的实践工作中，账务处理程序主要有三大类：

（1）以记账凭证为基础的账务处理程序，包括：记账凭证账务处理程序、科目汇总表账务处理程序以及汇总记账凭证账务处理程序，此类程序应用较为普遍。

（2）日记总账账务处理程序。

（3）以日记账为基础的账务处理程序，包括多栏式日记账账务处理程序和通用日记账账务处理程序。

这些账务处理程序既有共同之处，又有各自的特点和内容。其共同之处是：都要根据原始凭证编制记账凭证，根据原始凭证和记账凭证登记日记账和明细分类账，在账账核对相符的基础上，根据账簿记录编制财务报表。其各自特点主要体现在登记总账的依据和程序上。

二、账务处理程序的意义及要求

（一）账务处理程序的意义

账务处理程序是否科学合理，会对整个会计核算工作产生诸多方面的影响。确定科学合理的账务处理程序，对于准确、及时地提供系统而完整的会计信息，具有十分重要的意义，也是会计部门和会计人员的一项重要工作。账务处理程序的意义有：

（1）有利于规范会计核算组织工作。会计核算工作是需要会计部门和各类会计人员之间密切配合的有机系统，建立了科学合理的账务处理程序，形成了规范的会计核算工作秩序，会计机构和会计人员在进行会计核算的过程中就能够做到有序可循，按照不同的责任分工，有条不紊地处理好各个环节上的会计核算工作内容。

（2）有利于保证会计核算工作质量。在进行会计核算的过程中，保证会计核算工作的质量是对会计工作的基本要求。建立科学合理的账务处理程序，形成加工和整理会计信息的正常机制，是提高会计核算工作质量的重要保障，同时有利于提高会计信息质量。

（3）有利于提高会计核算工作效率。会计核算工作效率的高低，直接关系到提供会计信息的及时性和相关性。按照既定的账务处理程序进行会计信息的处理，将会大大提高会计核算工作效率，保证会计信息整理、加工和对外报告的顺利进行，满足会计信息质量的及时性要求。

（4）有利于节约会计核算工作费用。组织会计核算的过程也是对人力、物力和财力的消耗过程，因此，会计核算本身也要讲求经济效益，把账务处理程序安排得科学合理，选用的会计凭证、会计账簿和会计报表种类适当，格式适用，数量适中，能够降低会计核算工作的费用支出。

知识链接 10-1

准确选择账务处理程序并进行会计核算是企业享受国家最新税收优惠政策的前提。

相关税收政策

（二）账务处理程序的要求

账务处理程序虽有多种，但各企业在设计适合本单位的账务处理程序时，主要应考虑下列三点要求：

（1）要适合会计主体及其业务特点。账务处理程序设计应充分考虑本会计主体经济活动的性质、经济管理的特点、规模的大小、经济业务的繁简以及会计机构和会计人员的设置等相关因素，使账务处理程序与本单位会计核算工作的需要相适应。一般而言，经济活动内容比较庞杂、规模比较大、经济业务繁多的企业，其账务处理程序相对也比较复杂，反之则比较简单。

（2）要满足管理需要。确定账务处理程序的目的是要保证能够准确、及时和完整地提供系统而完备的会计信息资料，并不断提高信息质量和效益，以满足本企业经营管理和国家综合平衡的需要。

（3）要合理简化核算手续。要在正确、及时、完整地提供会计信息的前提下，合理地简化核算手续，减少重复劳动，提高工作效率，节约核算费用。同时企业设计账务处理程序应避免将大量工作集中在月末进行，避免影响结账工作的进度和会计报表的编制。

第二节　记账凭证账务处理程序

一、记账凭证账务处理程序的基本内容

（一）记账凭证账务处理程序的定义

记账凭证账务处理程序是指根据经济业务发生以后所填制的各种记账凭证直接逐笔登记总分类账，并定期编制会计报表的一种账务处理程序。

记账凭证账务处理程序是一种最基本的账务处理程序，其他账务处理程序都是在此基础上发展演变而形成的。

小思考10-1　关于记账凭证账务处理程序

小思考10-1

提示

提问：记账凭证账务处理程序需要以之前填制的记账凭证为依据，你还记得什么是凭证吗？分为哪些种类，又有什么特点？

（二）记账凭证账务处理程序下的记账凭证、会计账簿和会计报表的种类与格式

在记账凭证账务处理程序下，采用的记账凭证、会计账簿和会计报表种类很多，格式各异。

在记账凭证账务处理程序下，记账凭证可以采用收款凭证、付款凭证和转账凭证等专用记账凭证，也可采用通用记账凭证。会计账簿一般应设置借、贷、余（或收、付、余）三栏式库存现金日记账和银行存款日记账；各总分类账均采用借、贷、余三栏式；明细分类账可根据核算需要，采用借、贷、余三栏式、数量金额式或多栏式。

在记账凭证账务处理程序下使用的会计报表主要有资产负债表、利润表和现金流量表等。报表的种类不同，格式也不尽相同。各种会计报表的格式参见第十一章的有关内容。由于国家颁布的会计准则或会计制度对会计报表的种类和格式已有统一规定，因

此，不论在怎样的账务处理程序下，会计报表的种类与格式都不会有大的变动。

（三）记账凭证账务处理程序下账务处理的基本步骤

在记账凭证账务处理程序下，对经济业务进行账务处理大体要经过以下六个步骤：

一是经济业务发生以后，根据有关的原始凭证或原始凭证汇总表填制各种专用记账凭证（收款凭证、付款凭证和转账凭证）；

二是根据收款凭证和付款凭证逐笔登记库存现金日记账和银行存款日记账；

三是根据记账凭证并参考原始凭证或原始凭证汇总表，逐笔登记各种明细分类账；

四是根据各种记账凭证逐笔登记总分类账；

五是月末，将日记账、明细分类账的余额与总分类账中相应账户的余额进行核对；

六是根据总分类账和明细分类账的资料编制会计报表。

记账凭证账务处理程序下账务处理步骤可参照图10-2加以理解。

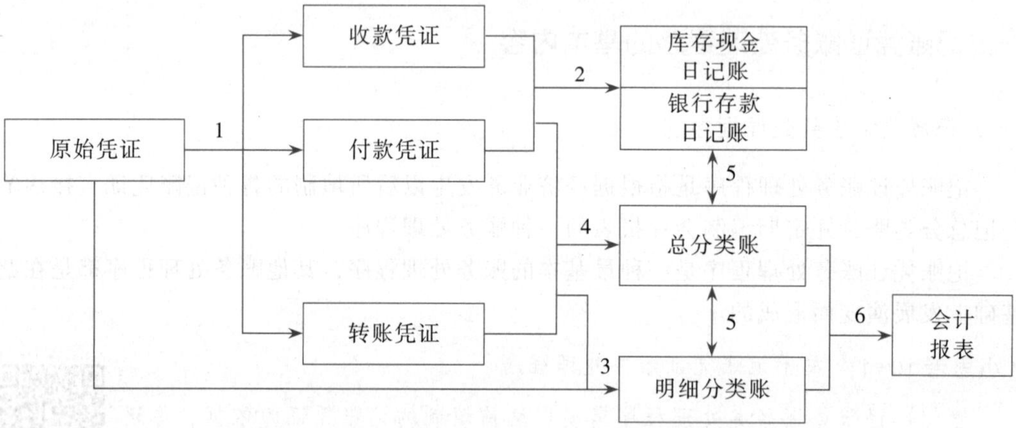

图10-2　记账凭证账务处理程序下账务处理步骤示意图

二、对记账凭证账务处理程序的评价

（一）记账凭证账务处理程序的特点

记账凭证账务处理程序的主要特点：直接根据各种记账凭证逐笔登记总分类账。在凭证设置方面，既可以采用通用记账凭证格式，也可以采用收款凭证、付款凭证和转账凭证三种专用记账凭证格式。在账簿设置方面，应设置库存现金日记账、银行存款日记账、总分类账和明细分类账。日记账和总分类账一般采用三栏式，明细分类账可根据需要采用三栏式、数量金额式或多栏式等格式。

（二）记账凭证账务处理程序的优点、缺点及适用范围

1.记账凭证账务处理程序的优点

（1）记账凭证能够清晰地反映账户之间的对应关系。在记账凭证账务处理程序下，

当一笔简单的经济业务发生以后，利用一张记账凭证就可以编制出该笔经济业务的完整会计分录；而在比较复杂的经济业务发生以后，也可以利用多张凭证为其编制简单分录，或编制涉及两个以上会计科目的复杂分录。因而，在每一张记账凭证上，账户之间的对应关系都一目了然。

（2）总分类账能够比较详细地反映经济业务的发生情况。在记账凭证账务处理程序下，不仅对各种日记账和明细分类账采取逐笔登记的方法，对于总分类账的登记方法也是如此。因而，总分类账能够详细清晰地反映所发生的经济业务的情况。

（3）总分类账登记方法简单，易于掌握。如上所述，根据记账凭证直接逐笔登记总分类账，是记账凭证账务处理程序的特点，总分类账登记方法与明细分类账的登记方法是一样的，因而也是一种最易于掌握的账户登记方法。

2.记账凭证账务处理程序的缺点

（1）总分类账登记工作量过大。对发生的每一笔经济业务都要根据记账凭证逐笔在总分类账中进行登记，实际上与日记账和明细分类账登记的内容一致，是一种简单的重复登记，势必要增加登记总分类账的工作量，特别是在经济业务量比较多的情况下更是如此。

（2）账页耗用多，易造成浪费。由于总分类账对发生的所有经济业务要重复登记一遍，势必会耗用更多的账页，造成账页浪费。特别是在一个账簿上设置多个账户时，由于登记业务的多少很难预先确定，对于每一个账户应预留多少账页很难把握，预留过多会造成浪费，预留过少又会影响账户登记的连续性。在预留账页比较多的情况下，由于在新的会计年度一般要更换新账簿，所有旧账簿中预留未用的账页也会被废止，在一定程度上造成了账页浪费。

3.记账凭证账务处理程序的适用范围

记账凭证账务处理程序一般只适用于规模较小、业务量较少及编制记账凭证数量不多的会计主体。需要说明的是，记账凭证账务处理程序特别适宜于计算机处理，因为利用计算机可以弥补工作量大的缺点。在手工记账的情况下，为了减少记账凭证的数量和登记总账的工作量，可以尽量将同类经济业务的原始凭证进行汇总，编制汇总原始凭证，再根据汇总原始凭证编制记账凭证。

第三节　科目汇总表账务处理程序

一、科目汇总表账务处理程序的基本内容

（一）科目汇总表账务处理程序的定义

科目汇总表账务处理程序是指根据各种记账凭证先定期（或月末一次）按会计科目汇总编制科目汇总表，然后根据科目汇总表登记总分类账，并定期编制会计报表的账务处理程序。科目汇总表账务处理程序是在记账凭证账务处理程序的基础上发展和演变而

来的。

（二）科目汇总表账务处理程序下的记账凭证、会计账簿的种类与格式

科目汇总表账务处理程序下的记账凭证与记账凭证账务处理程序下的记账凭证相比，存在较大差别。其独特的做法是要设置“科目汇总表”这种具有汇总性质的记账凭证。使用的会计账簿与记账凭证账务处理程序基本相同。

（三）科目汇总表的编制方法

科目汇总表是根据专用记账凭证（或通用记账凭证）汇总编制而成的。基本的编制方法是：根据一定会计期间编制的全部记账凭证，按照相同会计科目进行归类，定期（每10天、15天或每月一次）分别汇总每一个账户的借、贷双方的发生额，并将其填列在科目汇总表的相应栏内，借以反映全部账户的借、贷方发生额。

在对这些会计科目分别按借、贷方发生额进行汇总时，可利用编制科目汇总表工作底稿的方法进行。科目汇总表工作底稿中采用的汇总形式从表面上看酷似“T”形账户，但并不是“T”形账户。运用这种形式的目的是对各个会计科目的发生额（不包括余额）进行汇总，以便于编制科目汇总表。另外，科目汇总表可以每月编制一次，也可以根据会计核算的需要定期分次编制。某月编制完成的科目汇总表，见表10-1。

科目汇总表的作用是对总分类账进行汇总登记。根据科目汇总表登记总分类账时，只需要将科目汇总表中有关各科目的本期借、贷方发生额合计数，分次或月末一次记入相应总分类账的借方或贷方即可。这样，可以大大简化登记总分类账的工作量，提高账簿登记的准确性。另外，采用科目汇总表时，登记总分类账所依据凭证的编号方法有一定变化，可以“科汇字第x号”字样按月连续编号。

（四）科目汇总表账务处理程序下账务处理的基本步骤

在科目汇总表账务处理程序下，对经济业务进行账务处理大体要经过以下七个步骤：

一是经济业务发生以后，根据有关的原始凭证或原始凭证汇总表填制各种专用记账凭证（收款凭证、付款凭证和转账凭证）；

二是根据收款凭证和付款凭证逐笔登记库存现金日记账和银行存款日记账；

三是根据记账凭证并参考原始凭证或原始凭证汇总表，逐笔登记各种明细分类账；

四是根据各种记账凭证汇总编制科目汇总表；

五是根据科目汇总表汇总登记总分类账；

六是月末，将日记账、明细分类账的余额与总分类账中相应账户的余额进行核对；

七是根据总分类账和明细分类账的记录编制会计报表。

科目汇总表账务处理程序下账务处理步骤可参照图10-3加以理解。

表 10-1

科目汇总表

2021 年×月

科汇字第×号

单位：元

序号	科目	期初数		本期发生数			期末余额	
		借方金额	贷方金额	借方金额	贷方金额	本期余额	借方金额	贷方金额
1	库存现金	3 120.00		100 396.00	101 929.00	−1 533.00	1 587.00	
2	银行存数	834 650.00		1 016 080.50	1 283 925.60	−267 845.10	566 804.90	
3	应收票据	72 500.00		725 400.00	170 000.00	555 400.00	627 900.00	
4	应收账款	166 750.00		287 643.00	58 000.00	229 643.00	396 393.00	
5	其他应收款	1 500.00		1 200.00	1 500.00	−300.00	1 200.00	
6	原材料	442 000.00		580 300.00	542 000.00	38 300.00	480 300.00	
7	在途物资	256 876.50		580 000.00	580 000.00	0.00	256 876.50	
8	生产成本	210 000.00		561 580.00	572 000.00	−10 420.00	199 580.00	
9	库存商品	546 000.00		572 000.00	1 100 464.11	−528 464.11	17 535.89	
10	固定资产	1 359 000.00		758 500.00	630 000.00	128 500.00	1 487 500.00	
11	在建工程	27 000.00		3 000.00	3 500.00	−500.00	26 500.00	
12	累计折日		278 000.00	2 400.00	10 872.00	8 472.00		286 472.00
13	应付票据		134 000.00	0	0	0		134 000.00
14	应付账款		3 255 426.50	43 000.00	70 200.00	27 200.00		3 282 626.50
15	应付职工薪酬		44 070.00	112 560.00	128 318.40	15 758.40		59 828.40
16	应交税费		207 900.00	306 075.00	397 425.39	91 350.39		299 250.39
17	合计	3 919 396.56	3 919 396.56	5 650 134.50	5 650 134.50		4 062 177.29	4 062 177.29

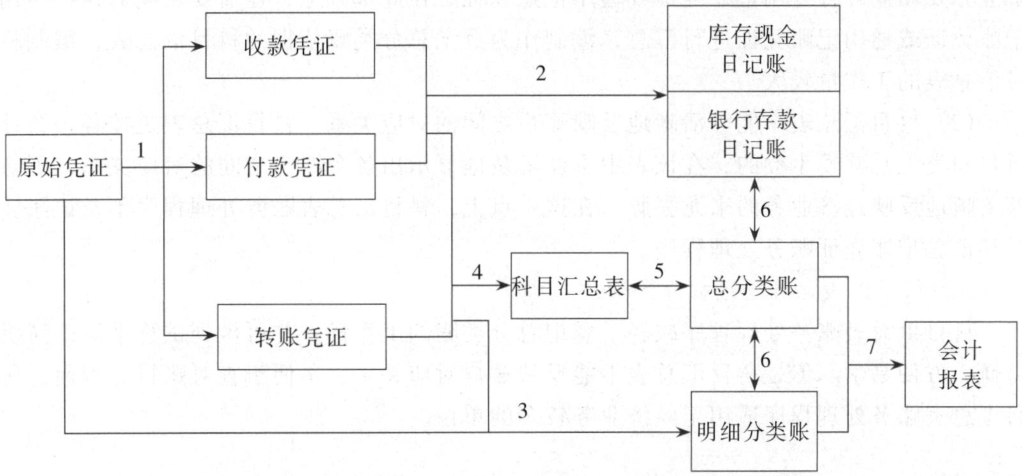

图 10-3　科目汇总表账务处理程序下账务处理步骤示意图

二、对科目汇总表账务处理程序的评价

（一）科目汇总表账务处理程序的特点

科目汇总表账务处理程序的特点是：定期根据所有记账凭证汇总编制科目汇总表，根据科目汇总表上的汇总数字登记总分类账。

（二）科目汇总表账务处理程序的优点、缺点及适用范围

1.科目汇总表账务处理程序的优点

（1）可以利用该表的汇总结果进行账户发生额的试算平衡。科目汇总表上的汇总结果体现了一定会计期间内所有账户的借方发生额和贷方发生额之间的相等关系，利用这种发生额的相等关系，可以进行全部账户记录的试算平衡，借以检验账户发生额的准确性。

（2）在试算平衡的基础上记账能够保证总分类账登记的正确性。在科目汇总表账务处理程序下，总分类账是根据科目汇总表上的汇总数字登记的。由于在登记总分类账之前，能够通过科目汇总表的汇总结果检验所填制的记账凭证是否正确，就等于在记账前进行了一次试算平衡，对汇总过程中可能存在的错误也容易发现。在所有账户借、贷方发生额相等的基础上记账，在一定程度上能够保证总分类账登记的正确性。

（3）可以大大减轻登记总分类账的工作量。在科目汇总表账务处理程序下，可根据科目汇总表上有关账户的汇总发生额，在月中定期或月末一次登记总分类账，可以使登记总分类账的工作量大为减轻。

（4）适用性比较强。与记账凭证账务处理程序和汇总记账凭证账务处理程序相比，任何规模的会计主体都可以采用科目汇总表账务处理程序。

2.科目汇总表账务处理程序的缺点

（1）编制科目汇总表的工作量比较大。在科目汇总表账务处理程序下，对发生的经济业务要填制各种专用记账凭证或通用记账凭证，在此基础上，还需要定期对这些专用记账凭证或通用记账凭证进行汇总，编制作为登记总分类账依据的科目汇总表，编制科目汇总表的工作量较大。

（2）科目汇总表不能够清晰地反映账户之间的对应关系。科目汇总表是按各个会计科目归类汇总其发生额的，在该表中不能清楚地显示出各个账户之间的对应关系，不能够清晰地反映经济业务的来龙去脉。在这一点上，科目汇总表账务处理程序不及记账凭证和汇总记账凭证账务处理程序。

3.科目汇总表账务处理程序的适用范围

科目汇总表账务处理程序减轻了登记总分类账的工作量，并可做到试算平衡，简明易懂，方便易学。但是科目汇总表不能反映账户对应关系，不便于查对账目。因而，科目汇总表账务处理程序适用于经济业务较多的单位。

第四节 汇总记账凭证账务处理程序

一、汇总记账凭证账务处理程序的基本内容

（一）汇总记账凭证账务处理程序的定义

汇总记账凭证账务处理程序是指根据各种专用记账凭证定期汇总编制汇总记账凭证，然后根据汇总记账凭证登记总分类账，并定期编制会计报表的一种账务处理程序。

汇总记账凭证是对日常会计核算过程中所填制的专用记账凭证，按照凭证的种类，采用一定的方法定期进行汇总而重新填制的一种记账凭证。采用汇总记账凭证账务处理程序，可以不必再根据各种专用记账凭证逐笔登记总分类账户，而是根据汇总记账凭证上的汇总数字登记有关的总分类账户，这样可以减少登记总分类账户的工作量。由此可见，汇总记账凭证账务处理程序是在记账凭证账务处理程序的基础上发展演变而来的一种账务处理程序。

（二）汇总记账凭证账务处理程序下的记账凭证、会计账簿的种类与格式

汇总记账凭证账务处理程序下，采用的记账凭证与会计账簿种类也很多。从记账凭证角度来看，使用汇总记账凭证，包括汇总收款凭证、汇总付款凭证和汇总转账凭证，是汇总记账凭证账务处理程序的独特之处。使用的会计账簿与记账凭证账务处理程序基本相同，不再赘述。

（三）汇总记账凭证的编制方法

汇总记账凭证是在填制各种专用记账凭证的基础上，按照一定的方法进行汇总编制而成的。汇总记账凭证的种类不同，汇总编制的方法也有所不同。

1.汇总收款凭证的编制方法

汇总收款凭证的编制方法是：按日常核算工作中所填制的专用记账凭证中的收款凭证上会计分录的借方科目设置汇总收款凭证，按分录中相应的贷方科目定期（如每5天或10天等）进行汇总，每月编制一张。汇总时计算出每一个贷方科目发生额合计数，填入汇总收款凭证的相应栏次。

汇总收款凭证是根据专用记账凭证中的收款凭证汇总编制而成的。在编制汇总收款凭证时，首先应确定以记账凭证上的哪一个会计科目为主进行汇总。由于收款凭证反映的是收款业务，因而必须围绕反映货币资金收入的会计科目（“库存现金”或“银行存款”等）进行汇总。在借贷记账法下，这些科目的增加又应在借方登记。因而，编制汇总收款凭证时要求按借方科目设置，实际上就是按“库存现金”或“银行存款”设置汇总记账凭证上的主体科目，以其为主进行汇总。

“按分录中相应的贷方科目定期进行汇总”，其中的贷方科目是指收款凭证上“库存

现金”或“银行存款”的对应科目。尽管在一定的会计期间内，企业可能会发生若干笔收款业务，但由于有些经济业务是重复发生的，就需要填制若干份在会计科目上完全相同的收款凭证。例如，企业每次销售产品收到货款存入银行，会计分录都是借记“银行存款”，贷记“主营业务收入”和“应交税费”等。这样，就可以根据贷方科目在一定会计期间内的若干次发生额定期进行汇总，编制汇总收款凭证。

经过上述汇总过程得到的各个贷方科目发生额的合计数，就是这些账户在一定会计期间发生额的总和。可以根据各次的汇总数分次登记到有关账户中去，也可以在月末时对各次汇总数字相加，求得该账户的全月发生额合计，一次性登记有关账户。对以上各账户的发生额合计数进行合计，也就是所汇总的主体科目“库存现金”或“银行存款”在该会计期间的借方发生额合计，可据其分次或月末一次登记“库存现金”账户或“银行存款”账户。

2.汇总付款凭证的编制方法

汇总付款凭证的编制方法是：按日常核算工作中所填制的专用记账凭证中的付款凭证上会计分录中的贷方科目（“库存现金”或“银行存款”等）设置汇总付款凭证，按它们相应的借方科目定期（如每5天或10天等）进行汇总，每月编制一张。汇总时计算出每一个借方科目发生额合计数，填入汇总付款凭证的相应栏次。

3.汇总转账凭证的编制方法

汇总转账凭证的编制方法是：按日常核算工作中所填制的专用记账凭证中的转账凭证上会计分录的贷方科目（如“原材料”“固定资产”等）设置汇总转账凭证，按它们相应的借方科目定期（如每5天或10天等）进行汇总，每月编制一张。汇总时计算出每一个借方科目发生额合计数，填入汇总转账凭证的相应栏次。

以上介绍了各种汇总记账凭证的编制方法。需要注意的是：虽然各种汇总记账凭证的编制方法不尽相同，但每一种汇总记账凭证都是依据同类专用记账凭证汇总编制而成的，专用记账凭证有收款凭证、付款凭证和转账凭证三种，经汇总以后形成的汇总记账凭证相应地也有汇总收款凭证、汇总付款凭证和汇总转账凭证三种。在上一节中已经介绍了另外一种经过汇总以后形成的记账凭证，即科目汇总表，应注意二者在汇总上所采用的不同方法，以及汇总以后形成的不同形式。此外，采用汇总记账凭证时，凭证的编号方法有一定变化，应在汇总记账凭证种类前加“汇”字，如“汇现收字第×号”“汇现付字第×号”“汇银收字第×号”“汇银付字第×号”“汇转字第×号”等。

（四）汇总记账凭证账务处理程序下账务处理的基本步骤

在汇总记账凭证账务处理程序下，对经济业务进行账务处理大体要经过以下七个步骤：

一是经济业务发生以后，根据有关的原始凭证或原始凭证汇总表填制各种专用记账凭证（收款凭证、付款凭证和转账凭证）；

二是根据收款凭证和付款凭证逐笔登记库存现金日记账和银行存款日记账；

三是根据记账凭证并参考原始凭证或原始凭证汇总表，逐笔登记各种明细分类账；

四是根据各种记账凭证分别编制汇总收款凭证、汇总付款凭证和汇总转账凭证；

五是根据各种汇总记账凭证汇总登记总分类账；

六是月末，将日记账、明细分类账的余额与总分类账中相应账户的余额进行核对；

七是根据总分类账和明细分类账的记录编制会计报表。

汇总记账凭证账务处理程序下账务处理步骤可参照图10-4加以理解。

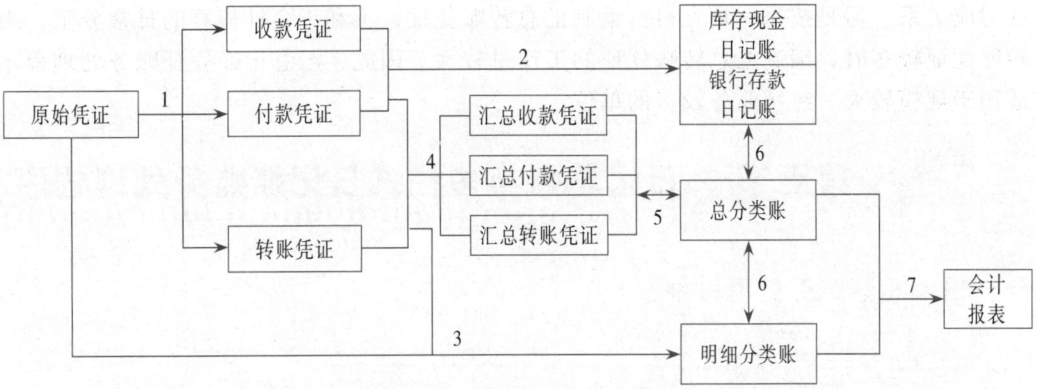

图10-4 汇总记账凭证账务处理程序下账务处理步骤示意图

二、对汇总记账凭证账务处理程序的评价

（一）汇总记账凭证账务处理程序的特点

汇总记账凭证账务处理程序的特点是：定期将全部记账凭证分别编制汇总收款凭证、汇总付款凭证和汇总转账凭证，根据各种汇总记账凭证上的汇总数字登记总分类账。

（二）汇总记账凭证账务处理程序的优点、缺点及适用范围

1.汇总记账凭证账务处理程序的优点

（1）汇总记账凭证能够清晰地反映账户之间的对应关系。汇总记账凭证账务处理程序采用的是专用记账凭证和汇总记账凭证。汇总记账凭证采用按会计科目对应关系进行分类汇总的办法，能够清晰地反映出有关会计账户之间的对应关系。

（2）汇总记账凭证账务处理程序可以大大减少登记总分类账的工作量。使用汇总记账凭证账务处理程序，可以根据汇总记账凭证上有关账户的汇总发生额，在月份当中定期或月末一次登记总分类账，可以使登记总分类账的工作量大为减少。

2.汇总记账凭证账务处理程序的缺点

（1）定期编制汇总记账凭证的工作量比较大。对发生的经济业务首先要填制专用记账凭证，即收款凭证、付款凭证和转账凭证，在此基础上，还需要定期分类地对这些专用记账凭证进行汇总，编制作为登记总分类账依据的汇总记账凭证，增加了编制汇总记账凭证的工作量。

（2）难以发现汇总过程中可能存在的错误。编制汇总记账凭证是一项比较复杂的工作，容易产生汇总错误。而且汇总记账凭证本身又不能体现出有关数字之间的平衡关系，即使存在汇总错误也很难发现。

3.汇总记账凭证账务处理程序的适用范围

汇总记账凭证账务处理程序减轻了登记总分类账的工作量，便于了解不同账户之间的对应关系。但是按每一贷方科目编制汇总转账凭证，不利于会计核算的日常分工，当转账凭证较多时，编制汇总转账凭证的工作量较大。因此，汇总记账凭证账务处理程序适用于规模较大、经济业务较多的单位。

第五节 日记总账与多栏式日记账账务处理程序

一、日记总账账务处理程序

（一）日记总账账务处理程序的定义

日记总账账务处理程序是指设置日记总账，根据经济业务发生以后所填制的各种记账凭证直接逐笔登记日记总账，并定期编制会计报表的一种账务处理程序。

（二）日记总账账务处理程序下记账凭证与会计账簿的种类

日记总账账务处理程序采用的记账凭证主要是各种专用记账凭证，即收款凭证、付款凭证和转账凭证，也可采用通用记账凭证。采用的日记账和明细分类账与其他账务处理程序基本相同，所不同的是，在这种账务处理程序下需要专门设置日记总账。

（三）日记总账的登记方法

日记总账是一种兼具序时账簿和分类账簿两种功能的联合账簿。日记总账的账页一般设计为多栏式，即将经济业务发生以后可能涉及的所有会计账户，分设专栏集中列示在同一张账页上，每一个账户又具体分设借方和贷方两栏。对所有的经济业务按发生的时间顺序进行序时记录，并根据经济业务的性质和账户的对应关系进行总分类记录。对发生的每一笔经济业务都应分别登记在同一行的有关科目的借方栏和贷方栏内，并将发生额记入日记总账的发生额栏内。

（四）日记总账账务处理程序下账务处理的基本步骤

在日记总账账务处理程序下，对经济业务进行账务处理大体要经过以下六个步骤：

一是经济业务发生以后，根据有关的原始凭证或原始凭证汇总表填制各种专用记账凭证；

二是根据收款凭证和付款凭证逐笔登记库存现金日记账和银行存款日记账；

三是根据记账凭证并参考原始凭证或原始凭证汇总表，逐笔登记各种明细分类账；

四是根据各种记账凭证逐笔登记日记总账；

五是月末，将日记账、明细分类账的余额与日记总账中相应账户的余额进行核对；

六是根据日记总账和明细分类账的记录编制会计报表。

日记总账账务处理程序下账务处理步骤可参照图10-5加以理解。

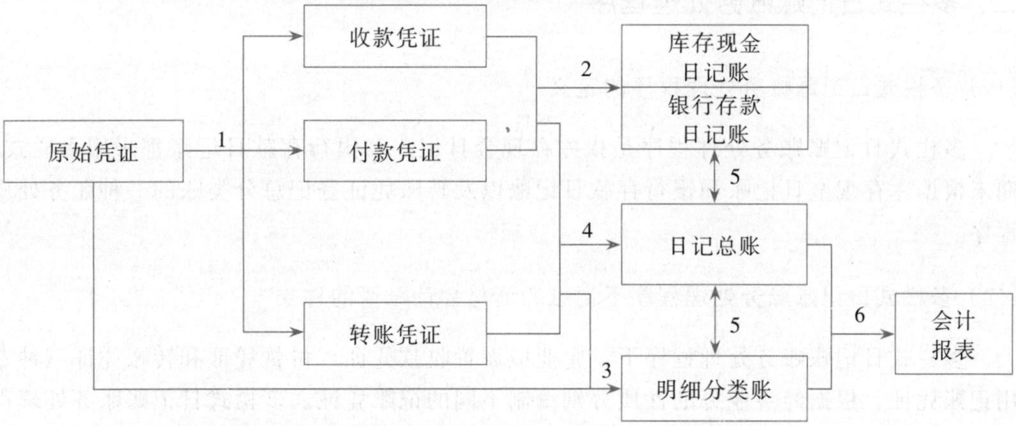

图10-5　日记总账账务处理程序下账务处理步骤示意图

（五）日记总账账务处理程序的评价及其适用范围

日记总账账务处理程序的特点是：设置日记总账，根据记账凭证逐笔登记日记总账。

1. 日记总账账务处理程序的优点

一是可以大大简化总分类账的登记手续。在日记总账账务处理程序下，将日记总账和总分类账结合在一起，直接根据记账凭证登记日记总账，并且是将所有会计科目都集中在一张账页上，而不是分设在各个账簿中，因而，可以简化登记总分类账的手续。

二是日记总账能够清晰地反映会计账户之间的对应关系。在日记总账账务处理程序下，当经济业务发生以后，要按照预先设置的会计科目栏，在相应栏次的同一行进行登记，可以集中反映经济业务的全貌，反映会计账户之间的对应关系，便于进行会计检查和会计分析。

2. 日记总账账务处理程序的缺点

一是增加了登记日记总账的工作量。如同记账凭证账务处理程序一样，在日记总账账务处理程序下，对于发生的每一笔经济业务都要根据记账凭证逐笔在日记总账中登记，实际上与登记日记账和明细分类账是一种重复登记，势必增加登记日记总账的工作量。

二是不便于记账分工和查阅。对于使用会计科目比较多的会计主体，日记总账的账页势必要设计得很大，既不便于进行记账和查阅，也容易出现登记串行等记账错误。如果会计人员较多，也不便于他们在记账上的业务分工。

3. 日记总账账务处理程序的适用范围

日记总账账务处理程序一般只适用于规模小、业务量少、使用会计科目不多的会计主体。但在使用电子计算机进行账务处理的企业，由于账簿的登记等工作是由计算机完成，因而很容易克服这种账务处理程序的缺点，所以一些大中型企业也可以应用这种账务处理程序。

二、多栏式日记账账务处理程序

（一）多栏式日记账账务处理程序的定义

多栏式日记账账务处理程序是指库存现金日记账和银行存款日记账都采用多栏式，期末根据库存现金日记账和银行存款日记账以及转账凭证登记总分类账的一种账务处理程序。

（二）多栏式日记账账务处理程序下记账凭证与会计账簿的种类

多栏式日记账账务处理程序下，企业应设置收款凭证、付款凭证和转账凭证三种专用记账凭证，根据经济业务的性质分别编制不同的记账凭证。多栏式日记账账务处理程序下应设置的账簿有日记账、总分类账、明细分类账。日记账要求设置库存现金日记账和银行存款日记账，采用多栏式。实务中，也可以根据需要设置库存现金收入日记账、库存现金支出日记账、银行存款收入日记账和银行存款支出日记账四本日记账。总分类账要求按每一总分类账科目开设账页，采用三栏式格式。明细分类账要求按其从属的总账科目设置，根据经营管理的需要，采用三栏式、数量金额式或多栏式格式。

（三）多栏式日记账的登记方法

1.多栏式库存现金收入日记账的登记方法

其登记方法与一般的多栏式库存现金日记账基本相同，只需要注意，多栏式库存现金支出日记账中的支出合计款应转入本账户中的“支出合计”栏中，因此，每期的结余数也在本账户中列示。此外，在根据库存现金收入日记账登记总账的时候，凡是涉及“银行存款”账户的，都不能据此登记银行存款总账，因为这笔业务在银行存款日记账中也有记录，如果据此登记则会造成同一笔业务的重复登记。

2.多栏式库存现金支出日记账的登记方法

其登记方法与多栏式库存现金收入日记账的登记方法大致相同，只需要注意，在根据现金支出日记账登记有关总账的时候，还应登记“银行存款”总账，同时期末应将其支出合计数转记到库存现金收入日记账的“支出合计”栏内。

（四）多栏式日记账账务处理程序下账务处理的基本步骤

多栏式日记账账务处理程序下，对经济业务进行账务处理大体要经过以下七个步骤：

一是根据原始凭证或汇总原始凭证编制收款凭证、付款凭证和转账凭证；

二是根据收款凭证和付款凭证逐笔登记多栏式库存现金和银行存款日记账；

三是根据原始凭证、原始凭证汇总表或记账凭证登记各种明细分类账；

四是根据转账凭证编制转账凭证科目汇总表（转账业务不多的单位可不编制转账凭证科目汇总表）；

五是月末，根据多栏式库存现金日记账、多栏式银行存款日记账以及转账凭证科目汇总表（或转账凭证）登记总分类账；

六是月末，将各种明细分类账的余额合计数，分别与总分类账中相关账户的余额相核对；

七是月末，根据核对无误的总分类账和明细分类账的相关资料，编制会计报表。

多栏式日记账账务处理程序下账务处理步骤可参照图10-6加以理解。

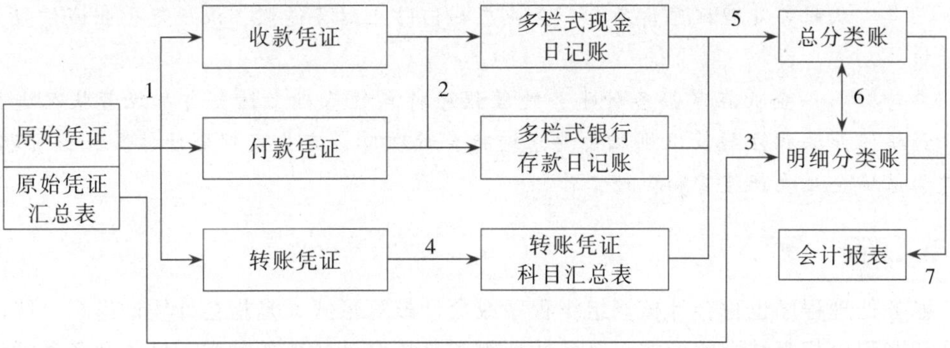

图10-6 多栏式日记账账务处理程序下账务处理步骤示意图

（五）多栏式日记账账务处理程序的评价及其适用范围

多栏式日记账账务处理程序的特点是以多栏式库存现金和银行存款日记账代替收款凭证和付款凭证作为登记总分类账的依据。对于转账业务，可以根据转账凭证逐笔登记总分类账，也可以根据转账凭证定期编制转账凭证科目汇总表，再根据转账凭证科目汇总表填制总分类账。

这种账务处理程序的主要优点是：多栏式日记账账务处理程序采用多栏式库存现金和银行存款日记账汇总登记收款和付款业务，再根据日记账和转账凭证登记总分类账，可以简化总分类账的登记工作。

其缺点是：如果企业经济业务较复杂，会计科目设置较多，日记账的专栏栏次就会过多，账页过长，不便于记账。

因此，多栏式日记账账务处理程序一般适用于生产经营规模较小、收付款业务较多、经济业务简单、会计科目较少的单位。

思政小课堂

2022年4月1日，中国证监会官网通报了2021年20起证监稽查典型违法案例，案例涉及财务造假、欺诈发行、虚假陈述、操纵市场、内幕交易、中介机构未勤勉尽责、私募违法违规以及对抗执法等；违法违规主体涉及个人、上市公司、券商、私募、审计机构等，亚太药业、瑞华所、海通证券等被点名。

证监会表示，监管部门将持续严厉打击资本市场财务造假等信息披露违法行为，依法严肃追究大股东、实际控制人和上市公司及其董事、监事、高级管理人员的违法责任。此次通报中有6起是财务造假典型案例，如2016至2019年，宜华生活实际控制人指使上市公司通过虚构销售业务等方式，累计虚增收入71亿元，累计虚增利润28亿元；2018至2019年，广州浪奇通过虚构大宗商品贸易、虚增存货等方式，累计虚增收入129亿元，虚增资产20亿元。“诚信”对于企业至关重要，是其安身立命和长久发展的根基所在。党的二十大报告中也再次强调“诚信”的重要性，提出“弘扬诚信文化，健全诚信建设长效机制”。

补充与提示

思考：从账务处理程序角度看，企业应如何防止财务造假，以规范企业诚信经营和会计核算？

分析提示：企业在掌握各种账务处理程序特点的基础上结合自身经营状况进行选择，严格依照法律法规及准则相关要求进行会计核算，充分发挥会计核算和监督职能，促进和保障企业生产经营和会计工作。

本章小结

账务处理程序也称会计核算组织程序或会计核算形式，是指会计凭证组织、账簿组织和记账程序相互结合的形式。会计凭证组织是指会计凭证的种类、格式和各种凭证之间的相互关系。账簿组织是指账簿的种类、账页格式和各种账簿之间的相互关系。记账程序是指采用一定的记账方法，从填制凭证、登记账簿到编制会计报表的步骤和方法。目前，在我国会计核算工作的实践中，根据登记总账的方法和依据不同，所采用的账务处理程序主要有三类：一是以记账凭证为基础的账务处理程序，包括记账凭证账务处理程序、科目汇总表账务处理程序以及汇总记账凭证账务处理程序，此类程序应用较为普遍；二是日记总账账务处理程序；三是以日记账为基础的账务处理程序，包括多栏式日记账账务处理程序和通用日记账账务处理程序。这些账务处理程序既有共同点，又有各自的特点和内容。其共同之处是：都要根据原始凭证编制记账凭证，根据原始凭证和记账凭证登记日记账和明细分类账，在账账核对相符的基础上，根据账簿记录编制财务报表；各自特点主要体现在登记总账的依据和程序上。

应知应会

一、单项选择题

应知应会客观题答案

1.关于汇总记账凭证账务处理程序，下列说法中正确的是（　　）。

A.登记总账的工作量大　　B.不能体现账户之间的对应关系

C.明细账与总账无法核对　　D.汇总记账凭证的编制较为烦琐

2.直接根据记账凭证逐笔登记总分类账的账务处理程序是（　　）。

A.记账凭证账务处理程序　　B.汇总记账凭证账务处理程序

C.科目汇总表账务处理程序　　D.日记总账账务处理程序

3.下列属于汇总记账凭证账务处理程序优点的是（　　）。

A. 便于进行分工核算　　B. 总分类账户反映较详细

C. 简化了编制凭证的工作量　　D. 便于了解账户间的对应关系

4.适用于规模较小、业务量不多的单位的账务处理程序是（　　）。

A. 记账凭证账务处理程序　　B. 科目汇总表账务处理程序

C. 汇总记账凭证账务处理程序　　D. 多栏式日记账账务处理程序

5.下列项目中，属于科目汇总表账务处理程序缺点的是（　　）。

A. 增加了会计核算的账务处理程序　　B. 增加了登记总分类账的工作量

C. 不便于检查核对账目　　D. 不便于进行试算平衡

6.汇总记账凭证账务处理程序的适用范围是（　　）。

A. 规模较小、业务较少的单位　　B. 规模较小、业务较多的单位

C. 规模较大、业务较多的单位　　D. 规模较大、业务较少的单位

7.关于汇总记账凭证会计核算程序，下列说法中正确的是（　　）。

A. 汇总付款凭证按库存现金、银行存款账户的借方设置，并按其对应的贷方账户归类汇总

B. 汇总收款凭证按库存现金、银行存款账户的贷方设置，并按其对应的借方账户归类汇总

C. 能反映账户之间的对应关系

D. 能起到试算平衡的作用

8.关于科目汇总表账务处理程序，下列说法中正确的是（　　）。

A. 登记总账的直接依据是记账凭证

B. 登记总账的直接依据是科目汇总表

C. 编制会计报表的直接依据是科目汇总表

D. 与记账凭证会计核算程序相比较，增加了一道编制汇总记账凭证的程序

9.科目汇总表账务处理程序登记总账的依据是（　　）。

A. 科目汇总表　　B. 汇总记账凭证

C. 多栏式日记账　　D. 记账凭证

10. 日记总账账务处理程序在账簿设置上与其他账务处理程序的不同点体现在（　　）。

A. 设置现金日记账　　B. 设置银行存款日记账

C. 设置日记总账　　D. 设置各种明细分类账

二、多项选择题

1.记账凭证账务处理程序、汇总记账凭证账务处理程序和科目汇总表账务处理程序应共同遵循的程序有（　　）。

A. 根据原始凭证、汇总原始凭证和记账凭证登记各种明细分类账

B. 根据记账凭证逐笔登记总分类账

C. 期末，日记账和明细分类账的余额与有关总分类账的余额核对相符

D. 根据总分类账和明细分类账的记录，编制会计报表

2.科目汇总表核算组织程序的优点有（　　）。

A. 可以进行账户发生额的试算平衡　　　　B. 可减轻登记总账的工作量
C. 能够保证总分类账登记的正确性　　　　D. 适用性比较强

3. 属于汇总记账凭证账务处理程序优点的有（　　）。
A. 反映内容详细　　　　B. 简化总账登记
C. 手续简便　　　　D. 能反映账户对应关系

4. 汇总记账凭证账务处理程序的缺点有（　　）。
A. 登记总账工作量大
B. 不能清晰地反映账户之间的对应关系，不利于经济活动的分析和检查
C. 汇总记账凭证的编制工作量大
D. 不利于日常核算工作的合理分工

5. 记账凭证账务处理程序下，不能作为登记总账直接依据的有（　　）。
A. 原始凭证　　　　B. 记账凭证
C. 汇总原始凭证　　　　D. 汇总记账凭证

6. 记账凭证账务处理程序的优点有（　　）。
A. 简单明了、易于理解
B. 总分类账可较详细地记录经济业务发生情况
C. 便于进行会计科目的试算平衡
D. 减轻了登记总分类账的工作量

7. 汇总记账凭证核算形式下，记账凭证可以采用（　　）。
A. 通用的统一格式的记账凭证
B. 收款、付款、转账三种专用格式的记账凭证
C. 数量金额式
D. 横线登记式

8. 科目汇总表账务处理程序的优点有（　　）。
A. 反映内容详细　　　　B. 简化总账登记
C. 便于试算平衡　　　　D. 能反映账户对应关系

9. 科目汇总表账务处理程序下，不能作为登记总账直接依据的有（　　）。
A. 原始凭证　　　　B. 汇总记账凭证
C. 科目汇总表　　　　D. 记账凭证

10. 日记总账账务处理程序下需要设置的账簿有（　　）。
A. 库存现金日记账　　　　B. 银行存款日记账
C. 日记总账　　　　D. 各种明细分类账

三、判断题

1. 企业不论采用哪种账务处理程序，都必须设置日记账、总分类账和明细分类账。（　　）

2. 记账凭证账务处理程序的主要特点是直接根据各种记账凭证登记总分类账。（　　）

3.记账凭证账务处理程序一般适用于规模较大、经济业务频繁的企业。（　）

4.汇总记账凭证账务处理程序能减少登记总分类账的工作量，且便于了解账户之间的对应关系。（　）

5.汇总记账凭证账务处理程序适合规模小、业务量少的单位。（　）

6.汇总记账凭证一律按每一账户的借方设置，并按其对应的贷方账户归类汇总。（　）

7.在科目汇总表账务处理程序下，总分类账必须逐日逐笔登记。（　）

8.科目汇总表账务处理程序能科学地反映账户之间的对应关系，且便于对账。（　）

9.科目汇总表账务处理程序的主要特点是根据记账凭证编制科目汇总表，并根据科目汇总表登记总分类账。（　）

10.日记总账账务处理程序的特点是设置日记总账，直接根据记账凭证逐笔顺序登记日记总账。（　）

四、复习思考题

1.什么是账务处理程序？

2.选择设置账务处理程序时应当遵循哪些原则？

3.记账凭证账务处理程序有哪些优点？

4.什么是科目汇总表账务处理程序？这种账务处理程序有何优缺点？

5.汇总记账凭证账务处理程序的优点是什么？适合那种类型的企业？

挑战一下

扫码答题10

第十一章

综合业务实训

实验一　填制和审核会计凭证

一、实验目的

练习会计凭证的填制和审核。

1.练习提取凭证要素

下列是一些常见的原始凭证（如图11-1至图11-4所示），请认真查看原始凭证，指出其中包括哪些凭证要素。

4100104140　　　　增值税专用发票　　　　№ 00872787

记账联

开票日期：2022年10月2日

购买方	名　　称：北京长城机械厂 纳税人识别号：110109148456523564 地址、电话：北京市昌平区沙河镇010-89803745 开户行及账号：工商银行海淀支行545623-47					密码区	6877789*&^(&% 45*&^) (*&*(% (6^^#% #@# $@ 342vkh% 43223216+5456132415?><$#@ $# + I28$+I51#@$@$+I77@+I103+I129#@Q$@Q $@#R#564816#r3w4165151@#553# $% #5 + I28&^#$&^+$&^3515618651*^%6516)	
货物或应税劳务、服务名称		规格型号	单位	数量	单价	金额	税率	税额
A材料			千克	1 350	2.00	2 700.00	13%	351.00
C材料			千克	250	15.00	3 750.00	13%	487.50
合　计						¥6 450.00		¥838.50
价税合计（大写）		⊗柒仟贰佰捌拾捌元伍角整					（小写）	¥7 288.50
销售方	名　　称：东光公司 纳税人识别号：230101698715256821 地址、电话：哈尔滨市道里区0451-86141156 开户行及账号：工商银行南沙支行213861					备注	东光公司 230101698715256821 发票专用章	

第一联：记账联　销售方记账凭证

收款人：　　　　复核：　　　　开票人：　　　　销售方：（章）

图11-1　增值税专用发票

哈尔滨市统一发票

发票联

购买单位：哈尔滨振华机电公司　　　　2022年11月16日　　　　NO 02347

品名	规格	计量单位	数量	单价	金额						
					万	千	百	十	元	角	分
办公用品							6	5	0	0	0
发票专用章金额大写：X仟陆佰伍拾元整						¥	6	5	0	0	0

负责人：　　　　会计：　　　　经手人：

图11-2　普通发票

进 账 单（第一联回单）

账号________　　2022年11月18日　　传票编号________

出票人	全称	远达贸易公司	持票人	全称	哈尔滨振华机电公司											
	账号	343852		账号	545623—47											
	开户银行	东区支行		开户银行	工商行南四支行											
人民币（大写）X佰X拾玖万叁仟陆佰元整								百	十	万	千	百	十	元	角	分
									¥	9	3	6	0	0	0	0
票据种类				持票人开户行盖章												

工商行南四支行 2022年11月18日 业务章

图11-3　进账单

中国工商银行现金存款单（回单）

科目：　　2022年1月25日　　对方科目：

存款单位全称	哈尔滨振华机电公司	账　号	2383201206							
款 项 来 源	收取临时工押金	开户银行	工商行南四支行							
人民币（大写）壹仟元整			十	万	千	百	十	元	角	分
				¥	1	0	0	0	0	0

券别	张数	金额 万	千	百	十	元	角	分	券别	张数	金额 百	十	元	角	分	收款银行盖章
一百元券	10		1	0	0	0	0	0	五角券							工商行南四支行 2022年1月25日 收讫
五拾元券									二角券							
十元券									一角券							
五元券									五分币							
二元券									二分币							
一元券									一分币							

单位主管　　会计　　复核　　记账

图11-4　现金存款单

2.练习记账凭证的编制方法

资料：哈尔滨振华机电公司2022年8月发生下列经济业务：

（1）8日，收到明达贸易公司以支票方式偿还的货款80 000元，支票已交存银行。明达贸易公司的开户银行为工商银行东区支行，账号为343852，哈尔滨振华机电公司的开户银行为建设银行红旗支行，账号为698984。

进　账　单（第一联回单）

账号________　　　　　　年　　月　　日　　　　　　传票编号________

<table>
<tr><td rowspan="3">出票人</td><td>全称</td><td></td><td rowspan="3">持票人</td><td>全称</td><td></td></tr>
<tr><td>账号</td><td></td><td>账号</td><td></td></tr>
<tr><td>开户银行</td><td></td><td>开户银行</td><td></td></tr>
</table>

人民币（大写）	百	十	万	千	百	十	元	角	分

票据种类		持票人开户行盖章

图 11-5　进账单

记 账 凭 证

年　　月　　日　　　　　　字第　　号

摘　要	科　目		借方金额								贷方金额								记账
	总账科目	明细科目	十	万	千	百	十	元	角	分	十	万	千	百	十	元	角	分	
合　计																			

附单据　张

会计主管：　　记账：　　出纳：　　审核：　　制单：

图 11-6　记账凭证

（2）15 日，铸造车间生产甲产品领用原材料 30 公斤，单位成本 200 元，合计 6 000 元。

领料单位：　　　　　　领 料 单

用　　途：　　　　　　年　　月　　日　　　　　　第　　号

材料编号	品名	规格	单位	数量	单价	金额	备注

领料单位负责人：　　领料人：　　发料人：　　制单：

图 11-7　领料单

记 账 凭 证

年 月 日　　　　字第 号

摘 要	科 目		借方金额								贷方金额								记账
	总账科目	明细科目	十	万	千	百	十	元	角	分	十	万	千	百	十	元	角	分	
合 计																			

附单据 张

会计主管：　　记账：　　出纳：　　审核：　　制单：

图11-8　记账凭证

要求：（1）根据所给的业务填制原始凭证（如图11-5、图11-7所示）。

（2）根据原始凭证填制记账凭证（如图11-6、图11-8所示）。

3.练习收款凭证的填制方法

资料：红星工厂2022年8月6日，出售给A公司产品200件，每件250元，共计50 000元，货款已收妥存入银行。

要求：根据上述经济业务编制收款凭证（如图11-9所示）。

收 款 凭 证

借方科目：　　年 月 日　　字第 号

摘 要	贷方科目		金 额										记账
	总账科目	明细科目	千	百	十	万	千	百	十	元	角	分	
合 计													

附单据 张

会计主管：　　记账：　　出纳：　　审核：　　制单：

图11-9　收款凭证

4.练习付款凭证的编制方法

资料：红星工厂2022年8月8日，用现金支付厂部办公室办公用品费80元。

要求：根据上述经济业务编制付款凭证（如图11-10所示）。

<u>付 款 凭 证</u>

贷方科目：　　　　　　　　　　年　　月　　日　　　　　　　　　　字第　　号

摘　要	借方科目		金　额										记账
	总账科目	明细科目	千	百	十	万	千	百	十	元	角	分	
合　　计													

附单据　张

会计主管：　　　　记账：　　　　出纳：　　　　审核：　　　　制单：

图 11-10　付款凭证

5.练习转账凭证的编制方法

资料：红星工厂2022年8月31日，结转本月销售产品1 200件的销售成本，单位成本180元，共计216 000元。

要求：根据上述经济业务编制转账凭证（如图11-11所示）。

<u>转 账 凭 证</u>

年　　月　　日　　　　　　　　　　字第　　号

摘　要	总账科目	明细科目	借方金额								贷方金额								记账
			十	万	千	百	十	元	角	分	十	万	千	百	十	元	角	分	
合　　计																			

附单据　张

会计主管：　　　　记账：　　　　出纳：　　　　审核：　　　　制单：

图 11-11　转账凭证

二、实验内容

哈尔滨万通有限责任公司2022年1月发生下列经济业务，要求：根据所给的业务填制原始凭证（如图11-12至图11-15所示）。明达贸易公司的开户银行为工商银行东区支行，账号为410634385218615877，哈尔滨万通有限责任公司的开户银行为工商银行红旗支行，账号为22383201206。

（1）2022年1月2日，开出现金支票提取现金8 000元。

空白现金支票

<table>
<tr><td rowspan="2">中国工商银行
转账支票存根
NOXD1956467
附加信息：

出票日期　　年　月　日
收款人：
金　额：
用　途：
单位主管　　　会计</td><td>本支票付款期限十天</td><td>中国工商银行　　现金支票　　NOXD1956467
出票日期（大写）　　年　月　日　　付款行名称：
收款人：　　出票人账号：
人民币（大写）　　亿 千 百 十 万 千 百 十 元 角 分
用途
上列款项请从
我账户内支付
出票人签章
复核　　记账</td></tr>
</table>

图11-12　现金支票

（2）2022年1月4日，开出转账支票支付辛基亚广告有限公司广告费18 500元。

<table>
<tr><td>中国工商银行
转账支票存根
NOHG2654612
附加信息：

出票日期　　年　月　日
收款人：
金　额：
用　途：
单位主管　　　会计</td><td>本支票付款期限十天</td><td>中国工商银行　　转账支票　　NOHG2654612
出票日期（大写）　　年　月　日　　付款行名称：
收款人：　　出票人账号：
人民币（大写）　　亿 千 百 十 万 千 百 十 元 角 分
用途
上列款项请从
我账户内支付
出票人签章　　复核　　记账</td></tr>
</table>

图11-13　转账支票

（3）2022年1月8日，收到明达贸易公司以支票方式偿还的货款80 000元，支票已交存银行。

进　账　单（第一联回单）

账号________　　　　年　　月　　日　　　　传票编号________

<table>
<tr><td rowspan="3">出票人</td><td>全称</td><td></td><td rowspan="3">持票人</td><td>全称</td><td colspan="9"></td></tr>
<tr><td>账号</td><td></td><td>账号</td><td colspan="9"></td></tr>
<tr><td>开户银行</td><td></td><td>开户银行</td><td colspan="9"></td></tr>
<tr><td colspan="5" rowspan="2">人民币（大写）</td><td>百</td><td>十</td><td>万</td><td>千</td><td>百</td><td>十</td><td>元</td><td>角</td><td>分</td></tr>
<tr><td></td><td></td><td></td><td></td><td></td><td></td><td></td><td></td><td></td></tr>
<tr><td>票据种类</td><td colspan="2"></td><td colspan="11">持票人开户行盖章</td></tr>
</table>

图11-14　进账单

（4）2022年1月5日，铸造车间生产产品领用原材料30公斤，单位成本200元，合计6 000元。

领料单位：　　　　　　　　　　　　领 料 单

用　　途：　　　　　　　　　　　　年　　月　　日　　　　　　　　　　第　　号

材料编号	品名	规格	单位	数量	单价	金额	备注

领料单位负责人：　　　　　领料人：　　　　　发料人：　　　　　制单：

图11-15　领料单

三、实验要求

原始凭证的填制书写规范，内容完整，手续齐备。

实验二　根据原始凭证填制记账凭证

一、实验目的

练习编制记账凭证。

二、实验内容

哈尔滨万通有限责任公司2022年1月份发生下列经济业务：

（1）2日，提取现金8 000元备用，见凭证1现金支票存根。

（2）4日，开出转账支票支付辛基亚广告有限公司广告费1 8500元，见凭证2-1/2转账支票存根和凭证2-2/2广告费发票。

（3）10日，向哈尔滨深业有限责任公司赊购甲材料25吨，单价1 200元，货款30 000元，税款3 900元，上述甲材料已验收入库，增值税专用发票和材料入库单见凭证3-1/2和凭证3-2/2。

（4）13日，车间领用乙材料6吨，单位成本250元，共计1 500元，见凭证4领料单。

（5）16日，以现金150元购办公用品，发票见凭证5。

（6）17日，开出转账支票偿还欠欣然居家有限公司货款67 800元，支票存根和还款收据见凭证6-1/2和凭证6-2/2。

（7）18日，销售A产品100件，单价1 000元，价款100 000元，税金13 000元，全部款项收存银行，增值税专用发票和进账单见凭证7-1/2和凭证7-2/2。

（8）18日，结转已售产品的成本，见凭证8销售成本计算表。

（9）25日，销售变质甲材料1吨，售价5 000元，税金650元，收到现金，销售发票见凭证9。

（10）25日，结转已售材料成本，见凭证10。

（11）25日，将销售材料款5 650元交存银行，现金存款单见凭证11。

（12）31日，结转损益（主营业务收入、其他业务收入、主营业务成本、其他业务成本、管理费用、销售费用）。

三、实验材料

（1）原始凭证15张。

（2）空白记账凭证16张。

四、实验要求

记账凭证的填制书写规范，摘要简明扼要、字迹工整清晰，会计分录正确，内容完整齐全，原始凭证的粘贴规范整洁。

凭证1　现金支票存根

中国工商银行
转账支票存根
NOXD1956467

附加信息：

出票日期　2022年1月2日

收款人：哈尔滨万通有限责任公司	
金　额：8 000.00	
用　途：备用	

单位主管　　会计

凭证2–1/2　转账支票存根

中国工商银行
转账支票存根
NOHG2654612

附加信息：

出票日期　2022年1月4日

收款人：辛基亚广告有限公司	
金　额：18 500.00	
用　途：广告费	

单位主管　　会计

凭证2–2/2

哈尔滨市广告业专用发票

发票联

客户名称：哈尔滨万通有限责任公司　　2022年1月4日　　No 08674

项　目	单 位	数 量	单 价	金额 万	千	百	十	元	角	分
广告费				1	8	5	0	0	0	0
合　计				1	8	5	0	0	0	0
合计金额（大写）壹万捌仟五佰元整										

第二联　发票联

收款单位（盖章有效）　　开票人：李红

凭证 3-1/2

4100104140　　**增值税专用发票**　　№ 008722513

全国统一发票监制章　国家税务总局监制

记账联

开票日期：2022年1月10日

购买方
名　　　称：哈尔滨万通有限责任公司
纳税人识别号：260103071056734147
地 址 、电 话：哈尔滨市红旗大街0451-85238461
开户行及账号：工商银行红旗支行22383201206

密码区
6877789*&^(&% 45*&^) (*&*(% (6^^#% #@# $@
342vkh% 43223216 + 5456132415? >< $#@ $# +
128 $ + 151#@ $@ $ + 177@ + 1103 + 1129#@Q $@Q
$@#R#564816#r3w4165151@#553# $% #5 +
128&^#$&^+$&^3515618651*^%6516)

货物或应税劳务、服务名称	规格型号	单位	数量	单　价	金　额	税率	税　额
甲材料		吨	25	1 200	30 000.00	13%	3 900.00
合　　计					¥30 000.00		¥3 900.00
价税合计（大写）	⊗叁万叁仟玖佰元整				（小写）¥33 900.00		

销售方
名　　　称：哈尔滨深业有限责任公司
纳税人识别号：260213010135268318
地 址 、电 话：哈尔滨市道里区0451-2137956
开户行及账号：建设银行道里支行22383201204

备注　哈尔滨深业有限责任公司　260213010135268318　发票专用章

收款人：　　复核：　　开票人：　　销售方：（章）

第一联：记账联　销售方记账凭证

凭证 3-2/2

材料入库单

哈尔滨万通有限责任公司　　2022年1月10日　　NO 75438

材料名称	规格	单位	数量		单价	金额	运费	金额合计	供货单位
			凭证	实收					
甲材料	φ22	吨	25	25	1 200	30 000		30 000	哈尔滨深业有限责任公司
合　计								¥30 000	

财务主管：王名　　供应科长：郭枫　　仓库验收：李平　　采购员：刘红

凭证 4

领料单位：基本生产车间　　　　　　　领　料　单

用　　途：生产 A 产品　　　　　　　2022 年 1 月 13 日　　　　　　　　　　第　　号

材料编号	品名	规格	单位	数量	单价	金额	备注
	乙材料		吨	6	250	1 500.00	
合 计						¥1 500.00	

领料单位负责人：刘明　　　　领料人：王越　　　　发料人：李华　　　　制单：陆枚

凭证 5

哈尔滨市统一发票

发 票 联

购买单位：哈尔滨万通有限责任公司　　2022 年 1 月 16 日　　　　　　NO 02347

品名	规格	计量单位	数量	单价	金额							
					万	千	百	十	元	角	分	
办公用品							1	5	0	0	0	第二联 发票联
金额大写：X仟壹佰伍拾元整						¥	1	5	0	0	0	

发票专用章负责人：　　　　　　　会计：　　　　　　　经手人：

凭证 6-1/2

中国工商银行
转账支票存根
NOHG1956489

附加信息：

出票日期　2022 年 1 月 17 日

收款人：	欣然居家有限公司
金　额：	67 800.00
用　途：	欠货款

单位主管　　　会计

凭证 6-2/2

收　据

2022 年 1 月 17 日

欣然居家有限公司今收到哈尔滨万通有限责任公司	
人民币（大写）陆万柒仟捌佰元整	￥67 800.00
事由：偿还欠货款	

第三联　会计记账

欣然居家有限公司　财务专用章

单位盖章：　　　　会计：　　　　出纳：　　　　经手人：

凭证 7-1/2

4100104140　　**增值税专用发票**　　№ 008922883

全国统一发票监制　哈尔滨　国家税务总局监制

记账联

开票日期：2022 年 1 月 18 日

购买方	名　　　称：哈尔滨远达贸易公司 纳税人识别号：260113572056573149 地 址 、电 话：哈尔滨市道里区 0451-86968461 开户行及账号：东区支行 343852					密码区	6877789*&^(&% 45*&^) (*&*(% (6^^#% #@# $@ 342vkh% 43223216+5456132415?><$#@ $#+ I28$+I51#@$@$+I77@+I103+I129#@Q$@Q $@#R#564816#r3w4165151@#553# $% #5 + I28&^#$&^+$&^3515618651*^%6516)	
货物或应税劳务、服务名称	规格型号	单位	数量	单　价		金　额	税率	税　额
A 产品		件	100	1 000		100 000.00	13%	13 000.00
合　　计						￥100 000.00		￥13 000.00
价税合计（大写）	⊗壹拾壹万叁仟元整					（小写）￥113 000.00		
销售方	名　　　称：哈尔滨万通有限责任公司 纳税人识别号：260103071056734147 地 址 、电 话：哈尔滨市红旗大街 0451-85238461 开户行及账号：工商银行红旗支行 22383201206					备注	哈尔滨万通有限责任公司 260103071056734147 发票专用章	

第一联：记账联　销售方记账凭证

收款人：　　　　复核：　　　　开票人：　　　　销售方：（章）

凭证 7-2/2

进　账　单（第一联回单）

账号________　　　　2022 年 1 月 18 日　　　　传票编号________

出票人	全称	哈尔滨远达贸易公司	持票人	全称	哈尔滨万通有限责任公司
	账号	343852		账号	22383201206
	开户银行	东区支行		开户银行	工商银行红旗支行

人民币（大写）	百	十	万	千	百	十	元	角	分
X 佰壹拾壹万叁仟元整	￥	1	1	3	0	0	0	0	0

票据种类		业务章持票人开户行盖章
票据张数		
单位 主管　　会计　　复核　　记账		

工商银行红旗支行　2022 年 1 月 18 日　业务章

凭证 8

产品销售成本计算表

2022 年 1 月 18 日

产品名称	销售数量	单位成本	总成本
A 产品	100	200	20 000
合　计			20 000

财务主管：李明　　　　　　审核：刘伟　　　　　　制单：赵阳

凭证 9

4100104140　　**增值税专用发票**　　№ 008822568

（印章：全国统一发票监制　哈尔滨　国家税务总局监制）

记账联

开票日期：2022 年 1 月 25 日

购买方	名　　称：金龙贸易公司 纳税人识别号：261180716967345878 地址、电话：哈尔滨市道里区 0451-8868459 开户行及账号：东区支行 469824				密码区	6877789*&^(&% 45*&^) (*&*(% (6^^#% #@# $@ 342vkh% 43223216 + 5456132415? >< $#@ $# + I28 $ + I51#@ $@ $ + I77@ + I103 + I129#@Q $@Q $@#R#564816#r3w4165151@#553#　$%　#5　+ I28&^#$&^+$&^3515618651*^%6516)	
货物或应税劳务、服务名称	规格型号	单位	数量	单　价	金　额	税率	税　额
甲材料		吨	1	5 000	5 000.00	13%	650.00
合　　计					¥ 5 000.00		¥ 650.00
价税合计（大写）	⊗伍仟陆佰伍拾元整				（小写）¥ 5 650.00		
销售方	名　　称：哈尔滨万通有限责任公司 纳税人识别号：260103071056734147 地址、电话：哈尔滨市红旗大街 0451-85238461 开户行及账号：工商银行红旗支行 22383201206				备注	（印章：哈尔滨万通有限责任公司　260103071056734147　发票专用章）	

收款人：　　　　复核：　　　　开票人：　　　　销售方：（章）

第一联：记账联　销售方记账凭证

凭证 10

材 料 出 库 单

领料单位：

用　　途：销售　　　　　　2022 年 1 月 25 日

材料类别	材料名称	单　位	数　量		单 价	金 额	备注
			请领	实领			
主要材料	甲材料	吨	1	1	1 200	1 200	
合　　计							

仓库主管：张亮　　　材料会计：李艾　　　收料员：王秋　　　制单：郑颖

第二联：记账联

凭证 11

中国工商银行现金存款单（回单）

科目：　　　　2022 年 1 月 25 日　　　　对方科目：

存款单位全称	哈尔滨万通有限责任公司	账　号	22383201206
款 项 来 源	销售材料款	开户银行	工商银行红旗支行

人民币（大写）伍仟陆佰伍拾元整	十	万	千	百	十	元	角	分
		¥	5	6	5	0	0	0

券别	张数	金额							券别	张数	金额					收款银行盖章
		万	千	百	十	元	角	分			百	十	元	角	分	
一百元券	56		5	6	0	0	0	0	五角券							工商银行红旗支行
五拾元券	1				5	0	0	0	二角券							2022 年 1 月 25 日
十元券									一角券							收　讫
五元券									五分币							
二元券									二分币							
一元券									一分币							

单位主管：　　　　会计　　　　复核　　　　记账

记账凭证 1

转 账 凭 证

年　　月　　日　　　　字第　　号

摘　要	总账科目	明细科目	借方金额								贷方金额								记账
			十	万	千	百	十	元	角	分	十	万	千	百	十	元	角	分	
合　计																			

附单据　　张

会计主管：　　　　记账：　　　　审核：　　　　制单：

记账凭证 2

转 账 凭 证

年　　月　　日　　　　字第　　号

摘　要	总账科目	明细科目	借方金额								贷方金额								记账
			十	万	千	百	十	元	角	分	十	万	千	百	十	元	角	分	
合　计																			

附单据　　张

会计主管：　　　　记账：　　　　审核：　　　　制单：

记账凭证 3

转账凭证

年　月　日　　　　　　　　字第　　号

摘要	总账科目	明细科目	借方金额								贷方金额								记账
			十	万	千	百	十	元	角	分	十	万	千	百	十	元	角	分	
合计																			

附单据　张

会计主管：　　记账：　　审核：　　制单：

记账凭证 4

转账凭证

年　月　日　　　　　　　　字第　　号

摘要	总账科目	明细科目	借方金额								贷方金额								记账
			十	万	千	百	十	元	角	分	十	万	千	百	十	元	角	分	
合计																			

附单据　张

会计主管：　　记账：　　审核：　　制单：

记账凭证 5

转账凭证

年　月　日　　　　　　　　字第　　号

摘要	总账科目	明细科目	借方金额								贷方金额								记账
			十	万	千	百	十	元	角	分	十	万	千	百	十	元	角	分	
合计																			

附单据　张

会计主管：　　记账：　　审核：　　制单：

记账凭证6

转账凭证

年　　月　　日　　　　　　　　　　字第　　号

摘要	总账科目	明细科目	借方金额								贷方金额								记账
			十	万	千	百	十	元	角	分	十	万	千	百	十	元	角	分	
合　计																			

附单据　　张

会计主管：　　　　记账：　　　　审核：　　　　制单：

记账凭证7

转账凭证

年　　月　　日　　　　　　　　　　字第　　号

摘要	总账科目	明细科目	借方金额								贷方金额								记账
			十	万	千	百	十	元	角	分	十	万	千	百	十	元	角	分	
合　计																			

附单据　　张

会计主管：　　　　记账：　　　　审核：　　　　制单：

记账凭证8

转账凭证

年　　月　　日　　　　　　　　　　字第　　号

摘要	总账科目	明细科目	借方金额								贷方金额								记账
			十	万	千	百	十	元	角	分	十	万	千	百	十	元	角	分	
合　计																			

附单据　　张

会计主管：　　　　记账：　　　　审核：　　　　制单：

记账凭证9

转账凭证

年　　月　　日　　　　　　　　　　　　字第　　号

摘要	总账科目	明细科目	借方金额								贷方金额								记账
			十	万	千	百	十	元	角	分	十	万	千	百	十	元	角	分	
合　计																			

附单据　　张

会计主管：　　　　记账：　　　　审核：　　　　制单：

记账凭证10

转账凭证

年　　月　　日　　　　　　　　　　　　字第　　号

摘要	总账科目	明细科目	借方金额								贷方金额								记账
			十	万	千	百	十	元	角	分	十	万	千	百	十	元	角	分	
合　计																			

附单据　　张

会计主管：　　　　记账：　　　　审核：　　　　制单：

记账凭证11

转账凭证

年　　月　　日　　　　　　　　　　　　字第　　号

摘要	总账科目	明细科目	借方金额								贷方金额								记账
			十	万	千	百	十	元	角	分	十	万	千	百	十	元	角	分	
合　计																			

附单据　　张

会计主管：　　　　记账：　　　　审核：　　　　制单：

记账凭证 12

转账凭证

年　　月　　日　　　　　　　　　　　　　　字第　　号

摘　要	总账科目	明细科目	借方金额								贷方金额								记账
			十	万	千	百	十	元	角	分	十	万	千	百	十	元	角	分	
合　计																			

附单据　张

会计主管：　　　　记账：　　　　审核：　　　　制单：

记账凭证 13

转账凭证

年　　月　　日　　　　　　　　　　　　　　字第　　号

摘　要	总账科目	明细科目	借方金额								贷方金额								记账
			十	万	千	百	十	元	角	分	十	万	千	百	十	元	角	分	
合　计																			

附单据　张

会计主管：　　　　记账：　　　　审核：　　　　制单：

记账凭证 14

转账凭证

年　　月　　日　　　　　　　　　　　　　　字第　　号

摘　要	总账科目	明细科目	借方金额								贷方金额								记账
			十	万	千	百	十	元	角	分	十	万	千	百	十	元	角	分	
合　计																			

附单据　张

会计主管：　　　　记账：　　　　审核：　　　　制单：

记账凭证 15

转 账 凭 证

年 月 日　　　　　　　　字第 号

摘 要	总账科目	明细科目	借方金额								贷方金额								记账
			十	万	千	百	十	元	角	分	十	万	千	百	十	元	角	分	
合 计																			

附单据 张

会计主管：　　　　记账：　　　　审核：　　　　制单：

记账凭证 16

转 账 凭 证

年 月 日　　　　　　　　字第 号

摘 要	总账科目	明细科目	借方金额								贷方金额								记账
			十	万	千	百	十	元	角	分	十	万	千	百	十	元	角	分	
合 计																			

附单据 张

会计主管：　　　　记账：　　　　审核：　　　　制单：

实验三　建立账务系统

一、实验目的

练习建账。

二、实验内容

根据所给的账户期初余额资料，为企业建立年度新账。

单位名称：哈尔滨万通有限责任公司（会计主体）

开户银行、账号：工商银行红旗支行（22383201206）

该公司2022年1月1日各账户余额见表11-1：

表11-1　　账户余额表

账户名称	期初余额	账户名称	期初余额
库存现金	15 400	应付账款	113 000
银行存款	325 000	——欣然居家有限公司	67 800
原材料	70 000	——哈尔滨深业有限责任公司	45 200
——甲材料（50吨）	60 000	应交税费	27 400
——乙材料（40吨）	10 000	实收资本	460 000
库存商品	80 000	累计折旧	25 000
——A产品（200件）	80 000		
固定资产	135 000		
合　计	625 400	合　计	625 400

三、实验材料

（1）空白库存现金日记账、银行存款日记账各1页；

（2）空白三栏式明细账2页；

（3）空白数量金额式明细账2页；

（4）空白总账16页。

四、实验要求

会计账簿的启用要规范，年初换账要规范。

库存现金日记账 1

库存现金日记账

年		凭证册号	摘要	借方										贷方										核对号	余额									
月	日			亿	千	百	十	万	千	百	十	元	角	分	亿	千	百	十	万	千	百	十	元	角	分		亿	千	百	十	万	千	百	十	元	角	分

银行存款日记账 1

银行存款日记账

年		凭证册号	摘要	凭证结算		借方											贷方											核对号	余额										
月	日			种类	号数	亿	千	百	十	万	千	百	十	元	角	分	亿	千	百	十	万	千	百	十	元	角	分		亿	千	百	十	万	千	百	十	元	角	分

三栏式明细账 1

明细账

会计科目____________

年		凭证册号	摘要	借方										贷方										核对号	借或贷	余额									
月	日			亿	千	百	十	万	千	百	十	元	角	分	亿	千	百	十	万	千	百	十	元	角	分			亿	千	百	十	万	千	百	十	元	角	分

三栏式明细账 2

明细账

会计科目____________

年		凭证册号	摘要	借方											贷方											核对号	借或贷	余额										
月	日			亿	千	百	十	万	千	百	十	元	角	分	亿	千	百	十	万	千	百	十	元	角	分			亿	千	百	十	万	千	百	十	元	角	分

数量金额式明细账 1

材料明细账

编　　号：________　　　　　　　　　　总　页：________

材料名称：________　规　格：________　单　位：________　分　页：________

年		凭证册号	摘要	收入			付出			结余		
月	日			数量	单价	金额	数量	单价	金额	数量	单价	金额

数量金额式明细账 2

材料明细账

编　　号：＿＿＿＿＿＿　　　　　　　　　　　　　　　　　　　　总　页：＿＿＿＿＿＿

材料名称：＿＿＿＿＿＿　　规　格：＿＿＿＿＿＿　　单　位：＿＿＿＿＿＿　　分　页：＿＿＿＿＿＿

年		凭证册号	摘要	收入			付出			结余		
月	日			数量	单价	金额	数量	单价	金额	数量	单价	金额

总账 1

总　账

会计科目____________

年		凭证册号	摘要	借方											贷方											核对号	借或贷	余额										
月	日			亿	千	百	十	万	千	百	十	元	角	分	亿	千	百	十	万	千	百	十	元	角	分			亿	千	百	十	万	千	百	十	元	角	分

总账 2

总　　账

会计科目____________

年		凭证册号	摘要	借方											贷方											核对号	借或贷	余额										
月	日			亿	千	百	十	万	千	百	十	元	角	分	亿	千	百	十	万	千	百	十	元	角	分			亿	千	百	十	万	千	百	十	元	角	分

总账 3

总　　账

会计科目____________

年		凭证册号	摘要	借方											贷方											核对号	借或贷	余额										
月	日			亿	千	百	十	万	千	百	十	元	角	分	亿	千	百	十	万	千	百	十	元	角	分			亿	千	百	十	万	千	百	十	元	角	分

总账 4

总　　账

会计科目＿＿＿＿＿＿

年		凭证册号	摘要	借方											贷方											核对号	借或贷	余额										
月	日			亿	千	百	十	万	千	百	十	元	角	分	亿	千	百	十	万	千	百	十	元	角	分			亿	千	百	十	万	千	百	十	元	角	分

总账 5

总　账

会计科目____________

年		凭证册号	摘要	借方											贷方											核对号	借或贷	余额										
月	日			亿	千	百	十	万	千	百	十	元	角	分	亿	千	百	十	万	千	百	十	元	角	分			亿	千	百	十	万	千	百	十	元	角	分

总账 6

总　　账

会计科目____________

年		凭证册号	摘要	借方										贷方										核对号	借或贷	余额									
月	日			亿	千	百	十	万	千	百	十	元	角	分	亿	千	百	十	万	千	百	十	元	角	分			亿	千	百	十	万	千	百	十	元	角	分

总账 7

总　　账

会计科目____________

年		凭证册号	摘要	借方										贷方										核对号	借或贷	余额									
月	日			亿	千	百	十	万	千	百	十	元	角分	亿	千	百	十	万	千	百	十	元	角分			亿	千	百	十	万	千	百	十	元	角分

总账 8

总　　账

会计科目____________

年		凭证册号	摘要	借方										贷方										核对号	借或贷	余额									
月	日			亿	千	百	十	万	千	百	十	元	角	亿	千	百	十	万	千	百	十	元	角			亿	千	百	十	万	千	百	十	元	角

总账 9

总　　账

会计科目____________

年		凭证册号	摘要	借方											贷方											核对号	借或贷	余额										
月	日			亿	千	百	十	万	千	百	十	元	角	分	亿	千	百	十	万	千	百	十	元	角	分			亿	千	百	十	万	千	百	十	元	角	分

总账 10

总　　账

会计科目____________

年		凭证册号	摘要	借方											贷方											核对号	借或贷	余额										
月	日			亿	千	百	十	万	千	百	十	元	角	分	亿	千	百	十	万	千	百	十	元	角	分			亿	千	百	十	万	千	百	十	元	角	分

总账 11

总 账

会计科目____________

年		凭证册号	摘要	借方										贷方										核对号	借或贷	余额									
月	日			亿	千	百	十	万	千	百	十	元	角	分	亿	千	百	十	万	千	百	十	元	角	分			亿	千	百	十	万	千	百	十	元	角	分

总账 12

总　　账

会计科目____________

年		凭证册号	摘要	借方										贷方										核对号	借或贷	余额									
月	日			亿	千	百	十	万	千	百	十	元	角	分	亿	千	百	十	万	千	百	十	元	角	分			亿	千	百	十	万	千	百	十	元	角	分

总账 13

总　　账

会计科目＿＿＿＿＿＿

年		凭证册号	摘要	借方										贷方										核对号	借或贷	余额									
月	日			亿	千	百	十	万	千	百	十	元	角	分	亿	千	百	十	万	千	百	十	元	角	分			亿	千	百	十	万	千	百	十	元	角	分

总账 14

总　　账

会计科目____________

年		凭证册号	摘要	借方										贷方										核对号	借或贷	余额									
月	日			亿	千	百	十	万	千	百	十	元	角	分	亿	千	百	十	万	千	百	十	元	角	分			亿	千	百	十	万	千	百	十	元	角	分

总账 15

总　账

会计科目______________

年		凭证册号	摘要	借方											贷方											核对号	借或贷	余额										
月	日			亿	千	百	十	万	千	百	十	元	角	分	亿	千	百	十	万	千	百	十	元	角	分			亿	千	百	十	万	千	百	十	元	角	分

总账16

总　　账

会计科目____________

年		凭证册号	摘要	借方											贷方											核对号	借或贷	余额										
月	日			亿	千	百	十	万	千	百	十	元	角	分	亿	千	百	十	万	千	百	十	元	角	分			亿	千	百	十	万	千	百	十	元	角	分

实验四　登记账簿

一、实验目的

练习账簿登记。

二、实验内容

根据实验二所编制的记账凭证，完成下列工作：

（1）登记日记账；

（2）登记有关明细账（原材料、库存商品、应付账款）；

（3）登记总账；

（4）结账；

（5）将记账凭证装订成册。

三、实验材料

（1）库存现金日记账、银行存款日记账各1页；

（2）三栏式明细账2页；

（3）数量金额式明细账2页；

（4）总账16页。

四、实验要求

登记规范；每笔业务登记完成后要与记账凭证进行核对；总账与所属明细账要进行核对；会计期末进行结账。

主要参考文献

[1] 朱小平，秦玉熙，袁蓉丽. 基础会计［M］. 11版. 北京：中国人民大学出版社，2021.

[2] 陈国辉，迟旭升. 基础会计［M］. 7版. 大连：东北财经大学出版社，2021.

[3] 企业会计准则编审委员会. 企业会计准则应用指南（2021年版）［M］. 上海：立信会计出版社，2021.

[4] 刘莹，郝玉娟. 初级会计实务［M］. 上海：立信会计出版社，2021.

[5] 李世平. "课程思政"教学案例集［M］. 上海：立信会计出版社，2019.

[6] 石本人，谭小平. 会计学原理［M］. 4版. 北京：人民邮电出版社，2020.

[7] 中国注册会计师协会. 财务成本管理［M］. 北京：中国财政经济出版社，2021.

[8] 中国注册会计师协会. 公司战略与风险管理［M］. 北京：中国财政经济出版社，2021.

[9] 中国注册会计师协会. 会计［M］. 北京：中国财政经济出版社，2021.

[10] 企业会计准则编审委员会. 企业会计准则案例讲解［M］. 上海：立信会计出版社，2022.

[11] 平准. 财务报表编制与分析［M］. 北京：人民邮电出版社，2019.

[12] 刘靳. 财务报表分析从入门到精通［M］. 天津：天津科学技术出版社，2020.